工业和信息化部电信研究院
China Academy of Telecommunication Research of MIIT

2014年 ICT深度观察

工业和信息化部电信研究院◎编

CATR Insight on ICT-2014

人 民 邮 电 出 版 社
北 京

图书在版编目（CIP）数据

2014年ICT深度观察 / 工业和信息化部电信研究院编
. -- 北京 : 人民邮电出版社, 2014.5
ISBN 978-7-115-35420-4

Ⅰ. ①2… Ⅱ. ①工… Ⅲ. ①信息产业－经济发展－研究报告－中国－2014 Ⅳ. ①F49

中国版本图书馆CIP数据核字(2014)第075886号

内 容 提 要

本书主要内容为工业和信息化部电信研究院在行业发展、法律法规、产业与政策、通信监管、互联网、无线与移动、宽带与泛在网络、网络与信息安全八大软科学研究领域的深度观察报告，具有较高的时效性、权威性和实用性。

本书的主要读者对象为各级政府和行业主管部门、国内外电信运营商、设备制造商、增值服务提供商及相关行业协会、研究机构的相关人员。

◆ 编　　　工业和信息化部电信研究院
责任编辑　杨　凌
责任印制　焦志炜

◆ 人民邮电出版社出版发行　北京市丰台区成寿寺路 11 号
邮编　100164　电子邮件　315@ptpress.com.cn
网址　http://www.ptpress.com.cn
北京隆昌伟业印刷有限公司印刷

◆ 开本：880×1230　1/16
印张：13.5　2014 年 5 月第 1 版
字数：302 千字　2014 年 5 月北京第 1 次印刷

定价：298.00 元

读者服务热线：(010)81055488　印装质量热线：(010)81055316
反盗版热线：(010)81055315

编委会

作　者

行业发展篇　鲁春丛　肖荣美　许立东　刘默　田洪川　刘今超　朱彤　朱乾龙　廖毅敏　杨子真

法律法规篇　李海英　毕春丽　王融　丁道勤　杨扬　沈玲　石月　杨筱敏　方禹　伦一

产业与政策篇　辛勇飞　胡珊　史德年　曹蓟光　郝也　施羽暇　陶泽荣　王伟华　杜娟　肖荣美　杨思维　刘铁志　王远桂

通信监管篇　马源　李冬　胡善冰　高巍　白春霞　石立娜　杨筱敏　贺佳　彭志艺　李乃青　李红霞　何欢　杨光

互联网篇　何宝宏　刘越　覃庆玲　朱乾龙　魏凯　马军锋　张倩　汤子健　李原　高巍　郭丰　贺佳　庞妹　宋恺　吴韶鸿　刘飞　王亦澎

无线与移动篇　万屹　李珊　潘峰　沈嘉　刘思言　罗振东　李文宇　宋颖　朱禹涛　张春明　杨天一　张杨　闫丽　许志远

宽带与泛在网络篇　续合元　王爱华　杨然　张海懿　马军锋　陈才　陆洋　李海花　高艳丽　李少晖　陈佩　罗松

网络与信息安全篇　魏亮　马志刚　程学东　陈吉学　何庆立　谢玮　郭丰　落红卫　陈其云　魏翔　彭志艺　王亦澎　孟楠　封莎　杜伟　罗成　邓东丰　郭骁然

序

信息通信产业（ICT）作为创新最活跃的基础性、战略性、全局性产业，事关国家当前和长远发展，历来是大国博弈的主战场，更是新时期各国重塑国际竞争力的战略选择。2013 年以来，党中央、国务院高度重视 ICT 产业发展，习近平总书记在网络安全和信息化领导小组第一次会议上发表重要讲话时指出："没有信息化就没有现代化，信息技术和产业发展程度决定着信息化发展水平，要加强核心技术自主创新和基础设施建设，形成实力雄厚的信息经济，更好地惠及民生；把我国从网络大国建设成为网络强国，战略部署要与"两个一百年"奋斗目标同步推进，向着网络基础设施基本普及、自主创新能力显著增强、信息经济全面发展、网络安全保障有力的目标不断前进。"这是党中央在深刻认识和准确把握产业发展规律的基础上，立足国情，高屋建瓴，统揽全局，在新时期、新阶段提出信息通信发展的新目标和新要求，时代赋予 ICT 更为艰巨的使命和任务。

我国 ICT 产业规模大、增长速度快、融合能力强、带动效应大，是促进经济发展和转型升级的关键力量。2013 年，围绕 ICT 发展、网络安全、市场规范、用户权益保护等相关的法规、制度和政策密集出台，产业环境进一步优化。总体来看，我国 ICT 发展态势良好，产值突破 14 万亿元，同比增长超过 14%，是全球平均增速的 7 倍；增加值占 GDP 比重超过 6%；ICT 服务收入占比上升到 33%，增长贡献率达到 46%，产业自身结构趋于优化。ICT 支出每增加 100 亿元，对工业和服务业新增产出贡献为 191 亿元和 144 亿元，优化经济结构作用明显。信息消费规模突破 2.2 万亿元，同比增长 28%，对 GDP 增长的贡献超过 0.75 个百分点。全国智慧城市建设向省级城市、区域群落以及县级快速延伸，成为推动 ICT 产业融合创新的重要抓手。2013 年，我国 ICT 发展呈现三个方面的特点。**一是信息通信服务业移动化、融合化态势加剧**。移动智能终端用户超过 5 亿户；互联网企业高歌猛进，主导行业增长和变革；网络零售一路飙升，占社会消费品零售总额的比重超过 8%；电子商务交易额突破 10 万亿元。互联网巨头密集试水互联网金融业务，开启互联网金融元年之旅，撼动传统金融业阵营。互联网从生活服务向生产制造迁移，工业互联网成为引领产业升级的关键力量，我国两化深度融合进程加快。**二是通信网络设施宽带化能力全面提升**。FTTH 覆盖家庭超过 1.67 亿户，增长 76%；接入速率在 4Mbit/s 及以上的用户占比接近 80%，工业和信息化部连续三年实施宽带专项行动计划收效明显；全国城乡基本实现 3G 全覆盖，4G 网络部署迅速展开；传输网和数据网 100G 接口开始规模商用；云计算和软件定义网络在数据中心成功商用；

国内网站基于 CDN 分发的节点数增长达 50%。**三是 ICT 制造领域呈现强劲创新态势**。凭借移动互联网高速发展带来的战略机遇，我国移动芯片取得核心技术和市场应用双重突破，从无芯到有芯实现根本性转变，取得远佳于 PC 时代的产业地位。LTE 拉动电信设备制造业新一轮增长；国内智能手机出货量超过 73%，基于智能电视及可穿戴等新智能终端的应用创新提速。

2014 年，是深入贯彻落实十八届三中全会精神的第一年，是“宽带中国”战略实施起步之年，也是我国 4G 商用、移动转售业务商用元年。在当前 ICT 网络化、宽带化、智能化、移动化、融合化的大趋势下，我国 ICT 面临三方面的有利形势。**一是经济稳中提质、消费结构升级之势**。人均国内生产总值步入 6000 ～ 10000 美元发展阶段，对具有通用性 ICT 消费的需求随之增加，消费转型升级特征显著，大国大市场的需求基础更为坚实。**二是 ICT 泛在应用、融合创新之势**。经济社会各界、各行业、各领域对 ICT 的需求都有实质性的提升。融合业务是 ICT 产业变革创新的永恒动力和不竭之源。特别是以互联网为代表的信息技术、通信技术和制造技术加速融合，新业态、新模式快速涌起，ICT 蕴藏着巨大的潜力和增长空间。**三是深化改革开放、政策红利释放之势**。国务院发布的关于信息消费和宽带战略的政策文件实质性推进。宽带作为战略性公共基础设施，其演进升级步伐加速，将有效带动云计算、物联网、大数据等生产性服务的应用，切实增强产业供给能力和支撑经济社会发展的能力，夯实产业转型基础。扩大市场开放政策将进一步激发市场活力和产业发展动力。2014 年，预计 ICT 产业规模将达 15 万亿元，增速达 13%；增加值占 GDP 比重超过 7%。

同时还要看到，我国 ICT 产业面临更为复杂的形势和挑战。人力、土地、低成本研发等优势不再明显；我国 ICT 核心技术亟待突破，集成电路、高端通用芯片、基础软件、关键电子元器件等核心领域仍然是我国信息通信产业的短板；人工智能、人机交互等前沿方向的创新难度和风险不断加大；“棱镜门”事件暴露出我国 ICT 产业大而不强和安全形势严峻的问题，习近平总书记指出“没有网络安全，就没有国家安全”，网络安全风险隐患亟待统筹应对。

作为政府智库、行业平台，工业和信息化部电信研究院肩负使命、锐意进取，努力成为国家在信息通信领域最权威的研究机构，在 ICT 重大决策支撑、行业发展规划、技术标准引领、产业创新推动和监管支撑服务中发挥重要的作用。《ICT 深度观察》是我院在 ICT 八个主要领域年度研究成果的集大成，是对过去一年各个领域的发展现状、特点及今年发展趋势的全面总结和科学判断。今年《ICT 深度观察》已是第六次发布，希望本书能为政府部门制定政策提供基础性支撑，能为社会各界了解 ICT 产业最新态势提供参考。本书不当之处，敬请读者不吝指正。

熠熠隙光，分于全耀。在波澜壮阔、跌宕起伏的 ICT 发展大潮中，工业和信息化部电信研究院愿携手业界同仁，专注专业、勤勉共进，为我国 ICT 创新发展、融合发展、安全发展，全面促进经济增长和社会进步，贡献才智和力量！

2014 年 3 月于北京

目　录

行业发展篇

导　读

2013 年，全球信息通信服务业延续缓慢复苏态势，收入同比增长 1.9%。移动互联网快速发展，对行业投资、用户结构、收入构成产生深刻影响。我国信息通信业进入转型发展新阶段，固定和移动宽带普及、提速的进程明显加快，移动互联网全面渗透，推动行业整体平稳较快增长，收入增速达 15.7%，收入规模近 1.6 万亿元。

2013 年信息通信业发展呈现出以下三个基本特点。一是全球流量经营全面铺开，对数据流量进行精细化运营正逐步成为驱动行业增长的主要力量。我国蓄势待发，已处于流量爆发起步期，未来具有广泛的拓展空间。二是互联网业高歌猛进，成为全球和我国信息通信行业增长的主导力量，互联网跨界渗透融合进程加速，引领现代服务业和制造业创新发展。三是信息消费和“宽带中国”两大国家级政策出台，构筑了行业的有利发展环境，促使宽带、4G 等基础设施建设提速，带动智能化服务水平显著提升，推动行业经济社会影响力持续彰显。

2014 年，随着全球经济持续回暖，全球信息通信业将呈现反弹态势。我国在全面深化改革的大背景下，伴随居民消费能力增长、消费结构升级以及信息通信业自身持续转型升级，信息通信业将继续平稳较快发展，收入规模将突破 1.8 万亿元，增速维持在 14% 左右，产业结构继续趋于优化，对经济社会的辐射和牵引作用持续增强，进一步开辟行业增长新空间。

本篇作者：

鲁春丛　肖荣美　许立东　刘默　田洪川　刘今超　朱彤　朱乾龙　廖毅敏　杨子真

一、2013 年通信业发展综述

（一）全球信息通信服务业发展

1. 全球信息通信服务业增长低迷，基础电信业非话音业务收入接近一半

全球信息通信服务业持续低速增长。受制于持续低迷的经济形势，2013 年全球信息通信服务业依然低速增长。全年收入规模约为 2.86 万亿美元（包括电信运营业、软件业、IT 服务业），同比增长 0.8%。其中，基础电信业的持续下滑仍是全球信息通信服务业低迷的主要因素，继 2012 年收入规模减少 0 7% 后，基础电信业在 2013 年进一步下降 0.5%，行业规模萎缩至 1.63 万亿美元。除经济原因外，基础电信业增势欠佳还有诸多行业自身原因，包括移动话音资费加速下降、欧洲持续的漫游费监管、移动宽带替代固定电话与固定宽带等。全球信息通信服务业收入增长率如图 1 所示。

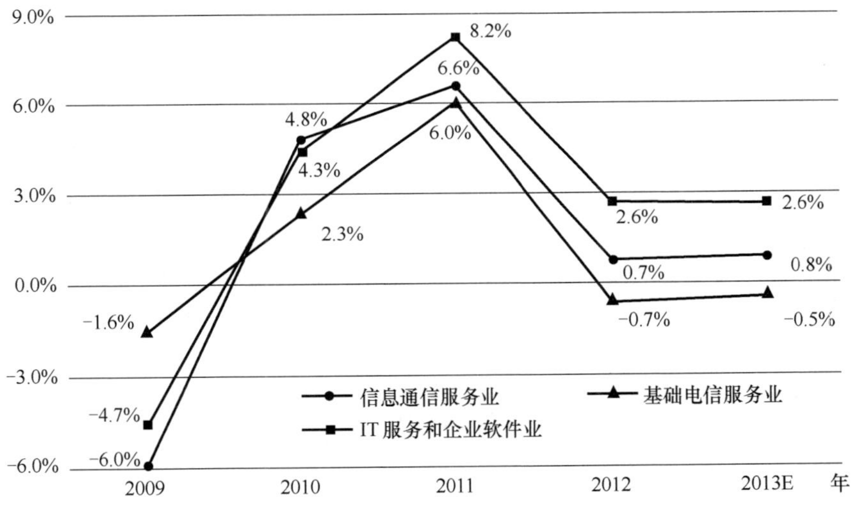

图 1　全球信息通信服务业收入增长率（数据来源：Gartner）

电信业收入结构调整走向深化。随着电信运营商流量经营逐步深入，数据业务在整体电信业务收入中的比例持续提升。2013 年基础电信业非话收入占比达到 47.2%，比 2012 年提高 3.9 个百分点。其中，移动数据成为全球电信业最主要的增长动力，拉动整体基础电信业增长 2.8 个百分点。移动话音虽然仍是最大收入组成部分，但同时也是收入下滑最明显的部分。由于用户对移动话音业务使用量增长放缓，加之运营商对移动资费套餐的重新设计，移动话音收入减少导致整体电信业收入下降 2.6 个百分点。全球基础电信业收入结构如图 2 所示。

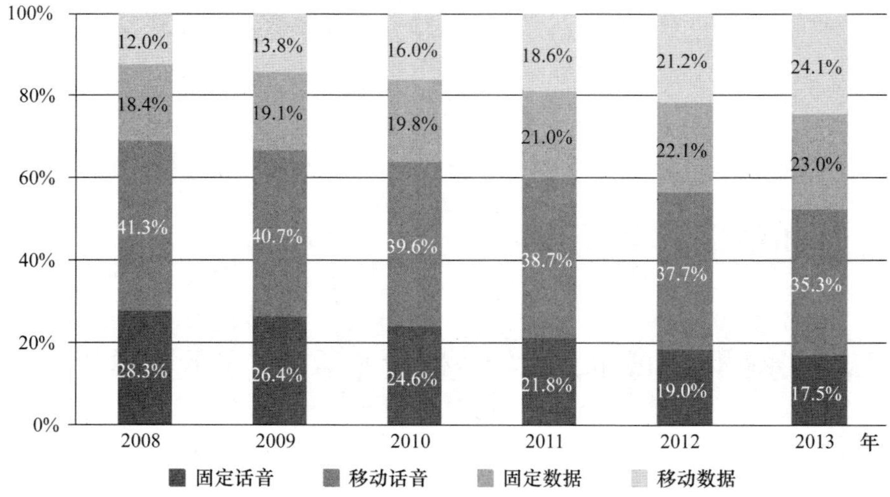

图 2　全球基础电信业收入结构（数据来源：基于 IDATE 和 Informa 数据估算）

2. 移动互联网发展加速，深刻影响用户结构和流量分布

3G 与智能终端用户快速增长，2G 用户首次出现下滑。2013 年全球移动用户规模达到 69.3 亿户，普及率达到 96.7%，预计 2014 年将历史性突破 100%。其中，3G 和 4G 用户规模接近 20 亿户，智能手机用户 17.4 亿户，普及率分别达到 27.2% 和 24.3%，并呈现加速增长态势。2G 用户首次出现下滑，用户规模由 50.4 亿户下降至 49.8 亿户。全球移动用户增长及构成如图 3 所示。

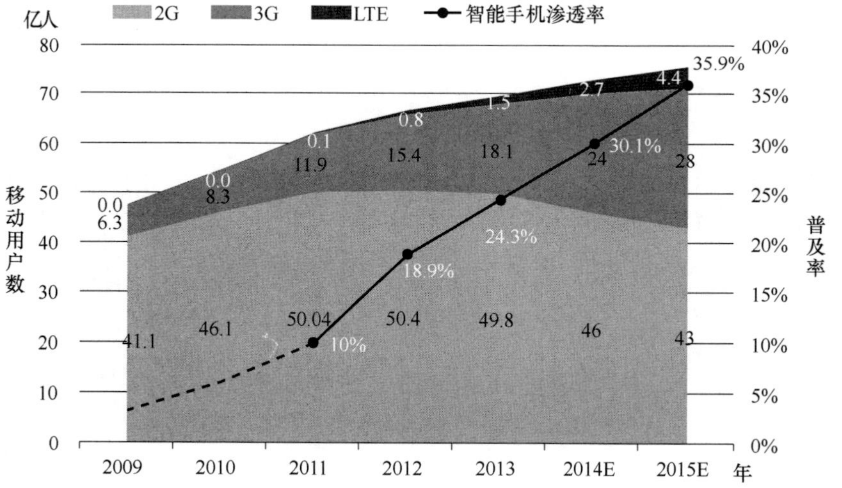

图 3　全球移动用户增长及构成（数据来源：Informa、CDG、GSMA、工业和信息化部电信研究院）

移动流量迅猛增长，增速超过 70%。在移动互联网的拉动下，移动流量规模快速扩大。2013 年移动数据月度流量达到 1.8EB 左右，年均增长 71.1%，是固定流量的近 2 倍（37.3%）。同时，移动流量占比持续扩大，2013 年超过 3%。移动流量占固定流量的比例如图 4 所示。

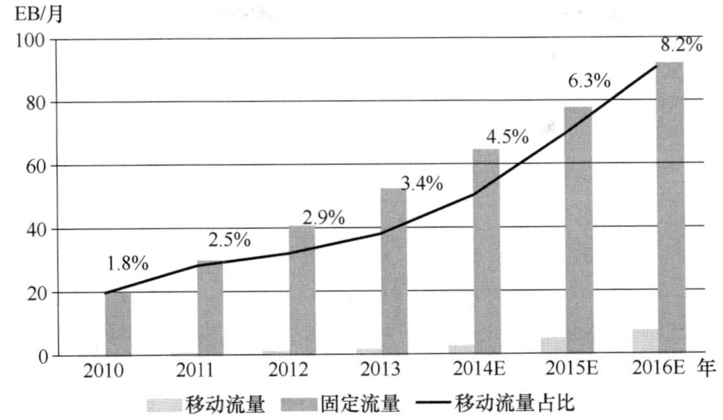

图 4 移动流量占固定流量的比例（数据来源：工业和信息化部电信研究院）

3. 发达国家运营商喜忧参半，发展中国家市场成熟化加剧

北美、日、韩运营商借助数据业务拉动保持稳定增长。AT&T、Verizon 等北美运营商借助北美地区成熟发达的互联网、IT 服务与内容产业，通过发展移动数据、高速固定宽带、云计算等新型业务，抵消了传统话音业务的下滑，实现了收入的持续增长。日韩运营商则加快发展 LTE 业务，引导用户加大移动数据使用量。目前，日本在移动用户规模仅为 1.6 亿户的情况下，成为全球移动数据收入第三高的国家，仅次于美国和中国，其单个用户的移动数据使用量和价值创造都超过美国。

欧洲运营商收入持续下滑。包括 Vodafone、法国电信、西班牙电信在内的主要欧洲运营商收入持续下滑，主要原因包括三个方面：一是欧债危机带来的经济萧条尚未彻底散去，导致欧洲企业与个人的通信开支依旧吃紧；二是欧洲漫游费监管持续深入，并继续对欧洲运营商收入产生冲击，在法国、西班牙、意大利、德国等地，电信收入下滑有 1/4 ～ 1/3 是漫游费管制所造成的；三是流量经营不善。由于缺乏活跃的互联网产业，欧洲用户的移动数据使用量远远低于北美。如英国单个移动用户创造的移动数据收入比美国低 30% 左右。美国运营商依靠流量经营，已经有效遏制了用户 ARPU 值下降，并成功实现反转，但欧洲用户 ARPU 值仍然处于下滑趋势。全球主要运营商 2013 年收入增长情况如图 5 所示。

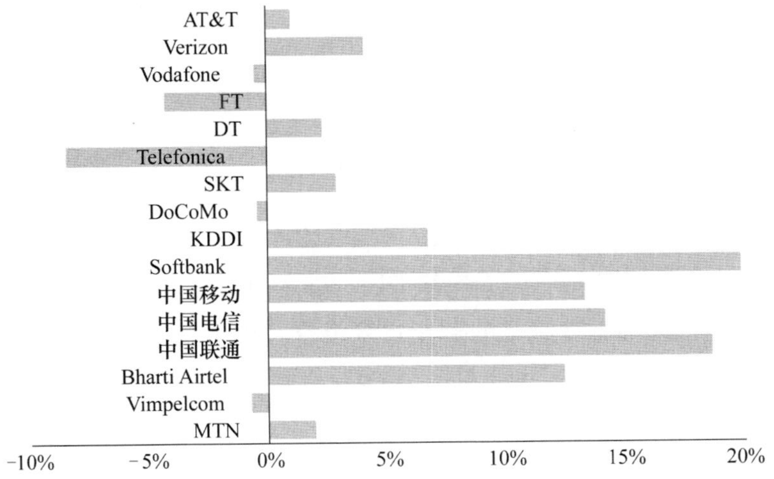

图 5 全球主要运营商 2013 年收入增长（数据来源：企业财报）

发展中国家市场成熟化加速。我国运营商虽然继续保持收入快速增长，但依靠用户拉动的增长模式并未根本转变。2013 年在新增 1.1 亿移动用户的同时，用户 ARPU 值与行业利润水平均呈现下降趋势，行业利润明显低于北美和日韩运营商。与中国同为金砖五国的俄罗斯、巴西和南非则呈现出明显的电信市场成熟化趋势，这些国家的运营商普遍出现了由于用户增长饱和而导致的收入增长放缓与利润水平下滑问题，转型迫在眉睫。

亚洲领衔全球移动虚拟运营第二波发展浪潮。2013 年全球共有 1100 多家移动转售企业，其用户占整体移动用户的 16% 以上，并保持 15% 的增长速度。当前，移动转售市场的发展重点正逐步由欧美向亚太地区转移，亚太移动转售商的用户增速约为全球平均水平的两倍。

4. 整体投资回落，我国投资居高不下

全球基础电信业投资继续处于下滑趋势。2013 年，全球基础电信业投资总额 3701 亿美元，比 2012 年下降 1.4%。其中，电信设备投资 795 亿美元，比 2012 年有小幅上升。与全球基础电信业投资持续下降相比，LTE 与宽带网络建设进一步拉动我国电信业投资增长，2013 年达到 3755 亿元人民币，占全球电信业投资的比例进一步上升至 16.1%，高于我国电信业收入占全球的比例（11.2%）。全球基础电信业投资额如图 6 所示。

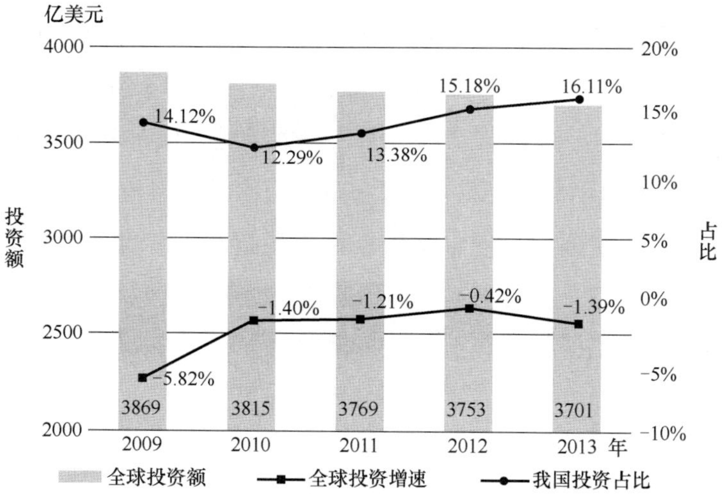

图 6　全球基础电信业投资额（数据来源：ITU、工业和信息化部电信研究院）

我国基础电信业投资收入比显著高于全球平均水平。根据国际基准计量模型，近几年全球电信业合理的投资收入比区间应为 16% ～ 2%，而我国则连续多年超过 32%，高出全球平均水平 10 个百分点以上。其主要原因在于以下 3 个方面：一是我国电信业仍处于快速发展阶段，收入增长为网络投资注入了更强的动力；二是我国国有体制下的企业重复投资约束不足，国家对央企 EVA 的考核仍是绝对规模指标；三是部分专业领域产能过剩、重复投资现象严重。全球与我国基础电信业投资收入比情况如图 7 所示。

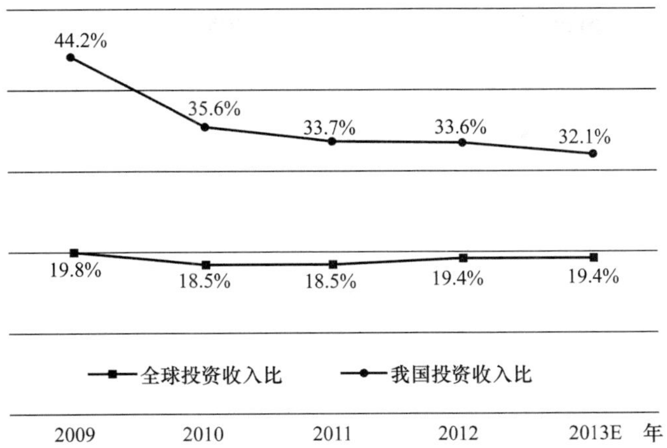

图 7 全球与我国基础电信业投资收入比（数据来源：ITU、工业和信息化部、工业和信息化部电信研究院）

（二）我国信息通信服务业发展

1. 我国信息通信服务业整体增势平稳，增值业务持续高速增长

我国信息通信服务业保持平稳较快增长。2013 年，我国信息通信服务业收入继续保持两位数增长，全年增速 15.7%，规模达到 1.58 万亿元人民币。其中，基础电信业保持较快增长，增速达到 8.7%，远高于全球水平。目前我国基础电信业收入占全球的比重达到 11.2%，比 2012 年提高近 1 个百分点。我国增值电信业持续高速增长，2013 年增值电信业收入超过 4000 亿元人民币，同比增长 42%，占信息通信服务业收入的比重达到 26%，对信息通信服务业收入增长的贡献率达到 57%。我国信息通信服务业收入发展情况如图 8 所示。

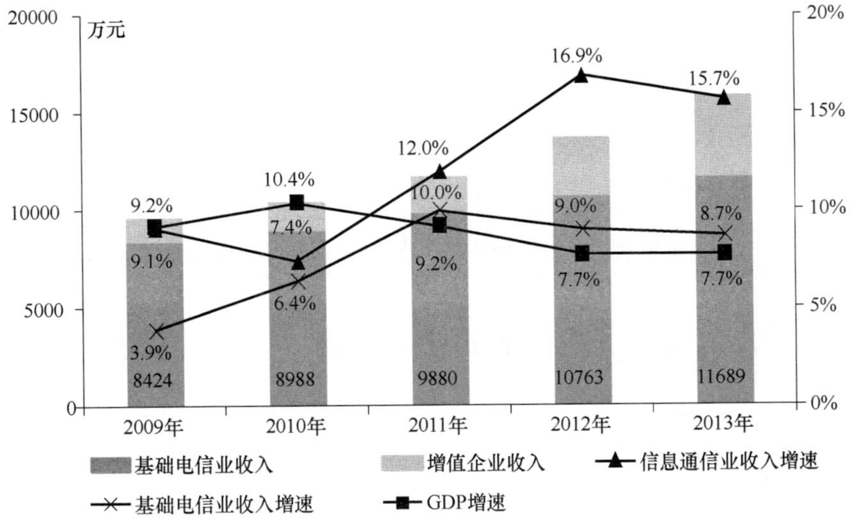

图 8 我国信息通信服务业收入发展情况（数据来源：工业和信息化部）

2. 基础电信业非话音业务收入贡献过半，数据业务引领增长

非话音业务收入占比首次过半。我国基础电信业非话音业务收入占比持续提升，2013 年非话音

业务收入占比达到 53.2%，首次超过话音业务收入，高于全球 6 个百分点。从收入结构来看，移动互联网收入占比首次超过固定数据及互联网收入，短信业务量和短信业务收入均出现负增长。我国基础电信业收入结构如图 9 所示。

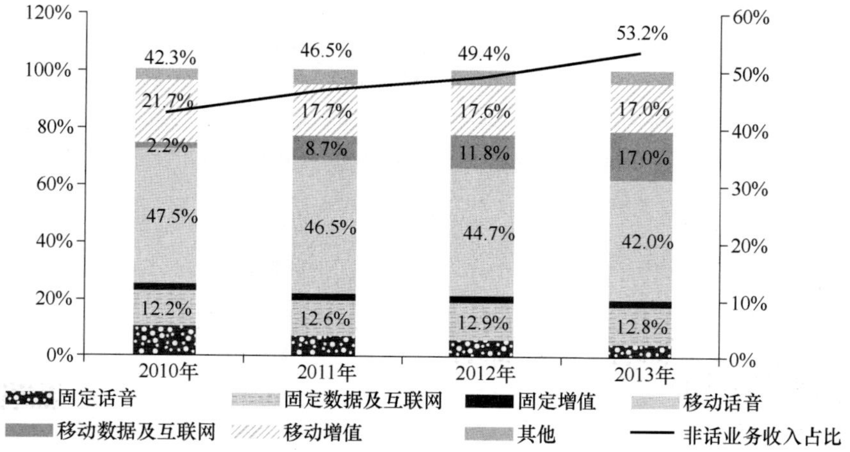

图 9　我国基础电信业收入结构（数据来源：工业和信息化部电信研究院）

数据业务的收入增长引擎作用凸显。2013 年，我国移动数据及互联网收入对基础电信业收入增长的贡献率达到 75.7%，与 2012 年相比提升近 25 个百分点，互联网宽带接入收入增长贡献率达到 13.0%，首次超过移动话音成为第二增长引擎。我国重点业务收增长贡献情况如图 10 所示。

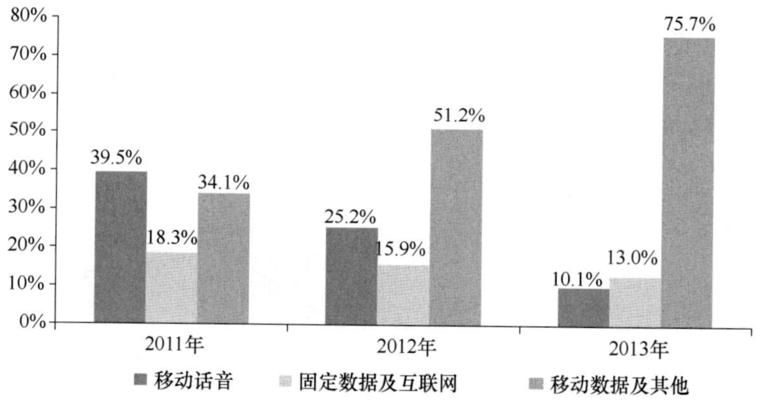

图 10　我国重点业务收入增长贡献情况（数据来源：工业和信息化部电信研究院）

3. OTT 业务迅猛增长，对基础电信业的冲击加剧

微信等 OTT 业务超常规爆发增长，严重冲击基础话音和短信业务。2013 年 9 月微信活跃用户达 2.7 亿户，日均发送文本消息、图片、语音和视频分别超过 32 亿次、1.2 亿次、6 亿次和 60 万次。受此影响，移动话音和短信业务量及收入均大幅下滑。2013 年，移动电话去话通话时长和移动话音业务收入同比增长仅为 5% 和 1.9%，与正常增长趋势相比，分别被微信等 OTT 业务拉低 6 个百分点和 4 个百分点；移动短信业务量和收入则分别下降 0.6% 和 1.9%，分别被微信等 OTT 业务拉低 6 个百分点和 1.5 个百分点。OTT 业务对基础话音和短信业务的影响情况如图 11 所示。

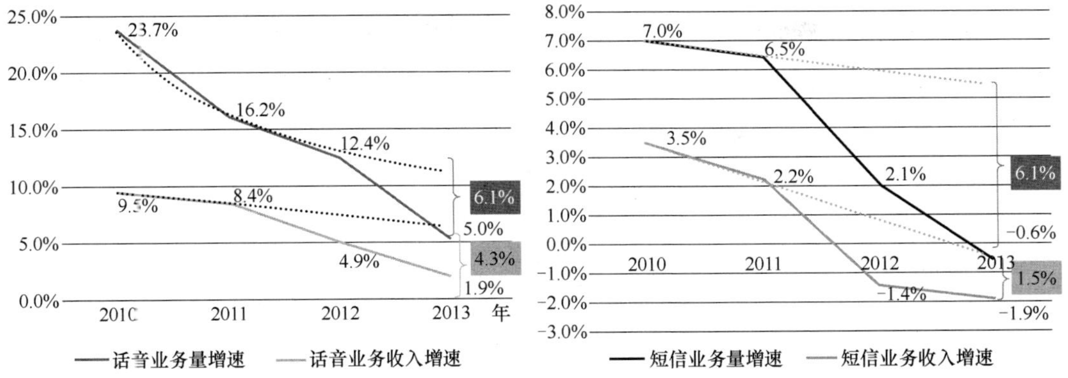

图 11　OTT 业务对基础话音和短信业务的影响情况（数据来源：工业和信息化部电信研究院）

4. 移动用户升级加速，结构持续优化

2G 用户首次出现负增长，3G 用户加速替代。2013 年，我国移动用户保持较快增长态势，新增用户 1.2 亿户，移动电话用户规模达到 12.3 亿户，移动电话普及率超过 90%。其中，2G 用户增长态势戛然而止，全年 2G 用户减少 0.5 亿户，3G 用户加速替代 2G 用户趋势明显，新增用户 1.7 亿户，占总移动用户比例接近 1/3。我国移动用户发展情况如图 12 所示。

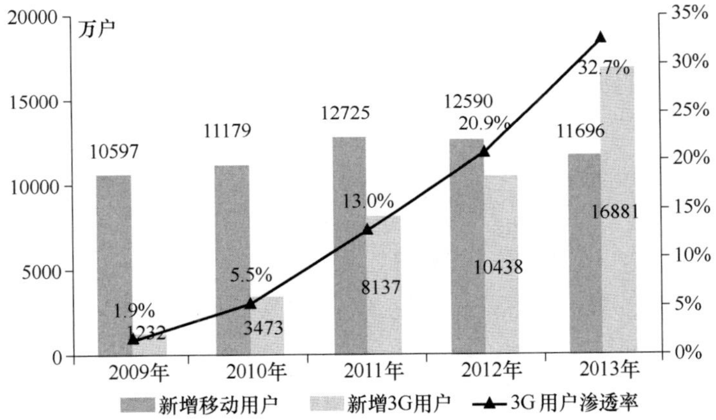

图 12　我国移动用户发展情况（数据来源：工业和信息化部）

智能终端快速渗透，拉动移动互联网用户规模持续扩张。2013 年，智能手机用户渗透率高达 40.8%，较 2012 年提升 15.8 个百分点。在其支撑下，移动互联网用户规模持续扩大，在移动用户中的占比接近 66%，带动户均移动互联网接入流量增速 80%。

5. 固定宽带普及提速，高速率用户增势明显

宽带用户保持快速拓展态势。2013 年我国新增互联网宽带接入用户 1905.6 万户，互联网宽带接入用户总规模达到 1.89 亿户，用户普及率为 14%，较 2012 年提升 1 个百分点。但与发达国家相比，我国仍然存在较大差距：发展国家的用户普及率已高达 27.2%，是我国的近两倍。我国宽带普及率发展变化情况如图 13 所示。

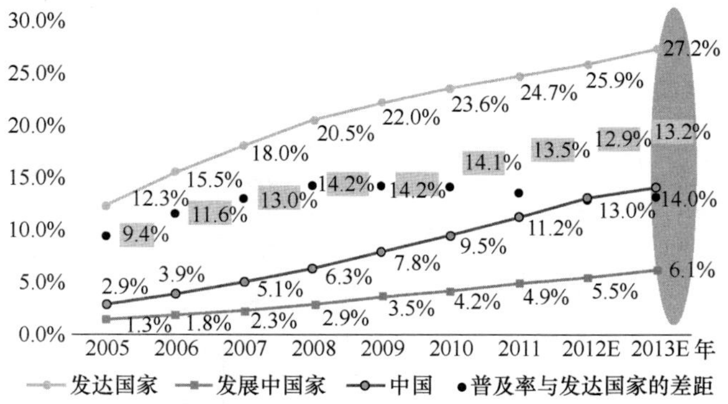

图 13　我国宽带普及率发展变化情况（数据来源：ITU、工业和信息化部）

用户接入速率实现明显提升。2013 年我国宽带用户接入速率得到明显提升。从宽带接入方式来看，高速光纤接入 FTTH/O 用户达到 4082 万户，用户占比达到 21.7%，比 2012 年年末提高 10.1 个百分点。目前，4M 以上宽带用户占比已达到 78.8%，比 2012 年和 2011 年分别提高 13.2 和 39 个百分点。

二、2013 年通信业热点分析

（一）全球流量经营全面铺开，我国蓄势待发

1. 发达国家运营商进入流量价值运营期，国内运营商处于流量爆发起步期

根据国外移动上网用户户均流量的增长规律，流量经营分为流量用户导入期、流量爆发起步期和流量价值运营期 3 个阶段。目前，发达国家运营商在 4G 网络和智能管控技术的带动下已进入流量价值运营期，我国尚处于智能终端拉动的流量爆发起步期，落后发达国家 4 ～ 5 年时间。我国流量经营发展阶段落后主要有以下两方面因素。

一是驱动因素差异。网络方面，我国 2009 年发放 3G 牌照，落后发达国家近 9 年时间，目前国内 4G 牌照刚刚发放，4G 发展也整体落后发达国家，3G/4G 网络建设进度落后造成用户发展缓慢，目前我国 3G 用户渗透率和发达国家 4G 用户渗透率基本相当；终端方面，2013 年我国智能终端在移动用户中的渗透率为 40.8%，而发达国家高的则已达到 80% 左右，智能终端渗透率相对较低也影响了移动数据流量的增长；移动应用开发方面，国外移动互联网市场已经比较成熟，丰富的移动应用带动户均流量快速增长，发达国家手机上网户均流量超过千 MB/月，2013 年我国手机上网用户户均流量为 106MB/月，差距明显。

二是经营水平差异。随着 4G 牌照的发放和移动互联网的发展，三大运营商的经营重心开始由话音经营转向流量经营，但仍处于单方面追求流量规模的粗放运营阶段，前端模式创新处于起步阶段，尚未建立全新的商业模式。同时，后端支撑手段不足，我国 PCC 普及率不高，网络管控较弱，智能管道部署落后发达国家 1 ～ 2 年；因此，国内运营商的流量运营，无论是前端模式创新还是后端智能管道部署，均落后于发达国家。

2. 前端推出新模式，业务转型迈出新步伐

全球运营商积极开展流量经营实践，在前端服务模式方面不断推陈出新，主要体现在以下 3 个方面。一是计费模式方面，国外运营商积极变革资费模式。数据流量共享套餐方式成为大势所趋，2012 年 Verizon 推出流量共享套餐以来，全球多家运营商转变以语音为主的套餐设计思路，采取流量收费、话音 / 短信免费的计费模式。二是终端模式方面，积极推进智能终端运营。智能终端的增长速度和发展形态前所未有，国外运营商的智能终端渗透率快速提升，极大地提升了流量消费层次，终端运营成为流量经营的核心抓手。三是业务模式方面，积极拥抱 OTT。基础运营商主动寻求与 OTT 合作的趋势愈加明显。从 OTT 实现盈利开始，OTT 从“寄生”向“共生”进化。部分运营商推出自有 OTT 业务，

但是大部分都以失败告终，同时，运营商开始探索后向运营商模式，实现“用户使用，企业买单”，如 AT&T“Sponsored Data”计划。

3. 后端强化智能管道建设，支撑差异化服务

国外运营商通过部署 PCC，建立差异化管道服务能力，实现分带宽、分用户、分终端、分时段、分区域的精细化运营。一方面，加强多网协同能力，提升流量承载能力，充分利用 WLAN 高吞吐、低成本、简单易用等特点，分流室内热点地区的蜂窝网流量。另一方面，通过智能管道技术动态精确配置资源：① 大范围采取 PCC（策略控制与计费）+DPI（深度分组检测）模式，目前，全球 DPI 部署案例超过 200 个，PCC 部署案例也超过 150 个；② 优化传输流量，有效减少流量压力，如 Vodafone 在 9 个国家针对 Web/Video 传输流量优化，减少 15% ～ 30% 的流量，在关键市场对 P2P 进行控制，减少 20% ～ 30% 的 P2P 流量；③ 采取限速策略，德国电信和 NTT DoCoMo 通过限速策略有效调控流量较高用户的网络速度。

4. 流量经营驱动价值增长，打造行业增长第一引擎

从全球流量增长来看，随着移动互联网的发展，用户户均流量在未来一段时间内仍将保持高速增长，预计 2018 年全球智能手机用户户均流量将达到 2GB/月，移动 PC 户均流量达到 11GB/月，手机和移动 PC 端的流量是 2012 年的 4.4 倍。国外移动数据流量的快速增长已经带动移动用户 ARPU 值止跌回升。例如，Verizon 移动用户 ARPU 值在 2010 年以后稳步回升，2013 年移动用户 ARPU 值达到 67.2 美元，相比 2011 年提高 9.6 美元。全球户均流量增长趋势如图 14 所示。

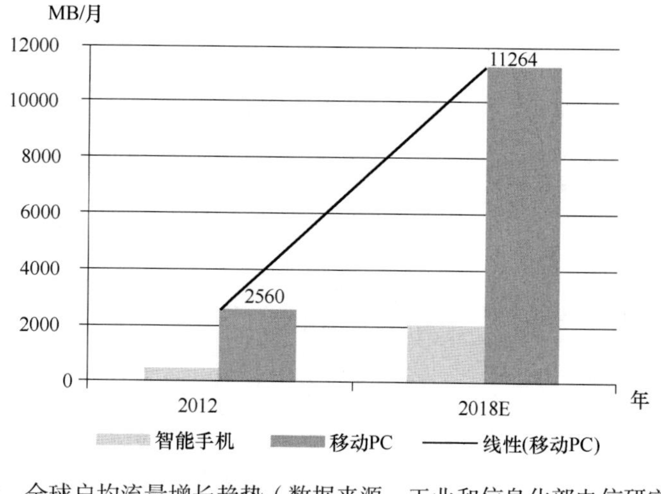

图 14　全球户均流量增长趋势（数据来源：工业和信息化部电信研究院）

未来几年，我国手机上网数据流量年均增长率将超过 100%，手机上网流量收入年均增长率超过 50%，预计 2015 年将达到 3594 亿元人民币，在移动数据流量收入规模大幅增长的牵引下，移动用户 ARPU 值有望实现在 2014 年止跌回升。如图 15 所示。

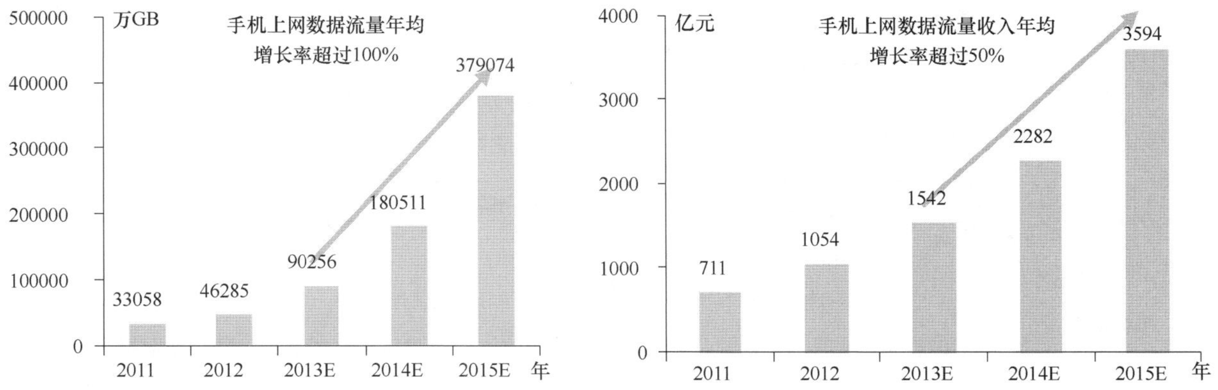

图 15　我国手机上网流量规模及手机上网流量收入规模（数据来源：工业和信息化部电信研究院）

（二）互联网高歌猛进，跨界融合新经济影响力日益彰显

1. 全球互联网企业继续呈现高速增长态势

互联网企业市值继续高速攀升。互联网业务已成为引领增长的关键动力，其良好的成长性带动互联网企业市值持续攀升。数据显示，2013 年全球市值排名前十的互联网企业收入仅为全球市值排名前十的基础电信企业的 1/4，但前者市值之和为后者的 1.3 倍，且该市值差距呈现不断扩大的趋势。如图 16 所示。

图 16　2012—2013 年全球前十互联网企业与基础运营商市值对比（数据来源：Google Finance）

互联网企业收入保持快速增长。2013 年，全球市值排名前十的互联网企业收入增速达 22.4%，同期全球市值排名前十的基础电信企业收入增速仅为 2.67%，两者增速相差近 20 个百分点，差距非常明显。除两者收入基数不同这一因素外，互联网企业持续不断的创新和灵活的经营机制也是取得更快增长的重要原因。如图 17 所示。

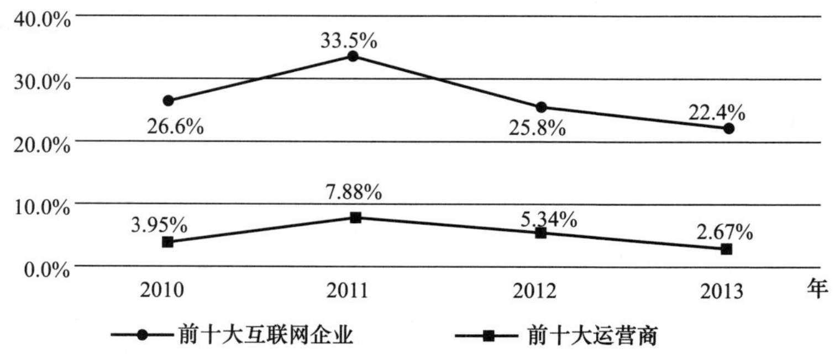

图 17　2010—2013 年全球前十互联网企业与基础运营商收入增速对比（数据来源：各企业财报）

2. 我国互联网成行业增长主导力量

互联网收入规模急剧扩张。2013 年，我国基础电信企业和互联网企业提供的互联网服务收入合计达到近 6500 亿元人民币，占整个信息通信服务业总收入的 41%，比 2012 年提高 7 个百分点，对全行业收入增量的贡献更是高达 85.6%，比 2012 年提升 15.7 个百分点。2010—2013 年我国信息通信服务业收入构成情况如图 18 所示。

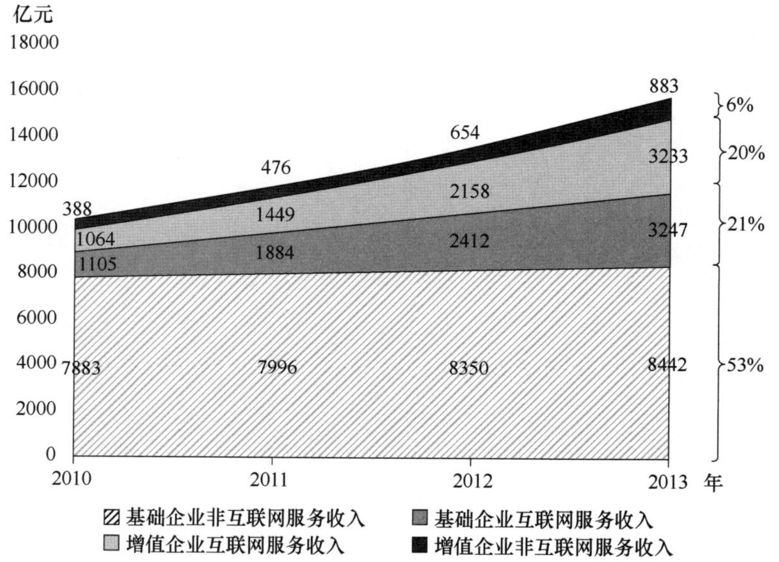

图 18　2010—2013 年我国信息通信服务业收入构成分析（数据来源：工业和信息化部、工业和信息化部电信研究院）

互联网企业影响力持续增强。2013 年，我国新增上市互联网企业 6 家，总数达 61 家，其中有 7 家企业进入全球市值排名前 30，2 家入围前 10 名。从市值规模来看，三家基础电信企业和上市互联网企业的总市值突破 4 万亿元人民币，其中，三家基础运营商市值之和达 1.7 万亿元人民币，而所有上市互联网企业（含阿里巴巴估值）的市值之和达 2.5 万亿元人民币，已超过基础电信企业。从市值增长来看，2013 年互联网企业市值增长高达 90%，基础电信企业市值则下降 19%；市值收入比方面，互联网企业达 8 : 1，而同期基础电信企业仅为 1.5 : 1，互联网企业的成长性优势极为显著。2010—2013 年我国上市互联网企业和基础运营商市值对比情况如图 19 所示。

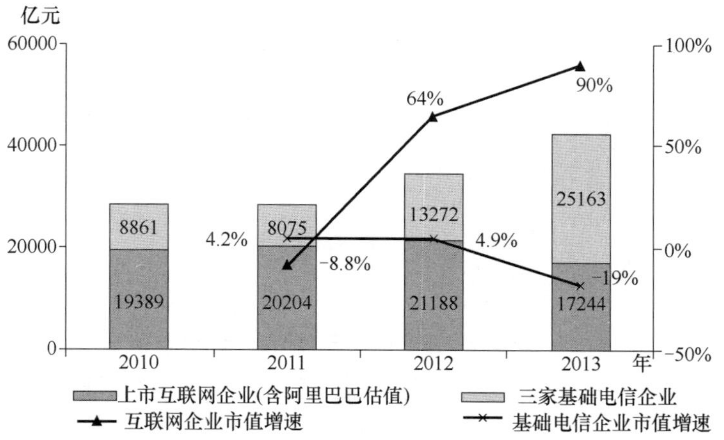

图 19　2010—2013 年我国上市互联网企业和基础运营商市值对比（数据来源：wind）

3. 互联网加速渗透推动现代服务业发展

推动网络零售一路飙升。2013 年，快速渗透的网络平台，使越来越多的产品和服务突破区域差异和时空限制；而线上线下融合服务的发展，则不断刺激居民加大消费力度，推动网络零售规模持续快速增长。“双 11”当天，苏宁实体店客流增长达 4 倍，淘宝、天猫销售额高达 551 亿元，同比增长 83%。2013 年全年网络零售交易规模则达到 2 万亿元，同比增长 50%，7 年间增长了 76 倍，目前占社会消费品零售总额的比重已超过 8%；电子商务已经突破 10 万亿元大关。

互联网金融开启金融业发展新纪元。依托互联网平台和信息技术，为互联网用户提供更便捷、高效、智能的金融服务成为发展新热点。一方面，传统金融机构竞相开展互联网金融业务，如招商银行推出了 P2P 业务，平安集团联合腾讯、阿里巴巴等公司推出众安保险，国家开发银行推出了“开鑫贷”业务。同时，传统金融机构还借助互联网金融推动市场格局调整。如管理余额宝的天弘基金，余额宝上线仅 7 个月其交易规模就达 2500 亿元，其管理的基金规模也一举超越盘踞基金排名榜首达 7 年之久的华夏基金，成为国内资产管理规模最大的基金公司。另一方面，百度、腾讯和阿里巴巴等呼啦圈企业也密集试水金融业务，2013 年，百度推出了百度金融中心、“百发”理财计划、百度钱包等金融产品和服务，积极布局互联网金融产品线；腾讯利用社交和渠道优势，在互联网金融领域迅速占领一席之地，开发了众安保险、微信支付、理财通等金融产品和服务；阿里巴巴践行“银行不改变，我们改变银行”的理念，利用丰富的数据优势试水互联网金融业务，充分挖掘并激发了平民理财群体的理财需求，推出了众安保险、余额宝、基金入淘等产品和服务。

4. 互联网融合创新引领制造业升级方向

互联网业务融合创新发展步伐加快，业务发展重点逐渐从生活服务向生产性服务迁移，与制造业加速融合，不断催生新兴生产模式，成为传统制造业升级的重要方向。2013 年，互联网与传统制造业的融合渗透全面体现，不断催生出工业互联网、C2B2C、众包等新模式，推动传统制造业实现新跃升。如，海尔通过众包平台聚集中科院、高通、腾讯等多方研发资源参与“天樽”空调新品设计；创维集团利用移动商业平台“云 GO”，对全国近 3500 家社区直营店进行了深度整合，保障用户无缝对接；爱定客基于互联网开展个性化定制，成立 18 个月，用户已超过 40 万人，创造 50 余万件作品，销售额达千万；小米手机依靠众多“米粉”参与研发的小米手机，2013 年销售 1870 万台，增长 160%，实现含税收入 316 亿元，增长 150%。互联网企业与工业企业融合发展情况如图 20 所示。

图 20　互联网企业与工业企业融合发展

（三）产业政策密集出台，营造行业发展良机

1. 两大国家级政策出台，构筑有利发展环境

2013 年，国家出台了多项支撑信息通信行业发展的政策，其中以信息消费、“宽带中国”两项国家级政策的出台对行业发展的影响最为突出。通过推进信息消费，可以扩大对信息通信行业的有效需求，而通过实施“宽带中国”战略，可以促进以宽带为基础的信息通信基础设施建设，增强信息通信行业的现实供给能力。

信息消费政策的实施将推动信息通信业加速发展。2013 年 8 月，国务院发布了《关于促进信息消费扩大内需的若干意见》（以下简称《意见》），提出加快促进信息消费，有效拉动需求，催生新的经济增长点，是一项既利当前又利长远、既稳增长又调结构的重要举措。制定了信息消费的主要发展目标：到 2015 年，信息消费规模超过 3.2 万亿元，年均增长 20% 以上（2014 年预计信息消费总规模达到 2.78 万亿元，同比增长 25.9%）；基于电子商务、云计算等信息平台的消费快速增长，电子商务交易额超过 18 万亿元，网络零售交易额突破 3 万亿元。为实现推进信息消费的主要目标，《意见》还从加快信息基础设施演进升级、增强信息产品供给能力、培育信息消费需求、提升公共服务信息化水平、加强信息消费环境建设、完善支持政策六个方面对相关的措施做出了全面部署。这意味着信息通信基础设施建设有望得到更多的支持，信息通信消费环境将更有保障，全社会对信息通信业的有效需求也将因此放大。信息消费规模及其增长情况如图 21 所示。

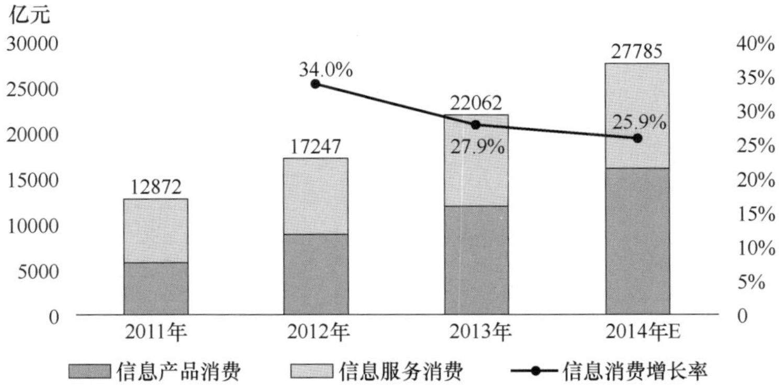

图21　信息消费规模及其增长情况（数据来源：工业和信息化部电信研究院）

“宽带中国”战略实施将加速网络设施普及提速进程。2013年8月，国务院发布了《“宽带中国”战略及实施方案》（以下简称《实施方案》），《实施方案》确立了2015年和2020年宽带网络基础设施建设的基本目标，建成适应经济社会发展需要的下一代国家信息基础设施，缩小宽带基础设施与发达国家之间的差距，宽带应用深度融入生产生活，移动互联网全面普及。技术创新和产业竞争力达到国际先进水平，形成较为健全的网络与信息安全保障体系。《实施方案》对实现这些目标与任务的技术路线和发展时间表做出了全面规划，提出了“宽带乡村”、宽带网络优化提速、中小企业宽带应用示范、贫困学校和特殊教育机构宽带应用示范、数字文化宽带应用示范、宽带核心设备研制产业化和“宽带中国”地图建设七大工程，并对加强组织领导、完善制度环境、规范建设秩序、加大财税扶持、优化频谱规划、加强人才培养和深化国际合作七个方面的政策措施做出了全面部署。该政策的发布和实施，明确了宽带网络是新时期我国经济社会发展的战略性公共基础设施，将宽带发展纳入了经济社会发展的大局，将有助于争取到更多的资源倾斜和更多的政策扶持，进而加速宽带设施建设进程。

2. 驱动宽带网络建设提速，夯实持续转型发展基础

固定光纤网络建设进程明显加快。2013年，在“宽带中国”战略与宽带普及提速工程的带动下，各基础电信运营企业均加快了固定宽带网络建设的步伐，光纤宽带已成为接入的主要形式。截至2013年年末，宽带接入端口数达到3.6亿个，比2012年年末增长34%；FTTH覆盖家庭超过1.67亿户，比2012年年末增长76.5%；宽带接入用户累计达到1.89亿户，人口普及率达到13.9%，宽带平均接入速率显著提升，接入速率在4Mbit/s及以上的用户占比达到78.8%，接近2011年年末该比例的2倍。目前，我国的宽带网速排名提升至第43位，在金砖5国中仅次于俄罗斯。我国宽带基础设施发展情况及与国际的比较如图22所示。

无线宽带网络建设突飞猛进。为适应移动互联网迅猛发展的趋势，2013年我国无线宽带网络建设步伐继续加快。截至2013年年底，3G基站总数达到134.5万个，净增30.4万个。4G网络建设也快速推进，截至2013年年底，TD-LTE试验网络共建设4G基站2.5万个。2014年，中国移动将开通50万个4G基站（预计占全球60%以上），中国联通4G网络一期招标总共约5万个基站。移动宽带设施的快速布局，为新兴移动互联网业务的广泛应用提供了基础。我国电信运营企业3G基站规模与增长情况如图23所示。

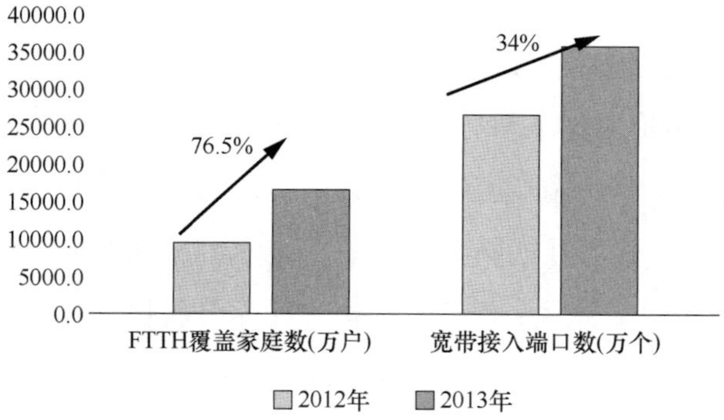

排名	国家或地区	速度（Mbit/s）
1	中国香港地区	69.25
2	新加坡	59.36
3	罗马尼亚	54.94
4	韩国	48.68
5	日本	41.61
6	中国澳门地区	39.96
7	立陶宛	39.46
8	瑞典	39.01
9	荷兰	38.8
10	中国台湾地区	36.62
11	瑞士	36.53
20	法国	24.86
26	德国	23.46
27	英国	23.24
29	俄罗斯	21.04
31	美国	20.42
43	中国	16.64
49	澳大利亚	14.42
65	墨西哥	10.57
74	巴西	9.48
136	南非	4.13
137	印度	4.09

图 22　我国宽带基础设施发展情况及与国际宽带接入网速的比较（数据来源：工业和信息化部、ITU）

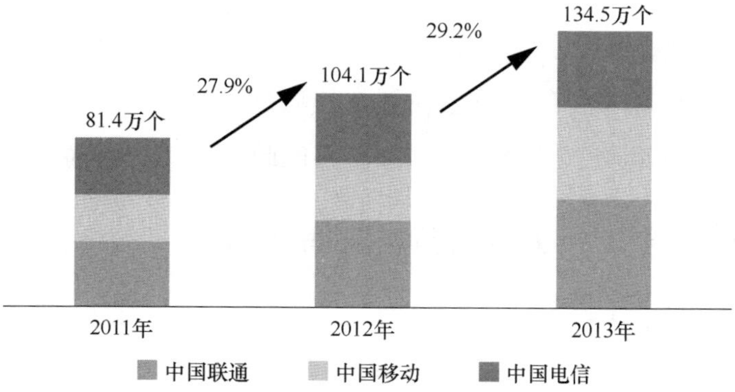

图 23　我国电信运营企业 3G 基站规模与增长情况（数据来源：工业和信息化部）

3. 带动智能化服务能力显著提升，拓展增长新空间

信息消费、“宽带中国”等政策措施的出台促进了信息通信服务业向综合信息服务业的转型，数据中心、智能化服务、物联网、云计算等新兴业务逐步成为信息通信领域新的增长点。

IDC、云计算服务市场高速增长。2013 年，随着互联网的高速发展，对带宽、管理维护的需求也急剧增长，促使提供专业化网络托管服务的 IDC 企业快速发展。2013 年我国 IDC 部署力度明显加大，除 3 家基础运营商外，互联网企业也加大了发展步伐。如阿里云服务器规模已超过 10 万台，租出虚拟机超过 20 万台，比年初增长 3 倍。此外，云计算应用市场的发展明显加快，数据显示，2013 年我国公共云服务市场规模约为 47.6 亿元人民币，增长率达到 36%，高出同期国际增速 6 个百分点。如图 24 所示。

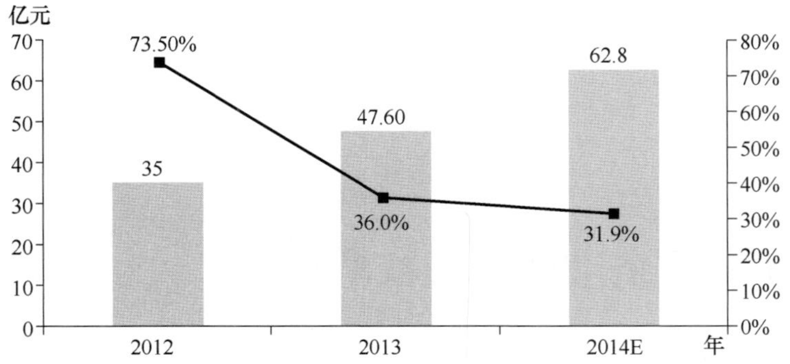

图 24　我国公共云服务市场规模及其增长情况（数据来源：工业和信息化部、工业和信息化部电信研究院）

M2M 服务快速拓展。随着移动互联网的快速发展，用户常用的移动联网设备已不再局限于手机。上网本、平板电脑、智能电视乃至智能相机等产品陆续普及，使得物联网市场得到了进一步的发展，各类应用不断涌现，商业模式持续创新。物联网市场的快速发展给运营商带来了新的发展机遇，其中 M2M 相关产业更被公认为是通信产业的下一个金矿，发达国家纷纷在 M2M 领域有较大动作，并通过积极合作，提升在这一领域的市场地位。中国的电信运营商也积极加入 M2M 业务领域，有效拓展经营范围，进行业务创新。2013 年，中国电信推出 M2M 标准通信模块，建成 M2M 全国平台；中国联通建设无锡 M2M 试验网，M2M 终端数超 900 万台；中国移动 M2M 终端数达 3000 万台，如图 25 所示。总体来看，运营商 M2M 市场在我国已初具规模。

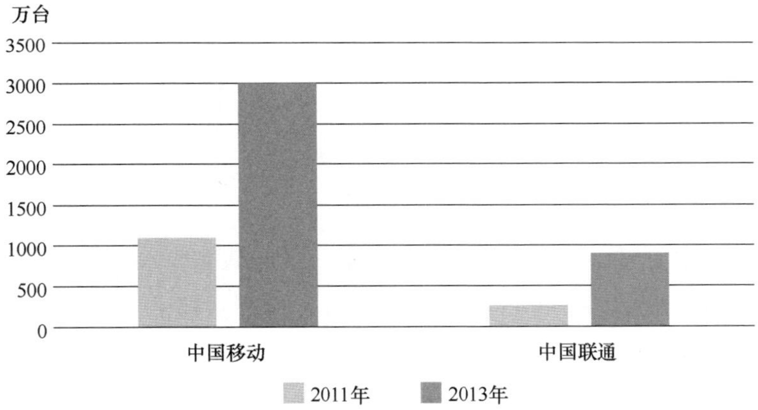

图 25　中国移动与中国联通 M2M 终端发展情况（数据来源：企业年报）

三、2014 年通信业发展展望

（一）全球信息通信服务业继续保持增长

基础电信业随经济形势趋好实现复苏。根据世界银行的预测，2014 年全球经济将实现 3.2% 的增长，摆脱连续 3 年的下滑轨迹。其中，欧洲摆脱连续下滑，实现 1.1% 的增长，美国增速由 1.8% 提升至 2.8%，发展中国家的增速也进一步提高至 5.3% 左右。在经济形势总体趋好的背景下，全球基础电信业也将实现复苏。预计 2014 年基础电信业收入同比增长 1.2%，规模达到 1.65 万亿美元。如图 26 所示。

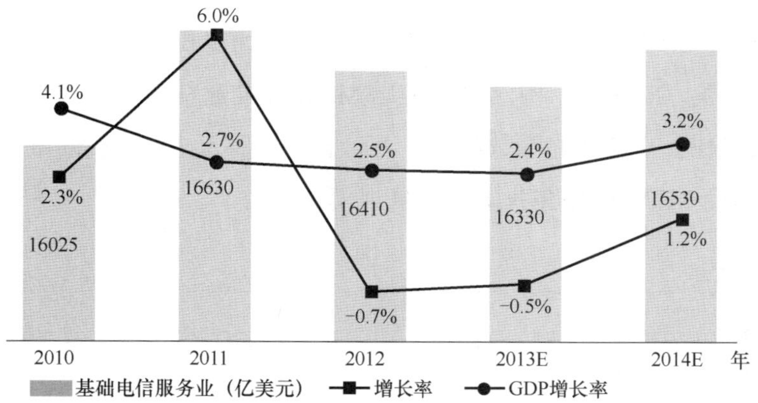

图 26　2014 年全球经济与基础电信业增长（数据来源：世界银行、Gartner）

业务结构转型深化，非话收入占比过半。2014 年非话收入占比将首次超过 50%，标志着基础电信业转型由量变实现质变。移动数据仍是核心增长动力，拉动整体收入增长 3.2 个百分点，但移动与固定话音收入持续下滑，抵消了移动数据业务的绝大部分收入增长贡献。

互联网行业继续保持高昂增长势头。全球排名前十的互联网企业有望维持 20% 以上的收入增长速度，其总收入将超过 2000 亿美元，如图 27 所示。

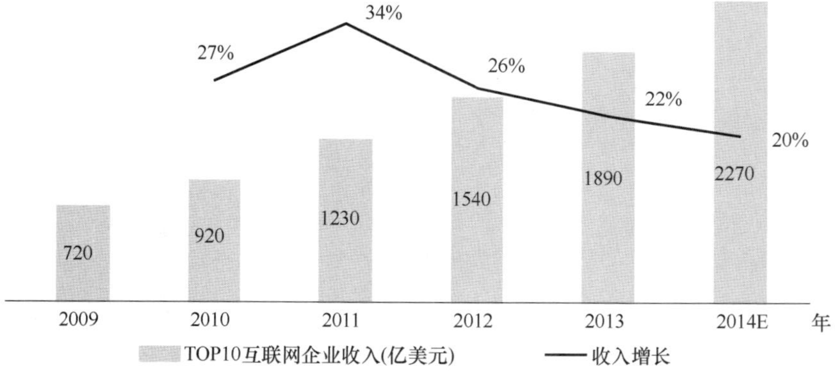

图 27　TOP10 互联网企业收入增长（数据来源：公司财报、工业和信息化部电信研究院）

（二）我国信息通信服务业发展新形势

目前，我国经济正处于发展、融合、变革的新时期，加快转变经济发展方式，打造中国经济升级版已经成为经济发展的主流。

1. 经济稳中向好，消费结构升级构筑行业需求新基础

经济稳中向好，居民消费能力有望持续增强。2013 年年末召开的中央经济工作会议对 2014 年的经济工作做出全面部署，提出大力推进改革创新，把发展的强大动力和内需的巨大潜力释放出来，以转变经济发展方式的主动、调整经济结构的主动、改革开放的主动，赢得在经济发展商的主动和国际竞争中的主动，努力创造和维护政治关系友好、经贸规则有利、发展空间广阔的良好环境。在各项稳增长、调结构政策的推动下，预计 2014 年 GDP 增长速度将达到 7.6% 的水平，将有更多的资源可以用于改善民生，城乡居民消费支出能力有望在 2013 年基础上不断提升，进而也为信息通信消费规模的扩张奠定了更坚实的基础。中国历年 GDP 增速与三次产业贡献率如图 28 所示，城乡居民人均可支配收入 / 纯收入变化情况如图 29 所示。

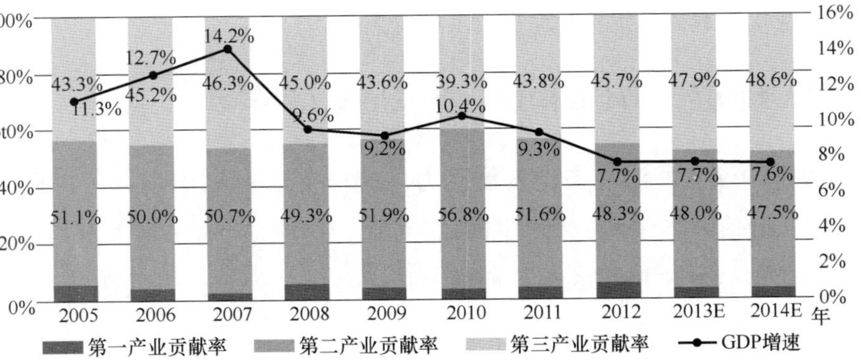

图 28　中国历年 GDP 增速与三次产业贡献率（数据来源：国家统计局）

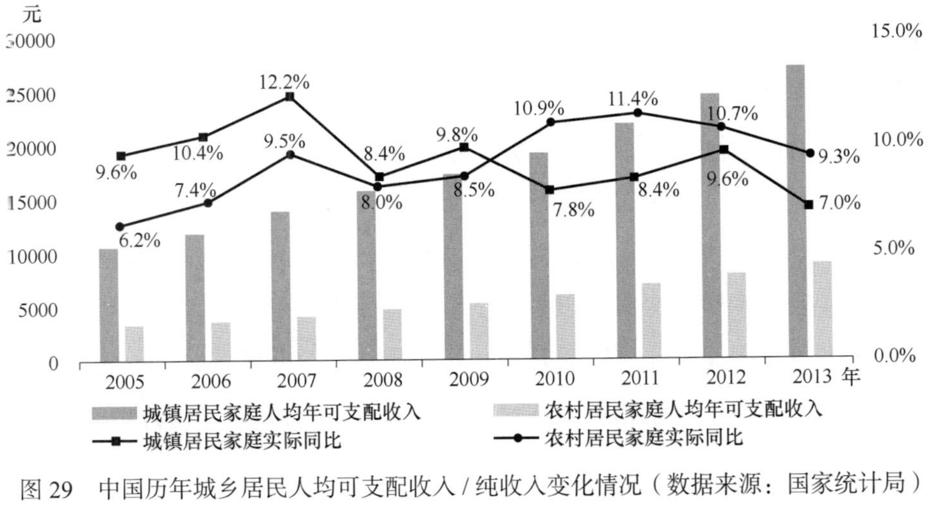

图 29　中国历年城乡居民人均可支配收入 / 纯收入变化情况（数据来源：国家统计局）

消费结构持续升级，信息通信消费成为新热点。我国经济已迈入“服务化”时代，随着产业结构调整的不断推进，对具有通用目的性和强带动性的信息通信业服务的需求也将随之增加。与此同时，由于我国正处于人均 GDP 6000 ～ 10000 美元的发展阶段，按照国外的发展经验，消费转型升级进程将加快，教育、娱乐、文化、交通、通信、医疗保健、住宅、旅游等较高层级的消费比重将加大。尤其是在当前网络化、信息化加速的大背景下，基于信息技术和信息网络平台的信息消费日益成为新的消费热点。

2. 经济社会融合创新，开辟行业增长新空间

经济社会转型发展对信息通信技术和网络的依赖与日俱增，在研发、生产、流通以及后续服务等全过程，对其的需求无论是广度还是深度都有实质性的提升。目前在两个方面体现得尤为明显：一是伴随传统工业、教育、医疗、金融、商贸等向更高阶段的演进，需要与信息技术和应用多维结合，如，传统制造业为在变革中谋求生存，必须将互联网技术和应用不断植入传统制造业的各环节，通过融合创新出工业互联网、C2B2C、众包等新兴生产模式，以及更加多元化、个性化的产品与服务，方能实现自身的全面转型和发展；二是随着平安城市、城市车辆监控、环保与安全生产、社区安防、数字家庭、智慧城市等向纵深推进，将对基于网络的物联网、云计算、大数据等新兴应用提出新需求，并因此成为推动信息通信业持续发展的动力。

3. 深化改革开放，政策红利释放构筑行业发展新格局

信息通信业开放走向深入，激发市场发展活力。2014 年，移动虚拟运营将正式商用，新的虚拟运营商牌照继续发放；增值业务领域，按照国务院关于《中国（上海）自由贸易试验区总体方案》的要求，将允许外资企业经营特定形式的部分增值电信业务；此外，接入网业务开放试点将逐步推出，广电国网公司也将正式参与电信市场角逐。这意味着有越来越多的由不同资本控制的市场主体进入信息通信市场，在多个层面展开充分竞争。这必将进一步增强市场主体活力和产业创新动力，推动产业格局出现新变化。

系列政策全面落实和实施，营造行业发展新基础。2014 年，国家发布的关于信息消费和宽带战略的两大文件将持续推进落实。第二批信息消费试点城市（县、区）遴选和试点示范工作将有序推进；“宽带中国”战略将进入推广普及阶段，在继续推进宽带网络提速的同时，将加快扩大宽带网络覆盖范围和规模，深化应用普及。这将使以宽带为核心的网络设施建设和以物联网、云计算、大数据等生产性服务为重点的信息服务得到更快发展，切实增强产业供给能力或支撑经济社会发展的能力，进一步夯实产业转型发展基础。另外，2014 年我国 4G 将全面商用，对中国移动宽带业务经营的限制也将正式解除，这一方面将加速移动业务结构的升级，开启流量经营新阶段，为稳定和提升产业价值提供基础；另一方面，由于中国移动（上市公司）正式经营宽带接入业务，将有更多资源投向宽带领域，市场格局也将因此出现新调整。

（三）我国信息通信服务业发展趋势判断

1. 行业保持稳定快速增长，互联网引领全局

2014 年，预计我国信息通信服务业收入规模将达到 1.8 万亿元，同比增长 14%。其中，基础电信业收入 1.27 万亿，同比增长 8%，连续 4 年保持年增长规模在 1000 亿元左右，占全球基础电信业收入的比重为 12.5%；增值电信业的收入规模将达 5300 亿元，同比增长 28%。从业务收入结构来看，包含基础电信业和增值电信业的互联网业务收入将达 8650 亿元，对信息通信业收入增量贡献达到 100%。如图 30 所示。

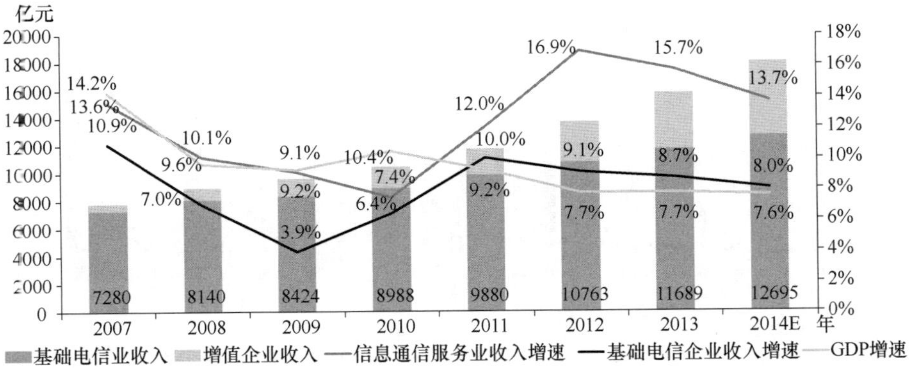

图 30　我国信息通信服务业收入规模（数据来源：工业和信息化部）

2. 基础电信业转型速度加快，移动语音开始出现拐点

2014 年，基础电信业加速转型，预计非话业务收入占比将达到 56%，与 2013 年相比提高 3 个百分点。从收入增长贡献结构来看，移动数据及互联网业务收入达到 2700 亿元，同比增长 40%，占基础电信业总收入的比例超过 20%，对基础电信业务收入增长的贡献率达 85%；固定数据及互联网业务收入平稳增长，对基础电信业务收入增长的贡献率稳定在 13% 左右；移动话音对基础电信业收入增长的贡献率从 10.1% 降至 −1.8%，首次跌破零点。如图 31 所示。

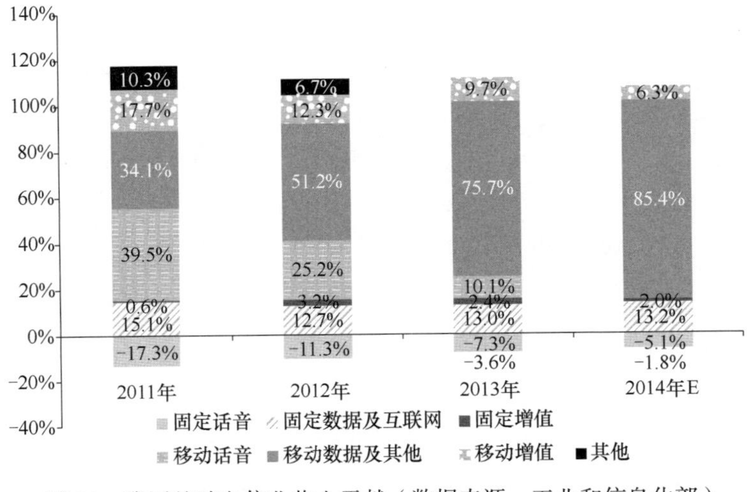

图 31　我国基础电信业收入贡献（数据来源：工业和信息化部）

3. 用户规模进一步扩大，结构加速调整和优化

2014 年，预计移动电话用户总数将达到 13.4 亿户，较 2013 年增长 1.1 亿户。其中，2G 用户减少 6000 万户，3G 用户增长 1.2 亿户，4G 用户增长 5000 万户。移动电话普及率接近 100%，3G 用户渗透率接近 40%，智能手机用户渗透率将突破 50%，移动互联网用户渗透率超过 80%。固定宽带用户新增 2500 万户，达到 2.1 亿户，普及率超过 15%，其中，接入速率在 4Mbit/s 以上用户超过 80%。如图 32 所示。

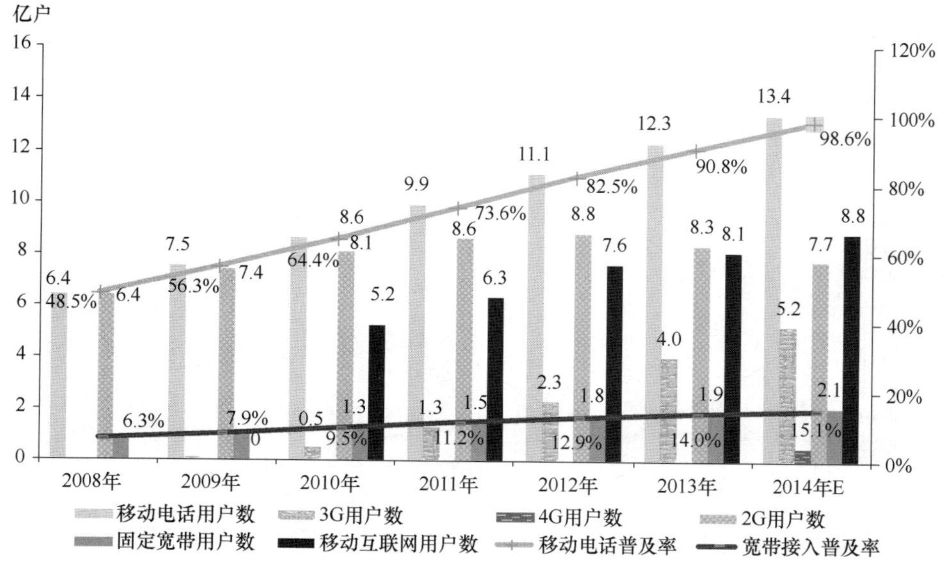

图 32　我国通信用户规模（数据来源：工业和信息化部）

4. 流量爆发增长倒逼经营转型，移动 ARPU 值起底回升

随着 4G 的正式商用和移动互联网的快速发展，我国手机户均流量将保持高速增长，预计 2014 年手机户均流量将达到 192MB/ 月，同比增长 81.1%（国外经验：4G 牌照发放后的 3 年内高速增长规律，复合增长率 60% ～ 90%）。流量的高速增长促进移动通信 ARPU 值提升，预计 2014 年移动 ARPU 值将出现拐点，回升至 2012 年 59.6 元的水平，其中，移动流量 ARPU 值 18.3 元，较 2013 年提升 4.2 元。如图 33 所示。

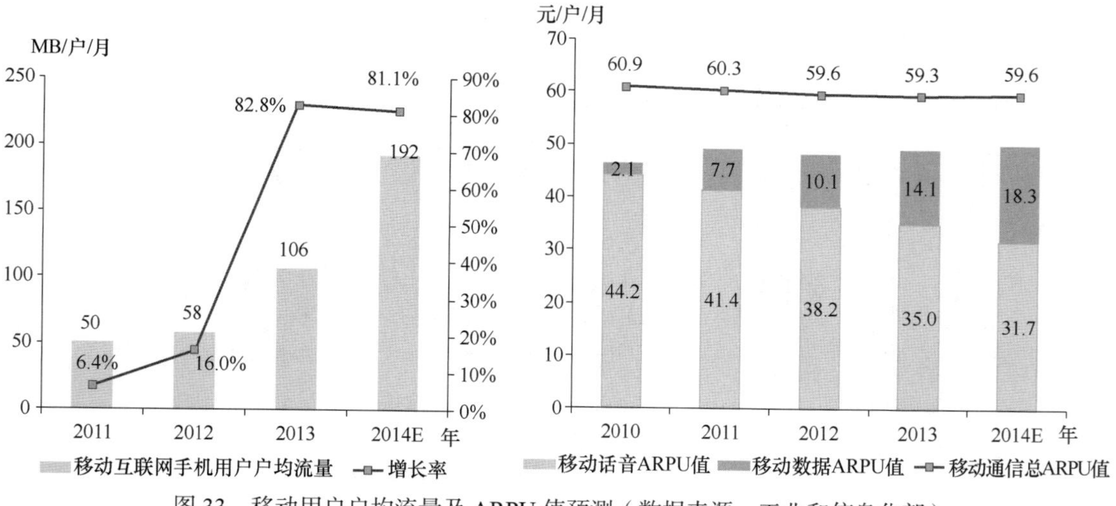

图 33　移动用户户均流量及 ARPU 值预测（数据来源：工业和信息化部）

5. 4G 数据资费中等偏低，普惠民生激发消费

从国内运营商已推出的 4G 流量资费来看，4G 数据资费在同等的数据套餐情况下，资费较 3G 优惠 10% 以上。从各国（地区）4G 流量资费对比来看，我国 4G 流量资费处于中等偏下水平，韩国 KT、香港地区 PCCW、美国 Verizon、德国 T-mobile 等运营商发布的 4G 流量资费均高于中国移动，其中美国 Verizon 公布的 4G 流量资费是中国移动的 3 ～ 4 倍。同时，随着转售业务的开展，通信行业竞争更加激烈，预计我国整体资费水平将进一步下降。数据资费对比情况如图 34 所示。

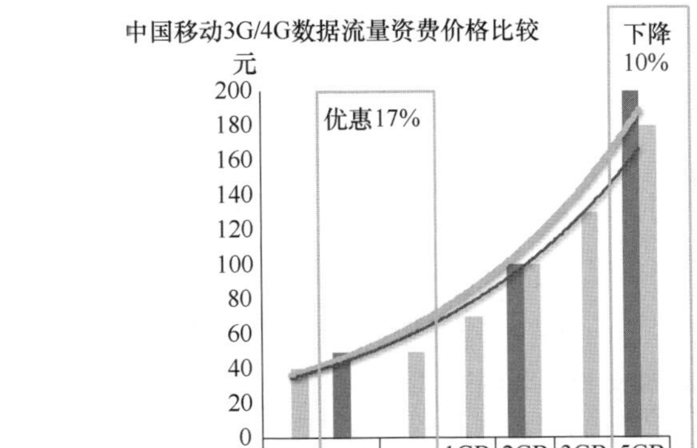

	400MB	500MB	600MB	1GB	2GB	3GB	5GB
中国移动3G数据流量月套餐费用(元/月)		50			100		200
中国移动4G自选套餐数据流量必选包费用(元/月)	40		50	70	100	130	180

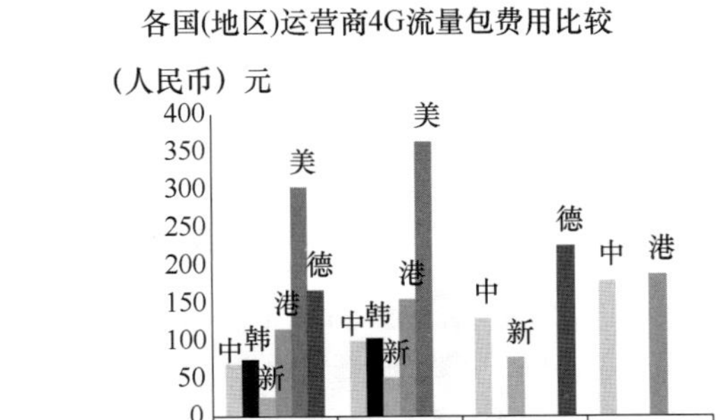

	1GB	2GB	3GB	5GB
中国移动	70	100	130	180
韩国KT	75	104		
新加坡Sing Te	26	51	77	
香港地区PCCW	116	155		187
美国Verizon	303	364		
德国T-mobile	167		225	

图 34　4G 数据资费对比情况（数据来源：工业和信息化部、ITU）

6. 4G 全面商用，推动基础电信业投资维持高位水平

为满足 4G 规模商用的需要，4G 网络建设将全面展开，预计 2014 年 4G 投资将达 1000 亿元；宽带普及提速工程的全面推进，促使宽带网络投资将维持相对稳定的水平；3G 网络由于基本实现全覆盖，投资规模将继续减少。总体预计，2014 年我国基础通信业固定资产投资约为 3700 亿元，相比 2013 年投资规模小幅回落。从总体投入水平看，通信业投资收入比在 29% 左右，略有下降。如图 35 所示。

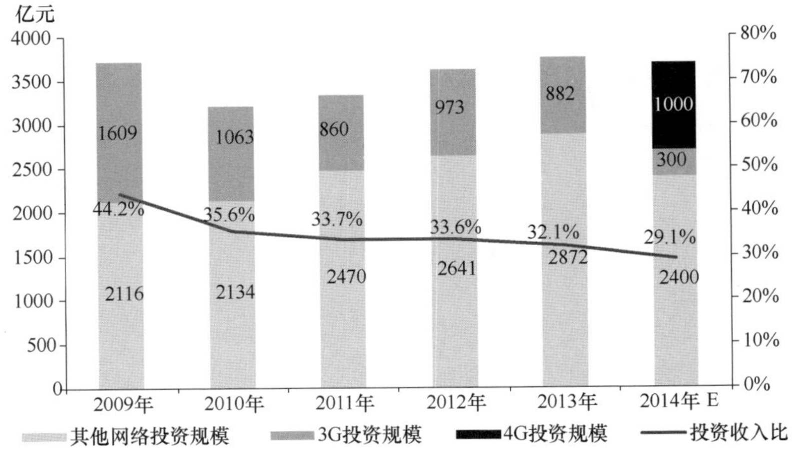

图 35　我国电信业投资规模（数据来源：工业和信息化部）

7. 信息通信业向经济社会全面渗透，经济贡献不断增强

2014 年，信息通信业向国民经济各领域、各环节的渗透将加速，带动信息通信业自身收入规模持续增长，对国民经济增长的贡献也不断扩大。预计信息通信业增加值占 GDP 比重为 1.49%，较 2013 年提升 0.11 个百分点，对 GDP 增长的直接贡献为 0.2%，间接贡献达 3.6%。如图 36 所示。

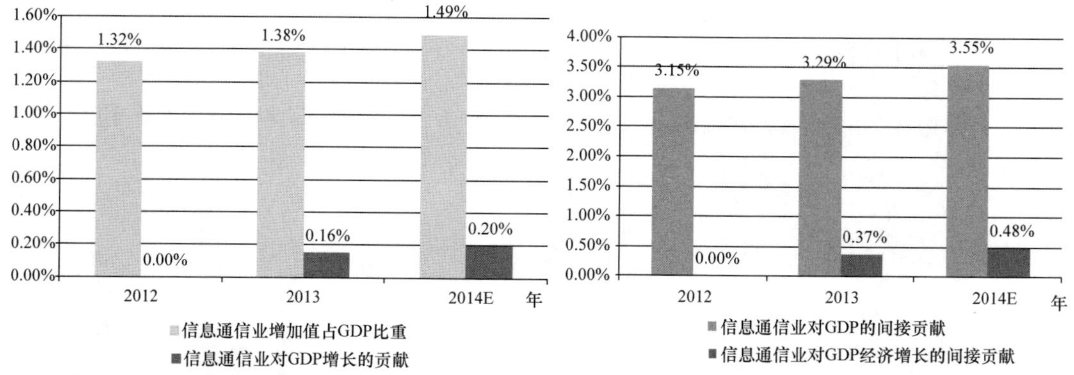

图 36　信息通信业经济贡献预测（数据来源：工业和信息化部电信研究院）

法律法规篇

导　读

2013年，各国为适应互联网的发展不断进行立法创新，在关键信息基础设施的网络安全、通信设备的安全审查、大数据、智能终端管理等方面加强立法。我国电子商务立法受到广泛关注，知识产权法律修订工作稳步推进，不断完善。热点方面，我们持续探究互联网竞争的法律规制问题和个人信息保护立法的最新进展，关注互联网电视的版权争端，以及“棱镜门”事件所引发的法律法规调整。

十八届三中全会决定指出要建设“法治中国”，“加大依法管理网络力度”，这些都将推动系统的电信和互联网法制建设步伐。以“安全、发展、监管”为重点，以“资源与网络、应用与内容”为内容，借鉴国际互联网立法的最新趋势，建立未来的电信和互联网法律框架。2014年，人大决定的配套立法以及互联网相关立法仍将是立法的热点领域，近些年持续活跃的地方立法仍将精彩纷呈，知识产权法律制度不断完善。

本篇作者：

李海英　毕春丽　王融　丁道勤　杨扬　沈玲　石月　杨筱敏　方禹　伦一

一、2013 年信息通信法律法规发展综述

2013 年，国内外在信息通信领域进行了很多立法探索，在关键基础设施保护、安全审查、大数据、移动智能终端、电子商务等方面取得进展，知识产权立法也稳步推进。

（一）关键基础设施保护立法升温

近年来，信息安全事件频发，其中的“棱镜门”事件格外引人注目，同时，大规模泄密等其他系列信息安全事件也屡屡敲响了数据安全的警钟。各国政府对信息安全的重视程度大大提高，而关键信息承载于基础设施之上，因此，保护承载关键信息的基础设施逐步提上了各国的立法议程。2013 年，美国、欧盟、印度、俄罗斯等国家和地区相继开展了关键基础设施保护立法相关活动。美国于 2013 年 2 月 12 日同时公布了两个命令：第 13636 号行政命令——《关于提升关键基础设施网络安全的决定》和第 21 号总统令——《提高关键基础设施的安全性和恢复力》；欧盟委员会于 2013 年 2 月公布了《网络安全战略》，欧盟议会于 2013 年 6 月 12 日通过了“关键信息基础设施——面向全球网络安全”的决议；印度于 2013 年 5 月批准了《国家网络安全策略》，印度的“国家关键信息基础设施保护中心”于 2013 年 6 月发布了《保护国家关键基础信息基础设施指导原则》，与此同时，印度还打算实施专门针对关键设施的“五年计划”；俄罗斯联邦安全局于 2013 年 8 月 20 日公布了《俄联邦关键网络基础设施安全》草案，拟于 2015 年由总统签署后实施。

从各国的立法活动来看，主要有以下几个方面的特点。

1. 关键信息基础设施法律制度建设由战略引领转向立法支持

关键信息基础设施保护是由信息技术快速发展所引发的新命题，各国对于建立关键信息基础设施法律制度仍处于探索阶段，尚未形成有效的经验，如“棱镜门”事件爆发后，涉事各国短时间内难以采取有效措施予以应对。因此，目前各国在关键信息基础设施相关立法思路是先出台相应的政策，如国家战略等，继而在实践的基础上逐步将成熟的政策上升为法律。

2. 强调关键信息基础设施的重要地位

由于关键信息基础设施是一个新概念，各方对其的认识还不够深刻，特别是关键信息基础设施的所有者和运营者可能都认识不到其自身的重要性。因此，各国在关键信息基础设施相关立法中，都着重强调了关键信息基础设施的重要地位，以凸显保护关键信息基础设施的重要性。美国第 13636 号行政命令——《关于提升关键基础设施网络安全的决定》正式从国家层面认定了“信息战”已经是目前显而易见的风险，并会一直持续下去。

3. 明确关键信息基础设施的定义及范围

关键信息基础设施是一个新概念，因而确定哪些设施属于关键信息基础设施，哪些设施需要纳入到保护范围以及保护的程度等问题，显得尤为必要。各国在关键信息基础设施相关立法中，对关键信息基础设施的定义及范围均予以明确。美国第 21 号总统令——《提高关键基础设施的安全性和恢复力》中指出，“国家的关键信息基础设施多样化和复杂化。它包括分布式网络，多样的组织结构和经营模式（包括跨国公司的所有权），相互依存的功能和系统的物理空间和网络空间，治理结构涉及多层次的权力、责任和法规”；欧盟指出关键信息基础设施的范围涵盖金融、运输、能源和医疗等基础设施运营商和从事电子商务平台、网络支付、搜索引擎等业务的关键网络公司以及公共行政部门。

4. 形成关键信息基础设施保护机制

各国在关键信息基础设施相关立法中分别建立起了不同的关键信息基础设施保护机制。美国第 13636 号行政命令——《关于提升关键基础设施网络安全的决定》中提出要建立政府与私营部门合作的“网络安全框架”，实现网络攻击与威胁信息共享，从而降低针对关键信息基础设施的网络安全风险；欧盟提出一项立法建议，拟要求关键机构在遭受网络袭击时要向欧盟汇报，包括重要基础设施的提供商、关键的网络企业及公共行政部门；印度提出要建立 ICT 基础设施受到威胁时必要的情景意识，通过有效的预测、预防、保护、响应和修复行动，实现 7×24 小时网络安全应急响应和处理，建立危机管理机制。

5. 多个层面实现关键信息基础设施信息共享

信息共享是关键信息基础设施保护的核心环节，特别是对预警、威胁等信息的共享，通过共享形成各部门合力，及时、有效地应对突发事件。因此，各国在关键信息基础设施相关立法中，重点提出多个层面实现关键信息基础设施信息共享。美国和印度提出要在政府部门与私营部门之间建立信息共享机制；美国提出在政府部门内部建立横向和纵向的信息共享机制，包括同级政府部门之间的信息共享以及联邦政府与州级政府之间的信息共享机制；印度提出本国政府与外国政府之间建立信息共享机制，包括与国外政府机构、安全机构以及厂商签订双边或多边协议。

（二）加强通信设备安全审查相关立法

随着华为、中兴、联想等中国通信设备制造商的国际市场份额不断扩大以及各国对网络安全的日益重视，其遭遇的进入壁垒近两年不断升级。2013、2014 年，美国、英国、印度等国家和地区政府以不同层级和形式的安全立法及机制，对通信设备商设置准入门槛，主要表现在如下三个方面。

一是在政府采购领域设置通信设备安全审查。美国在 2013 年年初发布了《2014 综合拨款法案》（有效期截至 2014 年 9 月 30 日），禁止美国商务部、司法部、航空航天管理局、国家科学基金会使用根据该法所拨经费或所筹经费采购信息技术系统，包括由中国生产、制造、组装的相关信息系统，除非与 FBI 等联邦部门一起，对购买该系统所带来的网络间谍或网络破坏的风险进行评估，认定符合国家利益。

二是通过设置电信运营商义务限制设备商准入。印度电信局（DOT）自 2010 年起一直在修订各类电信业务的许可协议，增加安全条款。要求运营商的进口电信设备从 2013 年起，必须全部经过印度境内实验室认证。设备商的制造设施、供应链必须允许政府及电信运营商检查等。此外，为保障通信系统、资料、网络的安全，中国台湾地区的“国家通信传播委员会”（NCC）正在修订《电信法》，明确电信服务提供商建立信息通信安全管理机制等义务，并要求安全管理机制实施计划须报 NCC 核准。

三是建立非正式通信设备安全审查机制。2010 年，华为应英国政府要求，于 2010 年在英国出资成立华为网络安全评估中心（CELL），确保其在英国提供的通信设备的安全性。CELL 的职员要通过英国的安全审查程序审查，其基本任务是对华为设备进行评估，识别出潜在的漏洞，以加强网络安全。2013 年 12 月，英国政府应英国情报与安全委员会的要求，对 CELL 的有效性进行全面评估，最终认定 CELL 的运行是有效的，同时提出从政府角度加强监督和领导的相关意见。

（三）大数据引发信息资源开放政策热潮

大数据技术和业务的兴起，引发了对数据开放的强烈需求，掌握重要数据资源的政府成为开放信息资源的带头人，各国积极通过法律和政策推动政府信息资源开放。

2013 年 6 月，欧盟颁布对 2003 年《公共部门信息再利用》指令的修订指令（DIRECTIVE 2013/37/EU），要求公共部门提供透明、公平的信息再利用服务，扩大立法适用范围，将图书馆、博物馆和档案馆纳入。

2013 年 2 月，美国科学技术政策办公室颁布《增加联邦资助的科研成果访问的政策》，让公众、产业界和科学界最大限度地访问联邦资助的科研成果。2013 年 5 月，奥巴马颁布《政府信息公开和机器可读行政命令》，确保以多种方式让数据向公众发布，让数据易于被发现、获取和利用，政府部门应当保护个人隐私、保密和确保国家安全。

2013 年 6 月，日本颁布《日本再兴战略》，提出开放数据，实现到 2015 年与其他发达国家同等水平的开放，出台个人数据处理方式的修订政策，促进公共数据向民间开放。

2013 年 7 月，八国集团（美国、英国、法国、德国、意大利、加拿大、日本及俄罗斯）签署《开放数据宪章》。根据该宪章，英国、意大利、法国等国家都制定了开放数据的实施计划。

从各国立法的内容来看，主要确立了以下制度。

1．政府默认数据开放。政府在数据开放的同时，遵守知识产权法、个人信息保护法和国家安全立法。

2．确保数据开放的质量和数量。数据以最原始的状态开放，数据中包含的信息易于理解；尽早发布数据。

3．数据被所有人使用。以开放的格式公开数据。释放尽可能多的数据，鼓励免费访问。公共部门应当提供透明、公平的信息再利用服务。

4．开放数据以改进管理。各国间交流技术，保持数据采集、标准和程序透明。

5．开放数据促进改革。鼓励应用程序开发者和社会组织参与促进数据开放的工作，鼓励下一代数据创新者提供数据的机器可读模式。

（四）欧盟建立统一专利法院

2012 年 12 月 11 日，欧洲议会投票通过欧洲统一专利体系。该制度是在所有欧盟国家内实施统一的专利申报和仲裁，包括统一的程序与规则，使用统一的语言，成立一个新的专利诉讼仲裁法院等。统一专利将在欧盟 27 个成员国中的 25 个国家（意大利和西班牙除外）拥有同等效力。这一制度计划从 2014 年 1 月 1 日起开始实施。

在欧洲统一专利体系的设计框架下，2013 年 2 月 19 日，欧盟竞争委员会确定建立新的欧洲统一专利法院，2013 年 7 月 29 日，欧委会宣布已修改欧盟关于法院管辖权和承认裁决等欧盟法规，建立了欧洲范围的专利保护法。这次统一专利法院相关法规的修改，对解决跨越专利权的地域性、司法权的统一、对语言的尊重等各种长期存在的问题具有重要意义。

（五）移动智能终端管理纳入立法范畴

近年来，随着移动互联网的普及，移动智能终端带来的安全风险问题日益引起关注，尤其是针对智能终端的不当预置软件行为，对个人信息保护和网络信息安全造成了不小的威胁，各国纷纷通过立法的方式加强对移动智能终端的管理。

1．欧委会修改指令重新定义无线电终端

2013 年 9 月，欧盟委员会在对 R&TTE 指令的修改建议中，对无线电终端进行了重新定义。欧盟提出了一个新的概念：软件定义的无线电终端（software-defined radio equipment）[1]，考虑到部分类型

1　相当于我们通常所说的智能终端。

的无线电设备在安装了特定软件或更新了其现有的软件后，可能会影响到其主要功能有关合规性的要求，因此修改建议稿针对软件定义的无线电设备增加了如下规定。

第三条（g）规定：无线电设备应当支持特定的功能，以确保只有在软件和无线电设备组合后仍能符合合规性要求的条件下，软件才能被安装到无线电设备上。

第四条第1款规定：无线电设备制造商，以及生产能够使得无线电设备按照预定目的使用的软件制造商应当向各成员国以及委员会提供如下信息，即，按照第三条规定的主要要求：无线电设备和软件相结合后仍能符合合规性要求。

这实际上禁止了用户、无线电设备制造商以及其他第三方向无线电设备安装可能会导致其违反合规性要求的软件。并且在为软件定义的无线电设备做出安全要求的同时，也能够使得监管机构掌握充分的信息，并采取适当措施，以避免其他监管机构以合规性要求为借口，对第三方软件市场的竞争做出限制。

此外，修改后的指令还要求制造商应当提供详尽的信息，其中应当包括能够使得设备按照预定功能正常运行的软件信息。

2. 日本发布行动计划维护智能手机信息安全

日本政府尚未出台专门针对智能终端的管理法律及措施。按照现行日本电信设备管理体系，由于无线设备主要指无线基站及系统设备，不含无线终端，因此日本的智能终端属终端设备类，参照终端设备的管理规定执行。

2013年3月末，日本总务省针对不同于一般移动终端的“智能终端”——智能手机，提出了“智能手机信息安全行动计划”，主旨是从信息安全的角度，针对智能终端，制定威胁信息安全的对策。为使智能终端的用户安全使用智能手机，要求电信运营商、软件提供商等创造安全、安心使用的网络环境，另外对终端制造商也提出了对策建议，要求对智能手机终端的特别接入权进行开发，并对终端自身的信息安全解决对策进行研究。日本政府还向广大智能终端用户提出采用信息安全对策的建议，倡导安装安全软件，安全使用智能手机。

3. 工业和信息化部发布《关于加强移动智能终端进网管理的通知》，加强移动智能终端管理

为维护用户个人信息安全和合法权益，保障网络与信息安全，促进行业健康发展，2013年4月11日，工信部发布了《关于加强移动智能终端进网管理的通知》（以下简称《通知》），首先对移动智能终端的定义和进网要求进行了明确，并要求生产企业不得在移动智能终端中预置具有以下五类性质的应用软件。

（一）未向用户明示并经用户同意，擅自收集、修改用户个人信息的；

（二）未向用户明示并经用户同意，擅自调用终端通信功能，造成流量消耗、费用损失、信息泄露等不良后果的；

（三）影响移动智能终端正常功能或通信网络安全运行的；

（四）含有《中华人民共和国电信条例》禁止发布、传播的信息内容的；

（五）其他侵害用户个人信息安全和合法权益以及危害网络与信息安全的。

其次，生产企业在申请移动智能终端进网许可时，不仅应当在申请材料中提供操作系统版本、预置应用软件基本配置信息，未来若新增预置应用软件，或者操作系统升级发生的变化涉及进网检测中终端基本安全要求项目，生产企业也应当向工业和信息化部报备。

最后，《通知》自2013年4月发布，2013年11月正式执行，为生产企业预留半年过渡期，生产企业应当按照相关标准对产品进行改进完善，提高移动智能终端的安全能力。

（六）国际组织和各国加强对标准专利滥用的规制

ICT产业作为知识密集型产业，技术标准的制定已无法绕开专利。同时由于ICT产业的网络效应特征显著，纳入标准的专利技术在带来规模经济和社会福利增长的同时也构成了市场进入壁垒，并对用户形成了锁定效应，专利权利人向标准组织做出FRAND（公平、合理、无歧视原则）承诺后如果仍索要不合理的专利许可费率，就有可能构成对标准专利的滥用。典型案例有：苹果与三星的诉讼、微软与摩托罗拉的诉讼、华为与InterDigital的诉讼等。

为避免标准专利带来的滥用现象，国际组织和一些国家都在从现有政策和法规方面给予积极的修订。

1. 标准组织的政策修订

ITU和ETSI在2013年度对其知识产权政策进行了多次讨论，主要内容除涉及标准专利滥用所依据的FRAND原则外，还对互惠、权利转移后规定、禁令救济等方面进行了探讨，目前除了权利转移后规定在两个标准组织都达成一致意见外，其他讨论的内容还没有达成统一意见。

2. 国家法律法规的规制

（1）美国

2013年1月，美国司法部和专利商标局联合发布《标准必要专利权利人基于FRAND原则下获取救济的政策声明》，对权利人能否通过申请禁令的方式来获取救济进行了分析。

（2）中国

《中华人民共和国反垄断法》自2008年在我国实施后，国家工商总局就已开始启动相关的配套规章制定工作，2013年出台了《工商行政管理机关禁止滥用知识产权排除、限制竞争行为的规定》（征求意见稿）（以下简称“规定”）和《关于知识产权领域反垄断执法的指南》（起草修订第五稿）（以下简称“指南”）。在“规定”的征求意见稿中特别指出，经营者在行使专利权的过程中不得利用标准的制定和实施从事排除、限制竞争的行为；在“指南”中对某项专利技术纳入国家或行业强制标准时，经营者应明确许可费的上限。

（七）我国电子商务立法驶入快车道

2013年电子商务立法受到广泛关注。立法一方面加强网络服务商责任，另一方面也尊重网络服务特点，吸纳互联网企业意见。

1.《中华人民共和国消费者权益保护法》修订

2013年10月，全国人大常委会通过了《关于修改＜中华人民共和国消费者权益保护法＞的决定》，这是消法颁布以来的首次大修，主要包括四大方面，其中之一就是规范网络购物等新型消费方式。增加了规范网络购物的内容，从侧面体现了国家最高立法层面对电子商务的重视。

赋予了消费者在网购中的“后悔权”。新消法明确规定除特殊情况外，消费者通过网络等方式购买产品可以“七日内无理由退货”，从而提高了电子商务过程中对消费者权益保护的力度。“后悔权”的规定无疑极大程度地保证了消费者网上购物的权益，虽然表面上看增加了电商企业的负担和成本，但是规定了例外的5种情形，对电商企业进行了合理保护，从长远来看，有利于规范电子商务市场规范经营，形成健康有序的发展环境，同时也为电商企业长期良性发展提供了有利条件。

网络购物中保护消费者知情权。新消法新增了一项要求，采用网络（电视、电话、邮购等）方式提供商品或者服务的经营者应当向消费者提供经营地址、联系方式、商品或者服务的数量和质量、价款或者费用、履行期限和方式、安全注意事项和风险警示、售后服务、民事责任等信息。通过列举的方式明确规定了采用网络方式提供商品或者服务的经营者应当告知消费者的各项信息，极大限度地保护了消费者在网络购物中的知情权，强化了网络购物的诚信建设，促进了电子商务市场秩序良性发展。

强化网络交易平台提供者的监管责任。新消法新增了一项要求，网络交易平台提供者需要核验销售者或者服务者的真实名称、地址和有效联系方式，消费者合法权益受到损害向销售者或者服务者要求赔偿时，可以要求网络交易平台提供者提供上述信息，网络交易平台提供者不能提供的，消费者可以向其要求赔偿。对于网络交易平台提供者明知或者应知销售者或者服务者利用其平台侵害消费者合法权益，而未采取必要措施的，需要与该销售者或者服务者承担连带责任。

2. 其他电子商务相关立法持续推进

2013 年 9 月 26 日，商务部《网络零售第三方平台交易规则管理办法》征求意见，征求意见稿中规范的重点是交易规则制定和修改的流程，以保障利益相关方在规则制定、修改过程中的充分参与权，促使规则形成过程的公开化、透明化、规范化，不过并没有直接干涉平台及相关方在规则内容制定、修改上的自主决策权。这将是我国首部规范“网规”的部门规章。

2013 年 10 月 29 日，《中华人民共和国食品安全法》修正草案征求意见。规定“网络食品交易第三方平台提供者应查验入网食品经营者的许可证或对入网食品经营者实行实名登记，承担食品安全管理责任。网络食品交易第三方平台提供者未履行规定义务，使消费者合法权益受到侵害的，应承担连带责任，并先行赔付。”

2013 年 10 月 31 日，第十二届全国人大常委会公布了五年立法规划，其中《中华人民共和国电子商务法》被列为第二类项目（即“需要抓紧工作、条件成熟时提请审议的法律草案”）。这是《中华人民共和国电子商务法》立法工作的一个里程碑，标志着从此进入了全面开展立法工作的新阶段。

（八）国内知识产权法律修订稳步推进

1. 全国人大常委会通过《中华人民共和国商标法》第三次修订

2013 年 8 月 30 日，第十二届全国人民代表大会常务委员会第四次会议三审通过了《关于修改〈中华人民共和国商标法〉的决定》，自 2014 年 5 月 1 日起施行。这是继《中华人民共和国商标法》在 2001 年第二次修订后的又一次大规模修改。主要修改的内容有：增加关于商标审查时限的规定；简化商标异议程序；完善驰名商标保护制度；加强商标专用权保护；规范商标申请和使用行为；规范商标代理活动。对于 ICT 产业而言，新商标法可提高商标的注册效率，在鼓励企业培育自主品牌方面具有积极影响。

2. 国家版权局公布《使用文字作品支付报酬办法（修订征求意见稿）》

2013 年 9 月，根据《中华人民共和国著作权法》及相关行政法规，国家版权局草拟了《使用文字作品支付报酬办法（修订征求意见稿）》。主要内容：原创作品的基本稿酬提高到 100 ～ 500 元 / 千字；在数字或者网络环境下使用文字作品，除另有约定外，参照执行本办法。征求意见稿明确文字作品网络付酬标准，对于权利人而言，有利于提高侵权赔偿数额，减少维权成本与获得收益的差额；对网络运营商而言，将增加版权成本；对于作者与网络服务商协商付酬标准和指导司法实践，具有重要意义。

3. 国家知识产权局公布《专利审查指南修改草案（征求意见稿）》

2013 年 10 月，为了对图形用户界面设计给予专利保护，国家知识产权局起草了《专利审查指南修改草案（征求意见稿）》。主要内容：删除“产品通电后显示的图案列为不授予外观设计专利权的情形”；将不授予专利权的情形调整为“与人机交互无关或与实现产品功能无关的产品显示装置所显示的图案”。本次征求意见稿消除了图形用户界面（GUI）的产品外观设计的保护障碍，将图形用户界面纳入外观设计专利范围的举措，可以有效激励设计人员在 GUI 领域的创新，提升企业市场竞争力，将会对智能终端产业发展产生深远影响。

二、2013 年信息通信法律法规热点分析

（一）互联网竞争日趋白热化，相关监管规则和机制仍有待完善

1. 我国互联网行业不正当竞争行为恶劣且有升级趋势

竞争态势从单一领域向跨界竞争转变，从单一应用向综合平台竞争转变，从争夺页面、客户端向争夺平台、操作系统、终端发展。市场混淆、恶评诋毁、滥用市场支配地位不兼容等问题表现突出。

当前，互联网市场竞争主要有“3Q 大战”和“3B 大战”。“3Q 大战”主要案件包括腾讯诉 360 不正当竞争案、360 诉腾讯滥用市场支配地位行为案、搜狗与 360 不正当竞争互诉案等。“3B 大战”主要案件包括百度诉 360 侵犯商标权及不正当竞争案、百度诉 360 违反 Robots 协议侵权案等。

腾讯诉 360 不正当竞争案。2010 年 10 月 14 日腾讯向北京朝阳法院诉奇虎 360 隐私保护器侵权，一审判决 360 败诉。2011 年 9 月 14 日，北京二中院维持原判。2011 年 4 月，腾讯在广东高院巨额起诉 360“扣扣保镖”不正当竞争，索赔 1.25 亿元。2013 年 4 月 25 日，广东高院一审判定 360 败诉并赔偿腾讯 500 万元。12 月 4 日，最高人民法院开庭审理。

360 诉腾讯滥用市场支配地位行为案。2012 年 11 月，360 向广东高院诉腾讯滥用市场支配地位行为。2013 年 3 月 28 日，广东高院一审判定，腾讯不具有市场支配地位，驳回 360 全部诉讼请求。2013 年 11 月 26 日，最高人民法院开庭审理。

搜狗与 360 不正当竞争互诉案。2013 年 9 月 25 日，搜狗向西安中级法院起诉 360 不正当竞争索赔 4500 万元。随后，360 向北京第二中级人民法院起诉搜狗不正当竞争，索赔 5000 万元；同时，向北京西城法院起诉搜狗公司 CEO 王小川名誉侵权，索赔 100 万元。

百度诉 360 侵犯商标权及不正当竞争案。2012 年 3 月，百度公司向北京一中院诉 360 插标行为劫持百度流量，侵犯原告商标权并且不正当竞争，一审判决 360 需停止不正当竞争行为，赔偿百度 45 万元及合理开支 5 万元。2013 年 8 月 13 日，北京高院二审开庭，因上诉方向法院提交多项新证据，被上诉人因此要求延期质证，该案未当庭宣判。

百度诉 360 违反 Robots 协议侵权案。2013 年 10 月 16 日，百度以 360 违反“Robots 协议”为由起诉 360 侵权一案在北京一中院开庭审理，百度索赔金额达 1 亿元。

2. 互联网新型不正当竞争和垄断行为不断涌现

国外互联网市场主要表现为滥用市场支配地位的垄断行为，国内互联网市场不正当竞争问题突

出，滥用市场支配地位的行为也以不正当竞争形式表现出来，或二者出现交叉难以清晰区分。

互联网竞争行为正当性的认定，应以该行为是否违反诚实信用原则和公认的商业道德作为基本判断标准。

互联网行业具有不同于以往任何一种经济产业的鲜明特征：显著的网络外部性，业务融合与规模经济性，双边市场（平台特征）及动态创新性等。互联网行业形成了大量的双边市场，如操作系统、搜索引擎、B2B 电子市场、门户网站等，以互联网行业为代表的新经济的发展，使双边市场成为社会经济的重要组成部分。互联网行业的双边市场特性对反垄断法的适用提出了不同于传统产业的巨大挑战。

新型互联网不正当竞争行为主要包括以下几种。

流量劫持行为。主要包括客户端劫持和运营商劫持，客户端劫持如百度诉奇虎案、DNS 劫持，运营商劫持如百度诉青岛联通和青岛奥商案。

客户端干扰行为。主要表现为软件攻击、恶意的“软件冲突”或“软件不兼容”、恶评，典型案件如腾讯诉 360 不正当竞争纠纷案。

商业抄袭行为。即恶意抄袭他人的网页设计导致用户产生混淆，或恶意剽窃他人的网站内容及数据。典型案件如汉涛诉爱帮案。

网络搭便车行为。即利用竞争优势，推销自己的产品或服务信息，超过必要限度。

互联网垄断行为主要表现为滥用市场支配地位，其又分为排他性滥用和剥削性滥用。前者包括掠夺性定价、价格歧视、拒绝交易、搭售等，典型案例如 Sun 诉微软公司案。Sun 公司诉微软公司，认为其有意阻止 Sun 公司的 Java 平台与微软公司的 Windows 操作系统兼容。后者包括垄断高价、独占交易、独占区域等，典型案件如中国互联网反垄断第一案——全民医药网诉百度案。全民医药网由于退出了百度的竞价排名业务，其网站链接被百度有意屏蔽了。

3. 互联网市场恶性竞争频出折射深层次矛盾

首先是因为中国互联网产业的特殊发展阶段。我国互联网市场从初期的野蛮生长到产生众多恶性竞争问题，很大程度上与我国互联网产业发展的阶段性密切相关。现阶段互联网市场创新不足，多为低层次竞争。

其次是互联网平台化竞争对于入口的抢夺。互联网市场已形成第一阵营和第二阵营的互联网企业，两大阵营纷纷争夺平台化入口，商业模式多元化。我国互联网产业的发展阶段及平台化、跨界化的趋势带来的混业竞争，不可避免地存在一定程度的恶性竞争现象。

再次是互联网竞争监管制度不规范。工信部《规范互联网信息服务市场秩序若干规定》（20 号令）弥补了互联网市场竞争规范的空白，但执行上还存在一定的弹性空间，容易被竞争主体各自做出有利于自己的解释。

最后是互联网竞争监管手段不足。目前行业主管部门法定授权、执法资源及执法手段有限，在行为识别、取证、细则缺失、专家机制等多方面存在执法困境。互联网企业违规成本较低，违规事件屡禁不止。

4. 互联网市场竞争相关管理部门不断完善规则

工商总局出台了一系列部门规章，例如《工商行政机关禁止垄断协议行为的规定》、《工商行政机关禁止滥用市场支配地位行为的规定》《工商行政机关制止滥用行政权力排除限制竞争行为的规定》等。2013 年，工商总局公布了九类典型网络商品交易违法行为。

工信部出台了《规范互联网信息服务市场秩序若干规定》，及时调解互联网公司之间的不正当竞争行为，减少损失。

商务部起草《网络零售管理条例》，将明确网络零售市场各参与主体的权利和义务，形成第三方网络零售交易平台的市场进入和退出机制，明确相关部门的管理职责。

最高法出台多部司法解释，例如《关于审理不正当竞争民事案件应用法律若干问题的解释》、《关于审理因垄断行为引发的民事纠纷案件应用法律若干问题的规定》。此外，北京市第一中级人民法院、北京市高级法院、广东省高级法院、最高法院已经或正在形成司法判例。

5. 完善互联网竞争法规，加强行政执法与司法审判协调

首先应当进一步完善互联网市场竞争监管规则。对现有《反不正当竞争法》中规定的典型不正当竞争行为做扩张性解释或适当增加一些网络环境中的典型不正当竞争行为。在部 20 号令基础上，推动相关司局出台配套管理办法。

其次应当加强互联网竞争行政执法与司法裁决协同。发挥互联网竞争行政执法的及时快捷，提高执法能力，及时对互联网不正当竞争和垄断行为做出处罚，为司法审判提供参考。行政执法应及时吸纳互联网竞争司法审判的有益经验，加强协同。

最后应当完善行业监管与执法机制。加快建立互联网市场竞争长效监督监管制度，引入专家机制，构建第三方取证平台。建立互联网市场竞争监测系统平台，实时监测掌握互联网市场竞争状况。

（二）互联网电视版权争议多，推动版权管理进一步规范

1. 互联网电视终端厂商屡遭版权侵权诉讼

互联网电视是互联网内容和服务模式在电视终端的延伸，包括电视一体机（被称为“智能电视”）

和机顶盒两种形态。我国互联网电视处于起步期，发展潜力巨大，产业链各方都已经加入：国内电信运营商布局加快，互联网企业的阵势已经摆开，传统家电厂商也正努力推陈出新。

在互联网电视产业发展一片大好的形势之下，版权纠纷不断，由于未经授权利用互联网电视向公众传播影视作品而被权利人告上法庭的事件屡屡发生，版权问题已经成为互联网电视产业继续发展的桎梏。近年来互联网电视终端厂商被诉侵犯版权案件见表1。

表1　近年来互联网电视终端厂商被诉侵犯版权案件

起诉时间	原告	被告
2009年8月	北京优朋普乐科技有限公司	TCL集团股份有限公司 深圳市迅雷网络技术有限公司
2012年5月	乐视网信息技术（北京）股份有限公司	精伦电子股份有限公司
2013年8月	深圳市迅雷网络技术有限公司	小米科技有限责任公司
2013年10月	优酷土豆集团公司	小米科技有限责任公司

2. 互联网电视版权纠纷频发的原因

（1）“宽带中国”最受益为OTT TV等产业，竞争更加激烈

2012年3月30日，工信部正式启动“宽带普及提速工程”，该工程目标是到2015年，我国要实现宽带接入用户超过2.5亿户，接入宽带能力城市家庭平均达到20Mbit/s，农村家庭平均达到4Mbit/s以上。“宽带中国”战略实施后，视频是最重要的填充带宽内容之一，将迎来爆发式增长，互联网电视领域必将是新的“蓝海”，产业链各方积极参与竞争。以机顶盒为例，小米盒子、阿里华数盒子、阿里创维电视、快播客厅电脑、同洲盒子、乐视S50等竞相登台，市场竞争愈发激烈。企业的大量前期投资对占领市场具有非常重要的作用，也能在未来的竞争中拥有更大的主动权。

（2）市场竞争中版权资源为王，知识产权成为市场竞争利器

我国影视内容制作商的竞争格局处于分散状态，并未形成具有垄断实力的大型制作商，各类OTT服务平台所能提供的版权资源相近，并不存在版权资源上的绝对优势。由于购买版权的费用大幅上涨，版权资源更为稀缺，对内容的控制和争夺显得更为重要。因此，知识产权成为企业的竞争利器，从维权的起诉升级成了市场的争夺，接二连三的纠纷已将互联网电视存在的版权问题展露无遗。

（3）版权授权链条存在瑕疵，市场秩序亟待规范

版权资源在流转过程中，授权链条存在瑕疵，比如信息网络传播权的授权并不覆盖电视机终端，或者超期限、超范围授权，都会带来侵权风险。此外，终端厂商可能并不仅仅限于制造终端，而是通过某些功能、页面的设置，实际上可能参与到了内容的编辑和整理，因此不能对内容侵权免责。

3. 互联网电视产业链各方的版权责任分析

（1）目前我国互联网电视产业链各方合作模式及监管途径

我国对互联网电视采取“集成服务 + 内容服务”的管理模式，分别颁发两类牌照。2010 年 4 月，原国家广电总局颁布了《互联网电视内容服务管理规范》和《互联网电视集成业务管理规范》，向中国网络电视台、百事通、华数、南方传媒、湖南广电、中国国际广播电台、中央人民广播电台 7 家广电播出机构发放了互联网电视集成播控牌照，向 9 家机构发放了互联网电视内容服务牌照。2011 年年底，原国家广电总局为了进一步规范互联网电视的内容服务，出台了《持有互联网电视牌照机构运营管理要求》，这一文件又被称为“181 号文件”。

根据“181 号文件”规定，提供互联网电视业务至少有 3 个角色的参与——互联网电视终端产品制造者、互联网电视集成播控平台和互联网电视内容服务平台。互联网电视终端产品，只能唯一连接拥有牌照的互联网电视集成平台，而互联网电视集成平台只能选择连接拥有牌照的内容服务平台。根据这个规定，一体机或机顶盒终端需要选择牌照方合作。具体合作模式如图 1 所示。

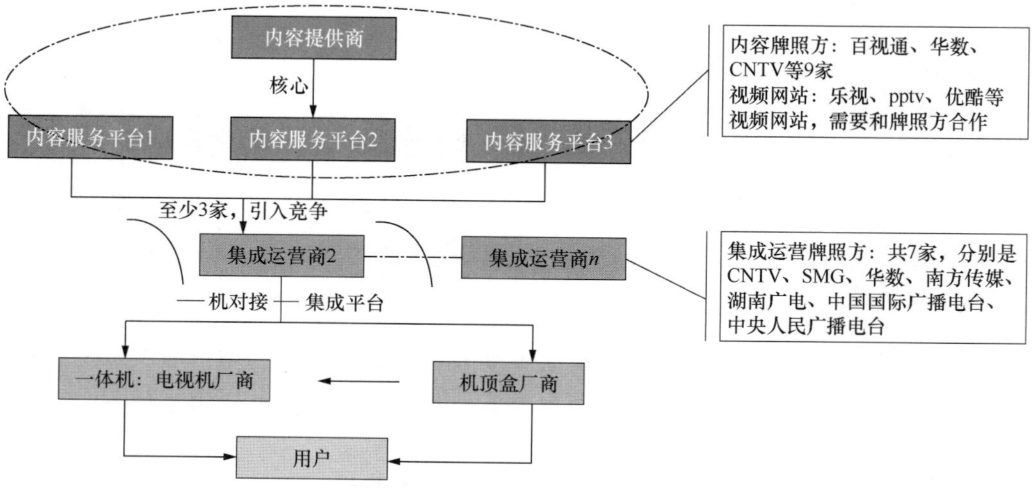

图 1　互联网电视产业链合作关系图

（2）互联网电视产业链各方的版权责任分配方式

按照 181 号文件的规定，互联网电视集成机构主要负责审查所接入的内容服务平台资质是否合法；内容服务机构负责审查其开办的内容服务平台上的节目是否符合相应的内容管理、版权管理要求，对具体的节目要进行播前审查，承担播出主体责任；内容平台的合作方负责对自身所提供的节目内容和版权进行审查，向内容平台承担相应责任。

因此，在互联网电视终端产品制造者、互联网电视集成播控平台和互联网电视内容服务平台三个角色所涉及的著作权侵权责任当中，集成播控平台和内容服务平台相对简单，若未经授权提供侵权作品的网上传播，需要承担直接侵权责任；难点在于对终端厂商所涉及的版权侵权责任进行分析。

美国 SONY 案所确立的“实质性非侵权用途规则”，对我国的著作权立法、理论和司法实践产生了深远影响，具有重要的参考价值。互联网电视作为一种新技术环境下的传播工具，具有实质性非侵权用途，毋庸置疑。因此，如果终端产品中并不编辑、内置、预存影视剧内容，而且终端产品并不专门用于侵权，终端厂商并不会因为制造相关产品而侵犯著作权。

然而，现实中也有些不规范的情况发生，有的终端厂商虽然接入了互联网电视集成播控平台，但双方并未达成实质合作，终端厂商会由于提供、编辑、管理或预存影视剧内容而承担直接或间接侵权责任。

4. 对我国互联网电视版权责任的规范要点及方式

我国互联网电视产业链各方的版权侵权责任规范要点：基于终端厂商与互联网电视集成业务平台的现有合作模式，如果出现侵权内容，首先需要确定侵权内容的直接提供者；若不是终端厂商提供，就要考虑其是否帮助了侵权行为的实施，比如参与了内容界面的编辑、整理、推介等；若终端厂商并未实施帮助侵权行为，只要适用“通知—删除”规则，尽到合理的义务，就能规避侵权风险，停止侵权即可，无需承担赔偿责任。

对于我国互联网电视产业健康发展的版权规范方式，一要从内容监管者方面，加强和完善对版权合理保护等环节方面政策规章的制定；二要从行业监管者方面，加快出台标准，鼓励企业研发，加强部门合作，联合推动；对于终端厂商而言，需选择合法的集成播控平台及内容平台，加强技术保护措施，应对侵权盗版事件的发生。

（三）个人信息保护制度建设取得重要进展

1. 互联网技术业务推动个人信息保护立法升温

当前，互联网新技术新业务正前所未有地改变着个人信息的收集和使用方式，给现有的个人信息保护制度带来了巨大挑战。云计算让个人信息远离个人终端，个人对于信息的控制能力逐步削弱；无处不在的移动互联网实时搜集着高度个人化的信息；在社交网络上公开个人信息成为用户的日常行为；正在蓬勃兴起的大数据，能够通过数据关联和挖掘，轻而易举地重新恢复数据的身份属性。悄然变化着的网络世界和隐私观念正动摇着人们对于个人信息保护政策的信心。激进的观点认为：在当前的网络环境下，隐私已经消亡，个人信息保护政策已到了退出历史舞台的时刻。

然而，从各国政策实践来看，个人信息保护政策非但没有消亡，其重要性反而得到提升。正如2013年世界经济论坛所指出：当前的个人信息保护政策受到了技术发展的极大冲击，但其存在的必要性和重要性丝毫没有减弱，当务之急是应对挑战，对现有政策加以完善。在此形势下，欧美积极在全球推行符合其价值利益的个人信息保护政策。欧盟通过影响27个成员国立法并进而辐射全球，美国在APEC、联合国互联网治理论坛等国际舞台最大限度地提升其对个人信息保护政策的话语权。

2. 欧盟个人信息保护立法改革的主要内容

2013 年 10 月 22 日，欧盟议会公民自由委员会表决通过了《关于个人数据保护立法改革建议》，推动欧盟议会和理事会加快审议建议。此次立法改革是基于以下背景展开的：欧盟现行《1995 年个人数据保护指令》已无法适应当前网络环境带来的新挑战，各成员国对指令的理解和执行差异很大，阻碍了欧盟统一数字市场的形成。另一方面，跨境数据流动规模增长需要更为简化和明确的流动规则。

此次立法改革的主要内容包括：扩展欧盟法律的适用范围。凡向欧盟境内居民提供服务均应符合欧盟数据保护法要求；创建了新的权利：增加了遗忘权和数据可携权。遗忘权是指：当用户不再需要使用特定的互联网业务时，有权要求企业删除其全部数据。数据可携权是指用户可以无障碍地将其个人数据以及其他数据资料从一个信息服务提供者处转移到另一个信息服务提供者处。引入数据泄露通知制度：企业在发生数据泄露事件后，应当在 24 小时之内通知主管机构和当事人；处罚力度加大：罚款金额最高可达公司全球年度总额的 2%；要求企业设立专门职位：雇员超过 250 人的企业应设立“数据保护负责人”。

欧盟改革立法让美国公司深感焦虑。欧洲是美国互联网企业的重要目标市场，同时，美国互联网企业也是欧盟在个人信息保护领域最为主要的监管对象。严格的立法制度将给美国互联网企业带来重大影响，如增加企业政策负担、影响网络广告等收益。美国互联网巨头，包括谷歌、亚马逊、脸书在内对此极为重视，均派出游说人员前往布鲁塞尔进行立法游说。欧洲议会目前已收到 4400 多份相关修正案意见，为欧盟立法中意见最多的修正案，而其中大部分出自于美国互联网企业的游说建议，这在欧盟立法史上也属罕见。

在欧盟内部，对于立法改革的意见也有所分歧。欧委会是立法改革的强力推动者，认为个人数据是数字经济的新货币，欧盟必须用严格的立法保护自己的利益，立法改革将有助于欧盟统一的数字市场的形成，并且欧盟应当通过严格的数据保护立法对“棱镜门”事件做出回应。但从欧盟成员国内部来说，各国却有不同的立场。法国、波兰等国强力支持立法改革，而英国由于在“棱镜门”事件中与美国的亲密关系，对立法改革持谨慎反对态度。

3. 我国个人信息保护立法进展及未来立法预判

2013 年 7 月，工业和信息化部出台了《电信和互联网用户个人信息保护规定》（工业和信息化部令第 24 号），并于 2013 年 9 月 1 日起施行。该规定进一步明确了电信业务经营者、互联网信息服务提供者收集、使用用户个人信息的规则和信息安全保障措施等，是落实《全国人大常委会关于加强网络信息保护的决定》（以下简称《人大决定》）规定的制度和措施、切实保护用户合法权益的具体体现。同时出台的《电话用户真实身份信息登记管理规定》也对电话实名制工作中的用户信息保护方面做出了细致规定。

（1）明确工信部对于电信和互联网领域个人信息保护的行政管理职责

依照《人大决定》的规定，有关主管部门应当在各自职权范围内依法履行职责，采取技术措施和其他必要措施，防范、制止和查处窃取或者以其他非法方式获取、出售或者非法向他人提供公民个人电子信息的违法犯罪行为以及其他网络信息违法犯罪行为。作为电信管理机构和互联网行业主管部门，工信部负有对电信和互联网领域的用户个人信息保护的管理职责。

（2）依据《人大决定》，进一步明确有关个人信息保护的具体法律要求

具体包括：明确服务提供者保障用户个人信息安全的责任，例如在岗位责任、制度流程、权限管理、介质管理、网络安全防护、安全风险评估、日志记录等方面提出具体要求，以切实贯彻《人大决定》中关于网络服务提供者应当采取技术措施和其他必要措施，确保信息安全的有关要求；明确电信企业和互联网企业在开展委托业务时转移用户个人信息的有关要求，如审查合作方有关个人信息保护的能力，通过合同明确双方对用户的个人信息保护责任。

（3）依托现有的电信和互联网监管制度，加强个人信息保护管理

例如，在许可年检审查制度中增加有关个人信息保护的考核，强化企业的信息保护管理责任；依托现有的重点监管制度，将个人信息保护纳入企业的信用管理和公示，加强对企业收集和使用用户个人信息的监督约束。

《人大决定》和工信部部门规章的相继发布，标志着我国个人信息保护立法取得了重大进展。一方面，《人大决定》以最高立法层级的形式对个人信息保护的要求做了明确规定，为各项工作的开展提供了上位法依据；另一方面，工信部部门规章从落实的角度对个人信息保护相关工作进行了细化，明确了责任主体、法定义务、罚则等。

而从未来着眼，我国个人信息保护立法仍然面临诸多艰巨任务。在互联网新技术新业务对个人信息保护不断带来新的挑战以及欧美积极完善相关政策并不断扩大其影响力的背景下，我国个人信息保护立法仍有很大的提升空间。一是从国家层面出台一部统一的个人信息保护法仍有必要。从法律基础而言，尽管我国没有隐私保护的法律传统，但近年来随着公民个人权益意识的觉醒，人们对于个人信息和隐私保护的关注度逐渐提升，制定一部统一的个人信息保护法成为社会各界的共同呼声。因此，我国在立法形式上可更多借鉴“欧盟模式”，通过制定统一的个人信息保护法，明确公民个人对其信息享有的基本权利，企业收集和使用个人信息的基本规范，并对数据跨境流动规则等基本问题做出回应；此外，我国互联网产业近年来快速发展，涌现出了一批具有国际竞争力的优势企业，以微信为代表，正在走出国门进军海外市场，这些企业的持续健康发展需要国家明确个人信息保护立法予以行为指引，并为其开拓海外市场开展跨境服务提供良好的信誉保证，但同时也不能因为过于严格的个人信息保护政策而使企业发展受到限制。所以，在个人信息保护政策的具体制度设计方面，我国可更多借鉴“美国模式”的精神内核，引入灵活而富有效率的保护机制，在立法提

供基本制度框架的前提下，更多地引入市场、技术、自律等保护手段，为企业合理收集和利用个人信息提供良好的制度环境，避免出现“欧盟模式”中制度过于严格和僵化的问题。二是针对新兴互联网技术业务带来的问题，学习和借鉴欧美个人信息保护政策中的合理制度为我所用。从近年来欧美个人信息保护政策的调整来看，尽管两者之间存在着一些根本分歧，但面对新技术新业务带来的问题，欧美也彼此借鉴对方具体制度中的合理成分为其所用，如数据侵害通知制度、隐私保护设计制度等都被作为完善个人信息保护政策的重要内容。建议我国加强对欧美个人信息保护政策的跟踪研究，密切关注其个人信息保护制度的最新动向，学习和借鉴其合理制度。此外，由于云计算、移动互联网等新兴技术业务既具有个人信息保护的一般问题，也面临特定技术业务所带来的专属问题，因此在现有框架性制度的基础上，建议我国借鉴欧美做法，在统一的个人信息保护法的基础上，加大对特定技术业务的个人信息保护制度的研究，针对特定的技术业务，制定更为具体的个人信息保护政策，促进新兴产业健康快速发展。

（四）“棱镜门”事件引发法律调整

1. 美国国内法律为棱镜事件提供依据

“监听”是一个法律术语，是指基于犯罪侦查或保障国家安全目的，由执法机关或情报机关依据法律条文对特定目标（个人或机构）的通信予以拦截、留存并读取的行为。放眼全球，包括美国在内的很多国家都对监听制定了严格的法律，监听的启动事由、程序、范围、信息留存等都有严格的法律控制。通过对美国监听法律的系统分析可以发现，棱镜这种看似不可接受的监听项目其实既符合法律实体规定，也符合法律程序。

1934 年的《联邦通讯法》是世界上第一部将情报监听纳入法律的成文法，其中对电话窃听的证据适用做出了规定。

1968 年的《综合控制犯罪和街道安全法》对监听制度予以全面规范，很多的制度规定从整体上构筑了美国监听法制的基石。

1978 年的《外国情报监视法案》将矛头由国内转向国外，目标为“外国势力及代理人”。法案授权司法部组建专门的外国情报监视法庭（FISC 法庭），该法庭即是此次棱镜监听计划的终极授权部门。

20 世纪 80 年代开始，伴随着电子通信技术的迅猛发展，1986 年的《电子通信隐私法》将有线通信和无线通信都纳入到了监听范围。

1994 年的《执法通信辅助法》将电信运营商纳入监听行动，赋予其辅助义务和责任。

2001 年的“9 • 11”恐怖袭击堪称美国监听立法史上的一个分水岭，这一标志性的事件直接促使《爱国者法案》火线出台，自此，美国监听法制的价值体系开始向反恐和保护国家安全倾斜，除了赋予执法人员更大的权力外，还将之前处于前置屏障作用（中立立场）的法庭的角色弱化，规定对于那些涉嫌从事恐怖活动者的电话监听、电子邮件和互联网跟踪，无需再获法庭批准。

在反恐的大背景之下，系列法律被修正，陆续有新的网络私营机构被赋予辅助监听的职责，情报和执法部门的监听权力也在逐步扩张。

2005 年的《通信协助执法法》（修正案）将宽带和网络电话服务提供商（VoIP）纳入规制范围，要求承担与电信运营商类似的辅助监听义务。

2008 年的《外国情报监视法》（修正案）规定，在未经 FISC 法庭批准的前提下，情报机构可先期对嫌疑人采取监听措施。

通过以上回顾可知，在美国，无论是监听的启动事由、对象，还是监听的程序，棱镜的实施都可以从美国现有成文法律条文中找到依据。

除以上之外，从美国国会近几年的立法提案来看，美国情报机构的监听权限还有持续扩充的趋势，仅以 2008 年提出《网络情报分享和保护法案（草案）》（下称“CISPA”）为例，该草案规定，除以“网络安全”和“国家安全”等事由启动监听外，拟新增 3 条启动监听的事由，即“对网络犯罪行为的调查和起诉”、“保护个人”、“保护儿童”。美国国内法律界普遍认为，一旦草案通过，情报机构的监听权限将无限扩大，监听权限自此灭失。

2. 美英立法调整，进行规则修正

在世界各国的一致声讨之下，美英两国立法机构做出回应，拿出新的提案，试图对情报机构或安全机构的权限范围做出微调。

2013 年 9 月，美国国会召开棱镜情报系统改革听证会。这是棱镜事发 3 个月，美国立法机构的首次实质性立法举动，听证会围绕《情报控制和监控改革法案》的条文修正细节展开。法案宗旨十分明确：一是保障美国公民的隐私权；二是调整棱镜实施机构——国家安全局和美国其他情报机构的监听监控权限；三是调整监听监控授权机构——外国情报监视法庭的职责。整个法案并未涉及对《爱国者法案》和《外国情报监视法》部分条文赋予情报机构的“超国界”监控权。

2013 年 9 月，英国议会情报和安全委员会对《调查权规范法案》和《情报服务法案》启动立法修正程序，重点围绕的是如何限制情报监听机构——英国政府通讯总部的权限范围，以及对其使用监听权力进行程序上的规范。与美国类似，两部法案的修正都集中于国内机构权限和行动程序的调整，主要是为了回应本国民众的质疑。

3. 以欧洲议会代表的立法机构探求法律调整

作为受害国（地区）之一的欧盟地区，对棱镜事件的反应十分强烈，尤其是在 2013 年 11 月初，美国国家安全局被曝光长期监听德国总理默克尔等多位欧盟成员国政要之后，以德国为首的欧盟更加愤慨，强烈要求美国派代表到欧洲议会上来当面给出回应，并不排除去美国本土起诉美国国家安全局等情报安全机构的可能。

2013 年 10 月，欧洲议会发布《美国情报监听项目及其对欧洲公民基本权利的影响》，该报告除了探究美国监听法律缘由之外，也试图从欧盟本身的法律（修正、解释，或新立）上找到一条解决之道。

议会报告认为，美国《爱国者法案》等法律条文能突破各国法律条文的重重封锁，究其缘由无外乎，其一，外国公民隐私权在美国法律和判例中不被承认；其二，美国的很多法律条文故意模糊化处理，不设边界；其三，涉外定义倾向于政治化处理；其四，美国司法部秘密法庭没有起到良好的权力制衡作用，导致以国家安全局为首的执法机构的权力逐步失控。

面对法律困境，欧洲议会初步拟定以下几个方面的举措。一是补短板。堵住区域性法律漏洞，补齐部分成员国的短板。美国互联网巨头、通信企业喜欢在法律保护水平较低的欧盟国家设立总部、数据中心，例如爱尔兰，但一般都会避开保护水平较高的德国等国家，议会认为，法律保护水平低的国家应提高其自身的数据保护水平至欧盟平均水准。二是提水准。提高公民个人信息保护水平，主要是提高罚款额度。例如，将侵犯公民隐私权利的美国公司，罚款额度从在欧“分公司上一年利润额的 2%”变为“全球公司上一年总利润的 20%”。三是结盟友。积极参与双边、多边国际协定的拟定过程，共同制衡美国。四，积极交涉或者起诉。欧盟相关机构将继续与美国交涉，要求其解释《爱国者法案》第 215 节的含义或者范围，对棱镜等监控行动做出回应，今后不排除对美国国家安全局提起诉讼的可能。

4. “棱镜门”事件对未来立法思路的影响

“棱镜门”事件折射出的问题是多维度的，涉及信息安全、数据保护、跨境数据传输规则、监听监控法律边界、企业特殊义务承担、公民权利保护等诸多问题。为应对“棱镜门”事件所带来的各种问题，各国应在立法和国际合作上有所准备。目前看来，可从以下方面考虑。

一是考虑到通信技术和业务的发展日新月异，法律天生的滞后性应当如何找到与行业发展速度之间的平衡点。

二是在“棱镜门”事件中，微软、谷歌等几大企业配合美国国家安全局实施监听计划，事发后广受诟病，企业形象遭破坏，但鉴于合法监听、合法侦控在全球各国都呈现显性化趋势，企业承担一定的配合义务是各国立法的大趋势，但企业同时也要对消费者负责，因此，如何平衡企业配合执法部门的义务边界与保护消费者数据隐私边界之间的平衡点，是未来立法无法回避的一个问题。

三是关于原有法律条文如何适用于新业务的问题。在这一点上，美国的做法是在修订原有法律条文时通过扩张性解释，将新技术新业务纳入其中。例如，在当今云计算的背景之下，美国法律条文中并没有专门关于“云计算”、“云计算业务”等相关定义，而是参照 1986 年的“远距离计算机服务”的定义。

四是加强国际合作。这方面尤其是要积极行动，参与到国际协定、条约的讨论、拟定和签署合作过程中来。

三、信息通信法律制度未来发展展望

十八届三中全会决定指出要建设“法治中国”，“加大依法管理网络力度”，这些将推动系统的电信和互联网法制建设步伐。加强互联网立法，不仅是通过制定新法，还通过修改现有法律中的相关条款。依法监管，建立行政执法和司法之间的沟通机制。从立法的框架来看，以“安全、发展、监管”为重点，以“资源与网络、应用与内容”为内容，借鉴国际互联网立法的最新趋势，未来的电信和互联网法律框架应包括以下几个方面，如图 2 所示。

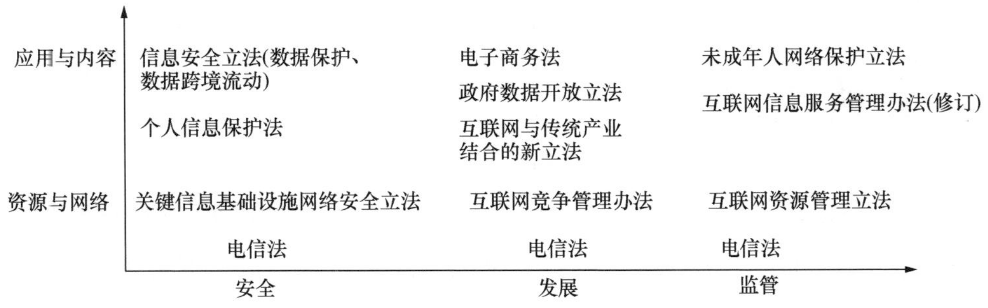

图 2　未来电信和互联网法律框架建议

（一）《人大决定》配套立法

2013 年工信部出台的两部部门规章仅仅是贯彻《人大决定》的一部分配套立法工作。未来几年，工信部及国家有关部门将继续围绕《人大决定》出台相关立法。

《人大决定》所确立的网络身份管理制度，包涵了网站实名、电话实名以及网民实名（仅限信息发布业务）。因此，除了目前已经配套出台的电话实名制立法外，在网站实名制方面，工信部还将陆续修订《非经营性互联网信息服务管理办法》、《中国互联网域名管理办法》、《互联网 IP 地址备案管理办法》，落实其中有关网站开办者进行真实身份信息登记的规定。至于网民实名，则将由互联网信息办公室具体研究相关管理办法。

此外，《人大决定》还确立了垃圾信息管理制度。为落实其中的规定，工信部将分别针对垃圾短信息和垃圾邮件，修订和制定相关管理办法。

（二）加强互联网立法

近来，电子商务和互联网金融业务发展迅速，相关的立法需求也较为旺盛。因此，未来两年我国在互联网方面的立法主要集中在以下三个领域。

一是修订《互联网信息服务管理办法》，在 2014 年完成对该办法的修订工作，在 2015 年制定相应的配套管理规定，例如对网站备案、IP 地址、域名管理等管理办法进行修订，进一步完善互联网竞争规范。

二是在电子商务领域，2014 年 3 月开始实施《消费者权益保护法》修订案，加强网购消费者的权益保护。十八届三中全会决定放开电子商务外资准入限制，未来将会对相关的立法进行修订。2015 年预计将要起草《电子商务法》，同时对相关法律中与电子商务有关的内容进行修订。

三是互联网金融领域。互联网金融发展迅速，但遭遇法律性质界定难题，易触碰非法集资、洗钱等红线。相关部门已经出台相应的监管措施，例如银监会正在着手出台电子银行的相关法律法规。未来各个部门将针对新的互联网金融模式，理清其监管边界，制定管理规范。

（三）地方立法热点纷呈

截至目前，全国已有 15 个省、自治区、直辖市出台了地方信息化法规或政府规章，将推动国家层面相关立法出台。2013 年，山西省和海南省相继出台《山西省信息化促进条例》、《海南省信息化条例》。

信息消费配套政策将陆续出台。中西部地区省市已积极筹划信息消费产业布局：湖南省组织召开了关于促进信息消费工作座谈会，要求加快起草政策文件、产业规划；甘肃省将制定全省信息消费总体规划，并将出台一系列配套政策；四川省开始制定《关于大力推进信息化发展促进信息消费的实施意见》。

上海自贸区探索地方立法。根据国务院关于印发中国（上海）自由贸易试验区总体方案的通知（国发 [2013]38 号），上海市政府出台了《中国（上海）自由贸易试验区管理办法》（上海政府令第 7 号）及沪府发 [2013]71、72、73、74、75 号（负面清单），2014 年将制定地方性法规。

（四）信息通信行业的知识产权保护不断加深

从 2014 年的发展趋势来看，《中华人民共和国专利法》及实施指南将进一步修订；根据《中共中央关于全面深化改革若干重大问题的决定》，中国将开始在部分省 / 直辖市尝试建立知识产权法院；FRAND 原则将继续成为标准组织知识产权政策讨论的热点；知识产权领域的反垄断规制将进一步完善。

从信息通信领域在知识产权方面的长期发展来看，未来几年，网络版权保护力度进一步加大，将更深入地影响 ICT 产业发展；智能终端软硬结合趋势更加明显，三大阵营间的专利纠纷将会呈现新的特点，融合性技术所产生的知识产权将对 ICT 产业发展产生更深远的影响。

产业与政策篇

导　读

2013年全球ICT产业温和增长，同比增幅约为2%，与全球GDP增幅大体相当。多个领域呈现强劲的创新态势，内在的变革调整不同程度地逐步展开：集成电路平稳发展中持续工艺升级，新型显示进入新旧技术并行发展阶段，LTE已成为拉动电信设备制造业增长的主引擎，软件业加快向多个领域的渗透融合。发达国家在新兴领域持续的战略部署成效渐显，中国也借力新一代信息技术产业支撑“稳增长”与“调结构”。创新变革的大环境下，ICT产业中蕴含着诸多重大发展机遇，可穿戴设备可能是中国集成电路的新机遇，智能手机成为中国手机产业崛起的新契机，而互联网等信息技术与制造业的加快融合则为ICT深度发展开辟了新的空间。展望2014年，ICT多个领域仍将呈现活跃的单点突破、集成创新和跨界融合，为增长注入持续的动力，推动整个产业以更高的增幅加快发展；紧跟变革、发掘内需、激励创新、突破瓶颈的多项ICT产业政策更值得期待。

本篇作者：

辛勇飞　胡珊　史德年　曹蓟光　郝也　施羽暇　陶泽荣　王伟华　杜娟　肖荣美　杨思维　刘铁志　王远桂

一、2013 年 ICT 产业与政策综述

（一）全球 ICT 产业[2] 总体温和增长，结构持续微调

全球 ICT 产业经小幅下滑后恢复增长。2013 年全球 ICT 产业规模为 4.5 万亿美元，比 2012 年增加 870 亿美元，同比增长 1.98%。2010—2013 年全球 ICT 产业与 GDP 增长率情况如图 1 所示。

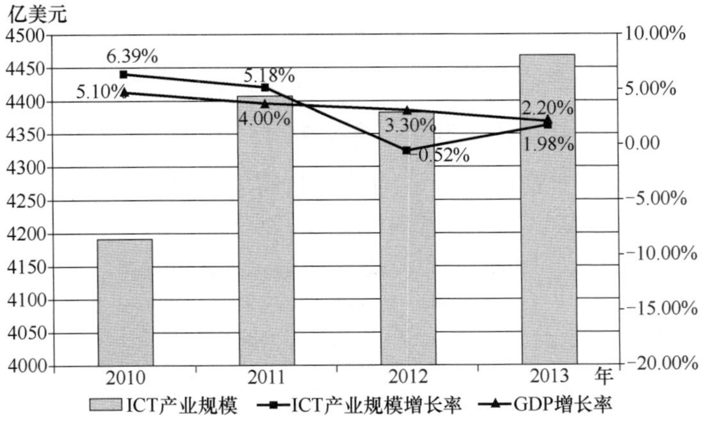

图 1　2010—2013 年全球 ICT 产业与 GDP 增长率
（数据来源：The Yearbook of World Electronics Data，Gartner）

软件业增长较快，产业结构持续微调。2013 年，全球 ICT 制造业增长率为 2.19%，比 2012 年提高了 4 个百分点；电信服务业增长率为 0.85%，比 2012 年提高了 2 个百分点，IT 服务业增长率为 2.21%，基本与 2012 年持平，软件增长率为 6.67%，比 2012 年提高了近 2 个百分点。服务业收入占比达 64.4%，在新增长收入中占比 60%。如图 2 所示。

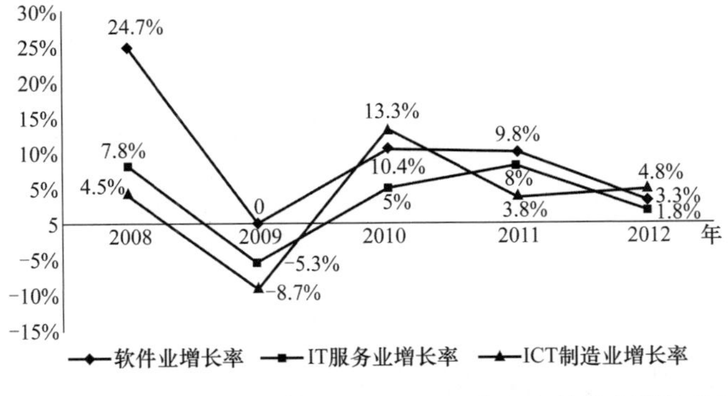

图 2　全球 ICT 制造业、电信服务业、IT 服务业和软件业增长率比较
（数据来源：The Yearbook of World Electronics Data，Gartner）

---

[2] ICT 产业包括 ICT 制造业（电子数据处理设备、电子元器件、消费电子产品、通信产品等）、电信服务业、IT 服务业以及软件业。

2013 年，全球范围内与移动互联网相关的 ICT 领域依然呈现高速增长态势。其中，移动数据收入增幅 18%，LTE 设备投资增加 72%，智能手机出货量增长 38%。

（二）中国 ICT 产业增长稳定，结构持续优化

2013 年，中国 ICT 产业整体呈现较好发展态势。一是产业规模持续快速扩大。全行业总产值突破 14 万亿元，同比增长 14.3%。尽管增幅较 2012 年略有下降，但仍 7 倍于全球平均水平，并两倍于同期 GDP 的增速。二是产业结构加速趋于软化。2013 年，ICT 服务业收入占 ICT 总收入的比重已上升到 33%；从产业收入增长贡献来看，ICT 服务业部分的增长贡献持续放大，2013 年达到 46%，其中软件业对整体收入增长的贡献超过 1/3，行业结构优化明显。三是在国家“稳增长、调结构”中的作用进一步提升。2013 年，ICT 产业与国民经济各行业的融合发展进一步加深，向工业和金融业等传统产业的渗透尤为瞩目，成为引领产业升级的重要推动力量。2008—2013 年中国 ICT 产业发展情况如图 3 所示，2010—2013 年 ICT 产业各领域增长贡献情况如图 4 所示。

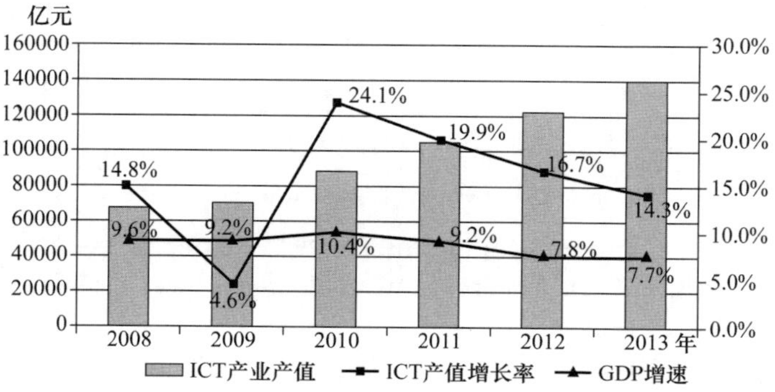

图 3　2008—2013 年中国 ICT 产业发展情况（数据来源：工业和信息化部）

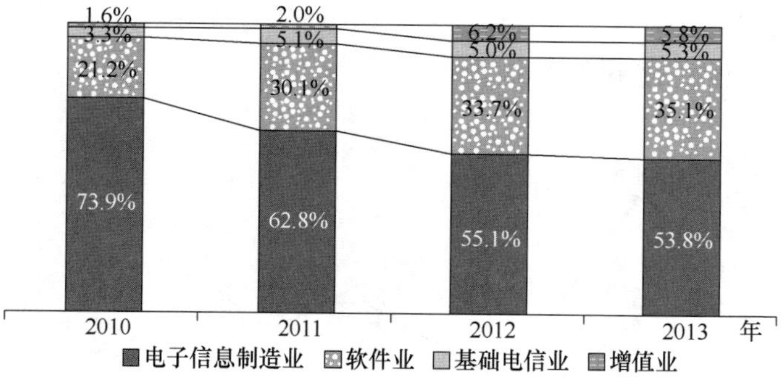

图 4　2010—2013 年 ICT 产业各领域增长贡献（数据来源：工业和信息化部）

（三）集成电路平稳增长中酝酿深层演进

全球集成电路平稳增长。根据全球半导体贸易统计组织（WSTS）的数据，2013 年，全球集成电路产业销售收入平稳中增长，达 2506.74 亿美元，同比增长 4.4%。英特尔、三星与高通等主要企业继

续引领全球集成电路产业。2002—2013 年全球集成电路产业销售额及增长率如图 5 所示。

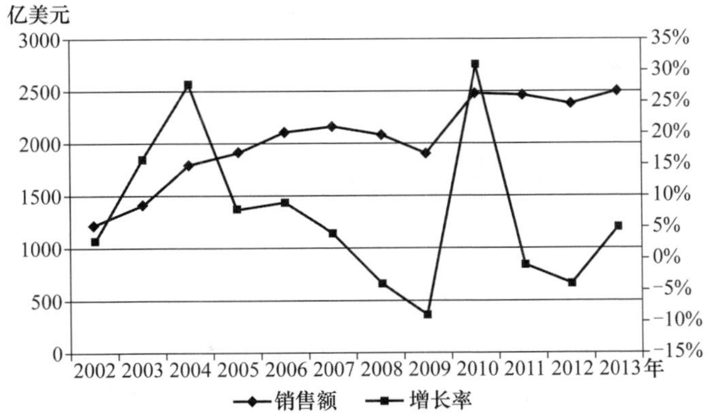

图 5　2002—2013 年全球集成电路产业销售额及增长率（数据来源：全球半导体贸易统计组织）

集成电路产品结构趋向移动化。移动芯片的销售额在 2013 年首度超过 PC 芯片。移动智能终端处理器和存储器带动集成电路厂商业绩上升，美国市场调查公司（HIS）公布的 2013 年全球半导体市场排名见表 1。其中，三星、高通、博通是移动芯片企业，美光、海力士、东芝是存储器企业，这些厂商的销售额均出现增长，而传统厂商的业绩均出现不同程度的下滑。此外，可穿戴电子设备兴起，可穿戴芯片将成为下一个市场热点。

表 1　全球半导体市场份额排名前十的企业

2013 年排名	全球半导体厂商	2013/2012 年销售额增长率
1	英特尔	−1.0%
2	三星	7.0%
3	高通	31.6%
4	美光	109.2%
5	海力士	48.7%
6	东芝	11.9%
7	德州仪器	−5.5%
8	博通	3.5%
9	意法半导体	−4.9%
10	瑞萨电子	−15.3%

集成电路工艺向精、难、贵方向演进。当前，芯片主流工艺正从 22/20nm 向 16/14nm 发展，尺寸继续缩小导致如光刻机等关键设备开发难度加大，生产线的投资成本急速上升，将出现数量级的增长，达到上百亿美元的规模。目前产业巨头英特尔、台积电、三星联合向 ASML 公司注资，英特尔投资 41 亿美元、台积电投资 11 亿欧元、三星投资 5.03 亿欧元，联合开发下一代光刻技术，包括极紫外线光刻技术，以及 450mm 光刻设备等。工艺演进技术难度的加大、投资规模的上升、产业巨头联合开发的趋势将导致工艺产能、先进装备向高、精、尖企业集中。

中国在全球的产业地位持续上升。2013 年中国集成电路主要产品产量 900.3 亿块，同比增长 9%。

2013 年中国集成电路销售额达 2408 亿元，同比增长 11.6%。骨干企业，中芯国际目前排名全球前五，2013 年前三季度销售收入增长 30%，利润率超过 10%；展讯通信 2013 年前三季度销售收入增长 46%，利润率 12%；海思接近全球设计前十名。

（四）新型平板显示产业新旧技术并行竞争

新技术、新工艺成为新型显示产业增长的热点。2013 年年底，全球 5 代以上生产线产能约 24086 万平方米，延续了 2010 年以来的缓慢增长态势，产值年均增长率不足 7%。但一方面新工艺液晶显示发展态势良好，如小尺寸产品中以 iPhone 系列屏幕为代表的低温多晶硅液晶面板，以及可用于高频、高分辨率和大尺寸显示产品氧化物液晶面板等；另一方面是画质、效能及成本等方面都更有优势的 AMOLED 面板，2012 年以来成长迅速，以手机屏幕为主的小尺寸面板已产业化，三星 2010 年推出的 Galaxy S 系列手机一直在使用 AMOLED 屏，并在最新推出的 S4 上使用了 Super AMOLED 屏，使其屏幕达到了 5 英寸和 441ppi。2010—2019 年全球主要显示技术产业规模变化趋势如图 6 所示。

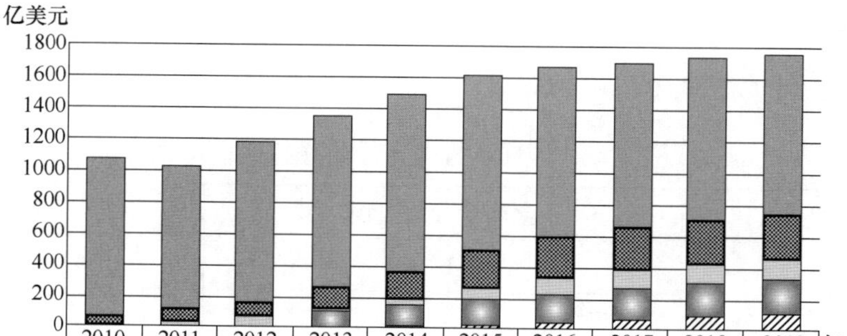

	2010	2011	2012	2013	2014	2015	2016	2017	2018	2019 年
非晶硅TFT-LCD	992	906	1015	1085	1125	1108	1075	1042	1030	1016
低温多晶硅TFT-LCD	65	87	91	143	176	238	259	271	276	281
氧化物TFT-LCD	0	0	7	10	39	77	102	118	125	129
低温多晶硅AMOLED	12	35	68	106	137	164	186	204	215	221
氧化物AMOLED	0	0	0	2	13	27	45	65	87	109

图 6　2010—2019 年全球主要显示技术产业规模变化趋势

同时，全球主要面板厂商已停止向更高世代扩充产线，产能移向新技术领域。目前，仅夏普建有 10 代线，而其他大企业，如三星和 LG 已经止步于 8.5 代线，开始将产能逐步向 AMOLED 技术转移。产业先行者开始争夺 AMOLED 市场。日本和韩国企业均已发力抢占先机，分别在 CES2013 展会上推出基于不同技术的 AMOLED 电视。松下、索尼分别宣布成功开发出 56 英寸的 4K 高清 OLED 电视面板，且分辨率领先于韩企，但是产品目前仍未批量生产和上市。韩国为夺回这一领域的主导权，目前正积极研议发展策略，将尽快量产 AMOLED 电视，并在 2014 年推出其他尺寸的产品。

中国紧跟全球先进主流技术，已成为全球产业一级。中国大陆地区的面板产能快速提升，已跻身全球“三国四地”格局行列，2013 年产能达到 2900 万平方米，全球占比接近 13%；已建成超过 18 条产线，国内液晶电视面板自供给率约 30%，手机面板自给率过半。近年来中国大陆地区积极建设高世代线，5 代以上高世代生产线已有 8 条，在建和拟建的 8.5 代线陆续投产，预计到 2015 年时将至少有 8 条 8.5 代液晶面板生产线投产，成为 8.5 代线液晶面板的主要生产地。新工艺新技术积极稳步推进。2013 年 12 月 28 日，京东方合肥 8.5 代氧化物液晶面板生产线在合肥市正式投产；京东方、维信诺、华星光电和天马等企业的在建的五条 AMOLED 产线将相继建成投产。2000—2013 年“三国四地”产能份额及变化情况如图 7 所示。

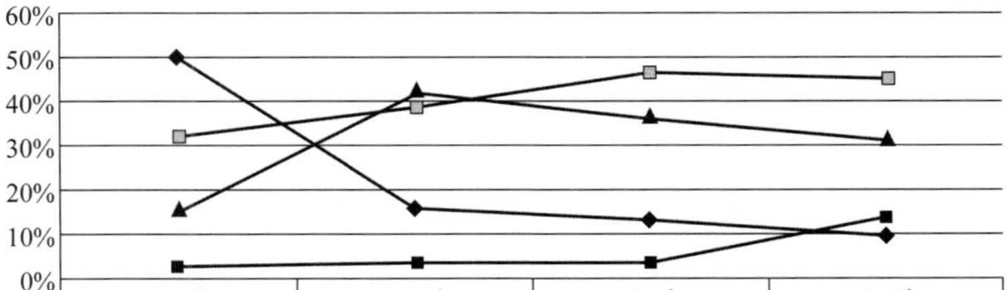

	2000年	2005年	2010年	2013年
日本	50%	15.5%	12.7%	10%
韩国	31.8%	39%	46.5%	45%
中国台湾地区	15.9%	42.1%	36.9%	32%
中国大陆地区	2.3%	3.4%	3.9%	13%

图 7　2000—2013 年“三国四地”产能份额及变化（数据来源：中国平板显示年鉴 2012）

（五）LTE 已成为通信系统设备增长的主驱动力

全球电信设备市场在 2013 年再次实现下滑后增长。2013 年，全球电信设备市场规模达到 795 亿美元，同比增长 2.98%，虽然扭转颓势实现正增长，但整体规模仍然处于近年低谷。现有经济水平下的市场空间已经基本被挖掘殆尽，电信设备业主要靠技术进步推动网络升级，2013 年 LTE 网络建设成为增长的主引擎。如图 8 所示。

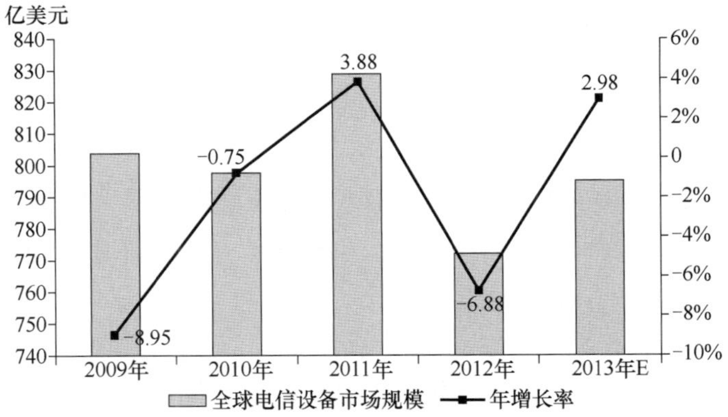

图 8　全球电信设备市场规模（数据来源：根据 Gartner 数据整理）

宽带接入和移动基础建设是电信设备市场增长亮点。2013 年宽带接入设备增长最为抢眼，同比增长 9.78%，但由于市场规模基数较小，对整体电信设备市场增长的拉动力仍然不高。移动基础设施建设增长 4.19%，其增长主要依靠 LTE 建设，其他设备增长情况相当。全球电信设备增长情况如图 9 所示。

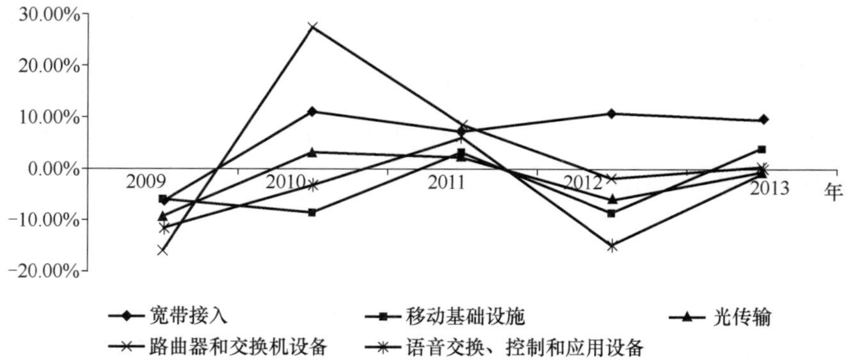

图 9　全球电信设备增长（数据来源：根据 Gartner 的数据整理）

LTE 建设是移动基础建设市场增长的决定因素。2013 年，全球 LTE 设备市场规模约为 81 亿美元，年增长率为 72.3%，年增长绝对量约为 33.6 亿美元，相当于 2013 年全球电信网络设备增长量的 143%。而 LTE 之外的其他几种制式接入网设备呈现为增长或负增长，如图 10 所示。

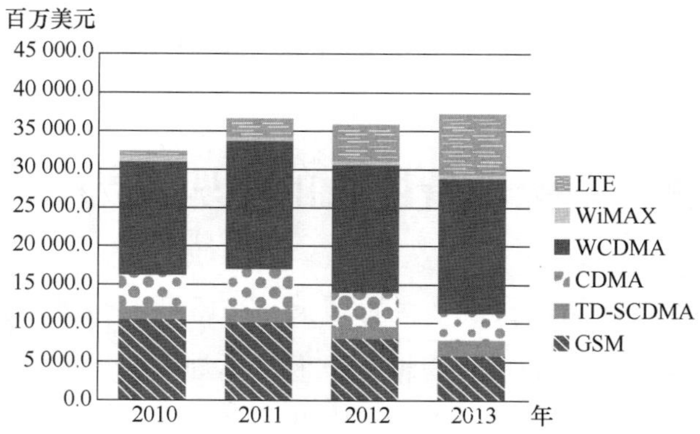

图 10　全球移动通信接入网设备市场情况（数据来源：根据 Dell' Oro Group 的数据整理）

（六）软件业加速多领域渗透和自身的转型

2013 年全球软件业增长显著，增长驱动因素依然来自家庭个人、企业及政务信息化需求持续增长带来的软件服务需求增长。2013 年软件与信息技术服务呈现出两大明显趋势：一个是软件加快渗透相关产业，“软件定义 X”成为热点；另一个是传统软件企业面对互联网挑战继续选择融合，加快云化，向网络化、服务化转型。具体体现如下。

一是“软件定义 X”概念兴起。即软件更多地参与控制、调度或替代各类系统中的硬件功能。驱动原因是信息系统智能化需求升级和软件智能化技术的发展，实质是软件与各领域加强融合。代表性的有：（1）软件定义服务器——与软件定义服务器概念相关的平台和产品开始出现，如惠普、华为、紫光等国内外企业都发布了有关概念产品。（2）软件定义数据中心——云计算和虚拟化软件厂商开始发布面向数据中心的产品，如 VMware 的 vcloud suite 5.5 等套件。（3）软件定义网络（SDN）——众多厂商参与的开放 OpenDayLight 项目于 2013 年 4 月产生。（4）软件定义制造——3D Systems 等业界领先厂商开始分发 3D 打印开发工具，引领业界开启软件定义制造时代。

二是传统软件企业加强云计算软件及服务平台的布局，应对互联网等新兴企业的挑战。这种改变基本上覆盖了软件业的各主要领域。在操作系统领域，传统厂商发布云计算基础软件包，如微软正式发布 Cloud OS；在数据库管理系统领域，传统数据库管理系统开始面向云计算和虚拟化进行设计或改进，如 2013 年 7 月甲骨文发布面向云计算的产品 Oracle 12c；在企业应用领域，企业应用与基础云计算平台融合加深，如 2013 年年初 SAP 发布基于云平台的 SAP Business Suite on HANA；在办公软件领域，基于网络的中文办公软件订阅服务正式进入商业市场，如 2013 年 2 月微软发布面向中国企业的 Office 365 订阅服务。

（七）各国政府积极推动释放 ICT 创新活力，助力经济复苏

从 2010 年前后，为加快金融危机后的经济复苏，主要发达国家政府开始积极规划 ICT 产业发展战略，并抓紧落实，突破关键环节、积极培育新兴领域。到 2013 年，发达国家在 ICT 领域的持续关注成效渐显，2013 年 IMF 的《世界经济展望》中描述“先进经济体的活动将继续回升，预测许多新兴市场和发展中经济体的回升幅度相对缩小”，发达经济体国家对 ICT 新技术发展和新业务布局的持续支持，是重要原因之一。2013 年，主要国家政府在持续推进 ICT 战略、行动计划等落实的同时，加大新兴重点领域扶持与投入。

高度关注新兴领域，新兴服务成为支持重点。2013 年，各国加大对新兴重点领域的扶持与投入。美国国家科学基金会（NSF）公布其拟重点支持的“大数据研发计划”项目和相应的支持计划；英国商务、创新和技能部发布《英国数据能力战略》，旨在使英国成为从数据中提取见解和价值的世界领导者，并使公众从中获益；澳大利亚的宽带、通信及数字经济部发布《国家云计算战略》，明确提出澳大利亚将创建并应用世界一流的云服务，促进数字经济中的创新与生产力发展；澳大利亚政府信息管理办公室则发布了《公共服务大数据战略》，提出了指导大数据发展的六大原则和为实现目标拟采取的六项措施。

多管齐下支持 ICT 发展。全球各国高度重视 ICT 产业发展，往往会多管齐下而非采取单一手段来支持产业创新与发展。包括：政策规定，推动新技术新业务市场启动；战略制定，引导新技术新业务发展；支持手段（如专项资金），解决制约新技术新业务发展的共性问题；深度介入市场，促进新技术新业务落地等。

（八）我国 ICT 产业政策针对性强、视野广、层级高

2013 年，快速发展、融合变革成为 ICT 行业的主旋律，经济下行压力下，ICT 这种创新活跃、成长快速的特性备受关注，各种产业政策集中爆发，呈现出针对性强、视野广、层级高的特点。

首先是针对产业基础和战略性领域加大政策力度。在基础设施方面，新出台的《“宽带中国”战

略及实施方案》将宽带网络提升到和水、电等同样重要的基础设施层面上，在备受关注的光纤入户方面联合建设部提出了标准规范，在宽带移动通信方面颁发了 TD-LTE 牌照，针对网络质量提升出台了增设直联点、调整网间结算等政策。在核心软硬件方面，集成电路的攻坚克难和规模化生产、基础软件的重大突破等受到更高层级的关注，国产软硬件的系统性适配问题也初步解决，做到基本可用。在新技术和新业务应用支持方面，围绕战略性新兴产业，国家开始全方位部署宽带、物联网、云计算、大数据、移动互联网等新一代信息技术领域的专项行动计划，2013 年发布了物联网 10 个专项行动计划，其他相关政策也在酝酿中。

其次，随着 ICT 产业向国民经济和社会各领域的全面渗透，我国 ICT 产业政策也逐渐由单一产业的专项政策，逐渐向与国民经济和社会重大领域统筹考虑的综合性政策转变，这也适应 ICT 产业在社会经济中作用和地位的变化。2013 年尤为明显，围绕中央“稳增长、调结构、促改革”的方针，ICT 和社会经济发展相关联的重大相关政策陆续出台，如《国务院关于促进信息消费扩大内需的若干意见》，充分调动了中央和地方发展信息产业的积极性；“智慧城市”将 ICT 打造成为释放城镇化潜力的重要抓手；两化融合专项行动计划将 ICT 创新与工业转型升级、走新型工业化道路紧密相连。

同时，围绕长期创新活力的持续释放，2013 年 ICT 产业继续深化改革。一是不断完善体制，酝酿成立中央网络安全和信息化领导小组，作为架构顶层的指导协调机构；二是电信业积极扩大开放力度，已经有 11 家企业获得移动转售牌照，上海自贸区扩大增值业务开放顺利推进。

二、2013 年 ICT 产业与政策热点分析

（一）可穿戴设备：中国集成电路产业的发展新领域

1. 2013 年可穿戴设备兴起

可穿戴技术是 20 世纪 60 年代美国麻省理工学院媒体实验室提出的创新技术，它可以把多媒体、传感器和无线通信等技术嵌入到人们的衣着中，可支持手势和眼动操作等多种交互方式。2013 年终端厂商和互联网企业纷纷发布了各种类型的可穿戴设备，因此 2013 年被称为可穿戴设备的元年。如 Pebble 发布了智能手表 SDK，三星发布了 Galaxy Gear，Google 发布了 Google glass2 等。

国内可穿戴设备整机厂商紧随其后。盛大果壳电子发布智能手表 Bambook Smart watch 和智能指环 GeakRing，映趣、汉王发布智能手表，百度发布咕咚手环，奇虎 360 发布儿童卫士手环等。据统计，中国 2013 年可穿戴设备市场的规模达到了 20.3 亿元。

2. 芯片是可穿戴设备的核心

可穿戴设备主要包括嵌入式系统、SNS 服务、APP 等，其中嵌入式系统包括处理器、屏幕、电池、传感器、接口和控制软件。处理器是可穿戴设备的核心，承担计算、控制、通信等功能。与其他芯片相比，可穿戴设备的芯片要求更低的功耗、更小的体积。如英特尔推出的用于可穿戴设备的 Quark 芯片是其用于移动终端的 Atom 芯片体积的五分之一，功耗则是其十分之一。

3. 国内外芯片厂商加紧布局可穿戴芯片

目前国外产业巨头纷纷布局可穿戴芯片领域，已有高通、英特尔、三星发布了可穿戴设备芯片。如高通发布了智能手表 Toq 及其处理器，频率仅 200MHz，低功耗的 mirasol 显示技术，使整个设备的功耗非常低，电池续航时间可达 5 天。英特尔发布了 Quark 处理器，核心面积 $10mm^2$，功耗 100mW，采用 32nm 工艺，并且英特尔在 2014 年的 CES 上展示了智能耳机、智能婴儿服。

中国的可穿戴设备正处于起步发展的探索跟随阶段，缺乏芯片厂商的支持，目前仅有君正发布可穿戴设备的芯片。果壳智能手表使用的是君正的芯片，主频 1GHz，制造工艺 65nm，采用 MIPS 指令集。君正计划下一步将推出针对可穿戴设备市场的专门芯片，采用 40nm 工艺。

4. 中国发展可承担芯片具备的产业基础

可穿戴市场将具有惊人的市场规模。据 Juniper Research 报告，2013 年全球可穿戴设备出货量

1300 万台，市场规模 14 亿美元。根据瑞士信贷预测，未来两三年，整个可穿戴技术市场规模将由目前的 30 ～ 50 亿美元增长至 300 ～ 500 亿美元。从时间窗口来看，目前可穿戴设备芯片全球还处于起步阶段，因此我国的可穿戴设备芯片与国外处于同步的地位。此外，可穿戴芯片具有专用性强、细分程度高的特点，需求引领特征明显。基于可穿戴芯片的这些特点，中国可凭借大国、大市场的优势，以及国内手机市场带动移动芯片发展积累的经验来加快发展可穿戴芯片，打造中国集成电路产业的新机遇。

（二）智能手机时代全面到来——中国手机产业崛起新契机

1. 国内手机产业全面进入智能机时代

中国手机产业发展 20 余年，伴随着通信技术从 2G、3G 到 4G 的演进，国内手机产品也经历了从功能手机向智能手机的转变，功能和应用不断丰富，现如今已成为移动互联网的主要载体，其便携性、移动性不断满足消费者对互联网的接入需求，也为扩大信息消费提供了基础。到 2013 年，我国手机产业已全面发展进入智能机的时代，体现在产品和生产企业两个层面。

2013 年智能手机占比超七成。2013 年国内智能手机出货量 4.23 亿部，同比增长 64.1%，占手机总体出货量的 73.1%，在 2012 年占比超过 50% 的基础上又攀升至一个新的高度。如图 11 所示。

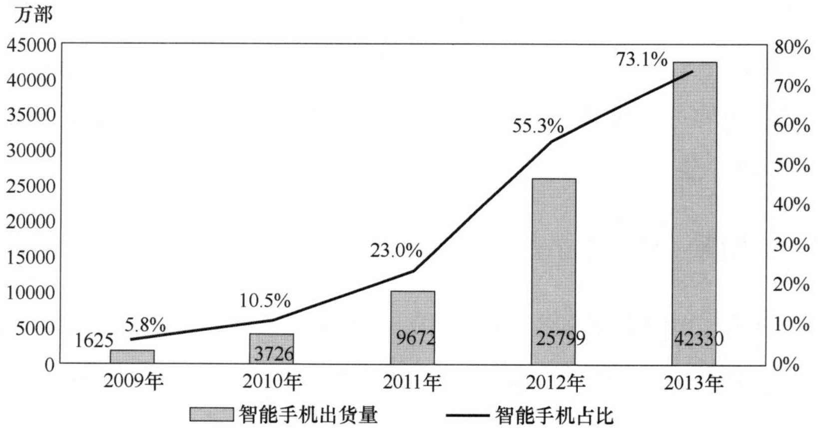

图 11　2009—2013 年智能手机出货量及占比（数据来源：工业和信息化部电信研究院）

智能手机企业成为主流。2013 年智能手机生产企业 460 余家，占手机企业总数的 85.7%。年内新增智能手机生产企业 70 余家，智能手机企业已成为在产手机企业的主流。

2. 国产品牌智能手机再次树立本土优势

国产品牌智能手机企业在经历了“千元智能机”拉动之后，自主创新能力持续增强，不断推出符合国情、适应市场需求的智能手机产品，在出货量上远超国外品牌手机，占据绝对优势。2013 年国产品牌智能手机出货量 3.24 亿部，同比增长 71.6%，占同期智能手机出货量的 76.6%。相比国产品牌占领功能机市场缓慢的经历，在智能手机时代，国产品牌产品大大缩短了市场化进程，仅通过短短2年时间，即树立了本土优势。国产品牌手机在功能手机和智能手机时代的份额变化情况如图12所示。

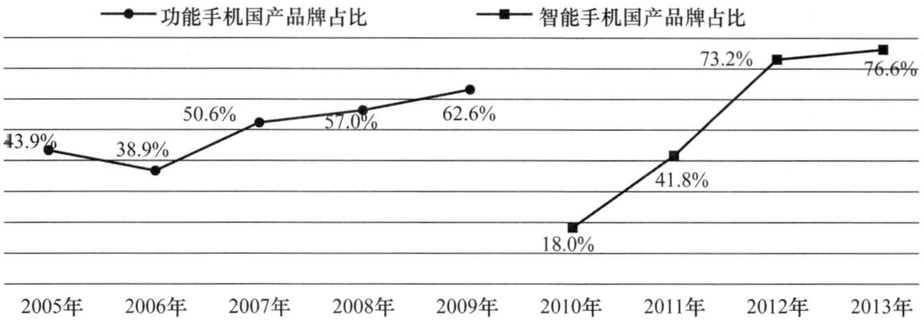

图12　国产品牌手机在功能手机和智能手机时代的份额变化（数据来源：工业和信息化部电信研究院）

3. 再次赶超背后中国手机产业的成熟与进步

中国智能手机产业不断完善、逐步成熟，其在生产方式、产品创新、营销创新、性价比等方面与功能手机时代中国的赶超相比，均呈现出不同的发展特点。

生产方式上，不同于功能手机时代以贴牌、代工为主的生产方式，国产品牌智能手机生产企业更加注重树立品牌。目前有实力的企业着手打造国际品牌，Gartner公布的2013年手机出货量数据显示，华为、联想分别以4.8%、4.5%的份额位居全球手机出货量的第三和第五名；同时，国产品牌中的小规模企业相互联合、共享资源的生产模式也悄然兴起。

产品创新上，功能手机时代，产品以通信功能为主，辅以照相等功能，产品创新更多的是以外观创新为主，先后出现了直板、翻盖、推拉等款式手机。而在智能手机时代，绝大多数的手机采用了操作更加便利的直板触屏的款式，由于互联网的快速发展赋予了智能手机更多的应用，竞争重点呈现了软硬件结合的新特点。硬件方面：屏幕尺寸、分辨率、摄像头像素及芯片能力等不断攀升，软件方面：则围绕上网、办公、手机支付等新的应用及业务开展竞争，因此在产品创新方面更多体现的是追求产品性能和增加应用。国内本土手机厂商充分利用智能手机发展的特点，通过安卓平台的开放性，研发适合国内消费者需求的应用（如开发更加精美的UI、推出背部触控功能、应用旋转摄像头等），重点通过细节创新提升用户体验。

营销创新上，伴随着互联网的发展，智能手机的营销渠道也呈现出多样化的趋势，传统以大型实体店销售的方式逐渐向实体店、直营店、网络销售、自主电商等多渠道共存转变，小米、华为、中兴、宇龙酷派等均推出了自主电商，越来越多的厂商推出契合自身特点的电子渠道；在营销推广上除了传统的广告宣传之外，也更加注重品牌营销，小米的口碑营销模式塑造了一个成功的案例。

此外，国产手机的性价比优势依然明显。国产品牌厂商曾经凭借MTK芯片的价格优势，降低了成本，在功能手机时代具备了价格优势。发展到智能手机之后，价格依然是国产品牌手机的优势之一，千元智能机让国产品牌厂商占领了较大的市场份额。2013年的手机市场上，超过60%的国产品牌智能手机具备双核及以上 CPU 和 4.0 寸以上的屏幕，千元以下的产品中，国产品牌手机约占 90%。

4. 蓬勃跳动的中国“芯”

不同于功能手机时代联发科（MTK）一家独大的格局，2013 年国内智能手机芯片市场呈现联发科、高通和展讯三足鼎立态势，采用这三家厂商手机芯片的智能手机出货量份额之和超过了整体市场的 80%。在 TD-SCDMA 手机高速增长的利好带动下，2013 年智能手机中采用国产芯片的占比为 26.1%，同比提高了 17.2 个百分点，展讯、联芯、海思的出货量占比均有所提高。如图 13 和图 14 所示。

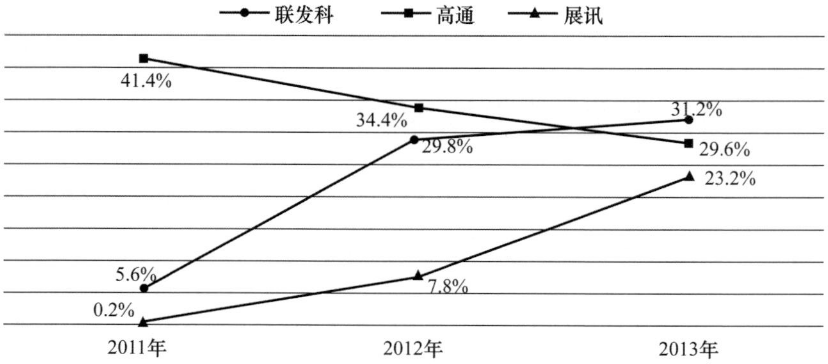

注：基于国内智能手机市场出货量计算，不含出口部分。

图 13　国内智能手机芯片采用情况（数据来源：工业和信息化部电信研究院）

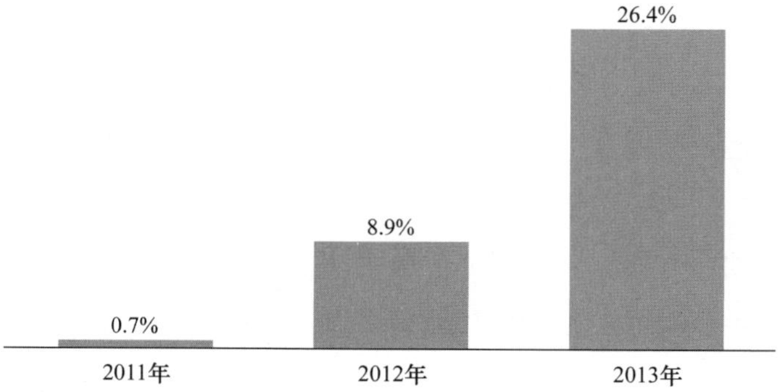

图 14　采用国产芯片智能手机占比（数据来源：工业和信息化部电信研究院）

5. 若干深层次问题依然制约国内手机产业的发展

产品以中低端为主，价格普遍较低。2013 年国内智能手机市场均价在 1300 元左右，其中国外品牌智能手机均价高达 3000 元，而国产品牌智能手机均价只有 900 元左右，超过六成的国产品牌智能手机价格在 800 元以下。“高配低价”是对国产品牌的赞誉，也说明了国产品牌手机企业面临着利润空间小的状况。以“中华酷联”为代表的国产手机企业抓住中高端手机发展的机遇，抢占中高端手机市场，希望走出利润的困局。

中小手机企业压力大。手机企业进入退出数量较大，中小企业面临着较大的竞争压力。2013 年新增了智能手机企业 148 家，而有 82 家在 2012 年存在生产行为的企业，已在 2013 年销声匿迹。

2013年，企业的出货量份额呈现出向大企业集中的趋势，智能手机企业的市场集中度（HHI）指数为633，而HHI指数在2012年为568，排名前十的厂商出货量份额之和为66.9%，2012年这一数值为65.6%。

高度依赖Android操作系统。2013年，Android智能手机出货量3.98亿部，占同期国内智能手机出货量的94.0%，生产Android手机的企业461家，占比98.9%。自主操作系统平台发展乏力，出货量份额不足1%，目前主要是阿里云在开发新产品。

本土芯片厂商竞争力依然较弱。展讯是目前最大的本土芯片厂商，其产品的定位为中低端产品，经营战略上以利润换市场份额，技术上与高通等国际品牌存在一定的差距；海思虽然技术水平较高，但出货量占比不高。企业要跟随尺寸微缩的代价和成本越来越高，全模下高通的专利会成为企业发展的障碍之一。

（三）信息技术与工业融合创新——ICT深度发展的新空间

1. 新一轮产业革命热度高企

近年来，有关“新一轮产业革命”的话题令全球高度关注，其核心是探讨以互联网为代表的信息技术对制造业变革的影响。目前两者融合发展的趋势已初露端倪，未来将很可能引发新一轮的产业革命。

美国《连线》杂志主编安德森认为，将互联网和制造业结合，实现“创客运动”，将掀起新一轮工业革命；世界经济论坛发布的报告《制造业的未来》指出，基于模型的数字化定义（Model Based Definition，MBD）技术和增材制造技术进一步变革了供应链和制造工艺，可以成为颠覆性力量。德国发布的“工业4.0”战略将智能制造和信息物理系统（Cyber-Physical Systems，CPS）所引起的定制化柔性生产变革作为新一轮工业革命的核心。

国内学界和产业界也在密切关注着新产业革命的动向。中国工程院提出，数字化、智能化技术将深刻改变制造业的生产模式和产业形态，是新工业革命的核心技术。国务院发展研究中心提出，新工业革命的数字化制造、个性化生产将会深刻影响全球的制造与服务业版图。微软公司副总裁、微软亚太研发集团主席张亚勤认为，新一轮的工业革命，一定是原子、比特和DNA的融合发展，即能源科学、信息科学、生命科学的共同发展。

2. 产业先行：跨界交融创造新模式、新方向

市场机制驱动下，以互联网为平台，互联网和工业企业结合各自特色，已探索形成信息技术与传统生产组织和制造流程深度集成的多种模式，网络空间与物质世界趋向融合，以数字化、网络化、智能化、服务化为核心的新一轮产业变革正在酝酿。

从融合基础来看，以互联网为代表的新一代信息技术的系统突破和产业创新持续推进，逐渐达到工业数据处理和智能决策的复杂性要求；互联网的广泛普及更是奠定了互联网与工业融合发展变革的需求基础：一方面是个人用户占总人口比重越来越高，另一方面是企业用户更加重视信息技术的应用，对新一代信息技术的需求潜力将进一步释放。

从融合主体来看，目前互联网与工业的融合发展主要体现为互联网企业和工业企业的战略合作与相互进入。一方面，互联网企业积极搭建服务工业市场的平台和服务，通过规模化个性定制、众包、O2O 等生产性服务新模式、新业态为工业企业提供了有力支持。另一方面，工业企业主动利用互联网进行流程改造和生产、组织模式创新，如网络制造、智能制造、服务型制造等，使得互联网和传统产业的边界趋于模糊。

3. 信息技术与工业融合创新的主要方向

（1）借助智能工厂和 CPS：提升生产智能化水平

智能工厂是融合了智能设计、智能制造、智能装备、商业智能、运营智能等技术的新生产模式。CPS 系统通过计算技术、通信技术与控制技术的有机融合与深度协作，实现数字虚拟网络与实体物理世界的充分融合。在智能工厂模式下，企业能够通过贯穿整个价值链的端到端工程数字化集成、连接企业内价值链及网络的企业间横向集成以及灵活且可重新组合的企业内网络化制造体系纵向集成，从而实现智能化、柔性化、个性化制造并指导商业智能决策。基于 CPS，在智能工厂的基础上，通过机器设备联网，实现生产的自组织，使生产方式由集中式控制向分散式控制转变，建立以高度灵活的个性化产品与服务体系为目标的融合性理念，从而使制造企业能够创建灵活且可重构的制造系统，实现智能制造、社区制造和绿色制造。这也即德国提出的“工业 4.0”的理念。

（2）借助智能感知和大数据服务：加快传统企业转型

2013 年，物联网和大数据的融合应用为全球多个代表性制造企业巨头所关注，具有代表性的如美国 GE 公司提出的“工业互联网”理念。工业互联网旨在利用遍布产品或设备的传感器和网络实现机器与机器的联网，并结合大数据技术创造更大价值，支持更加智能的设计、运维，以及更高质量的服务和安全性。GE 已与亚马逊、埃森哲、思科等进行战略合作，打造工业互联网。例如，巴西的戈尔航空公司用 GE 提供的工业互联网产品跟踪和分析飞行路线和油耗，未来五年将为公司节约成本 9000 万美元[3]。其他国内外企业也有各自探索，如福特利用大数据分析技术探索最佳工艺指标并指导企业改变其业务模式及提升企业业绩，成功走出困境并实现业务转型。三一重工建立了智能工程机械物联网，并利用大数据分析优化决策，接入平台的主机近 10 万台，占总主机数的 75% 以上，企业新增利润超过 20 亿元[4]。

3 数据来源于 2013 年 10 月 9 日 GE 在芝加哥举行的产品发布会上公布的案例。

4 数据来源于三一重工。

智能感知和大数据的结合，将有助于推动制造企业与服务企业转型升级。一是推动制造企业服务化转型（设备制造 + 服务提供），如 GE 自身服务化特征已经非常明显，已经成为典型的服务型制造企业，国内的三一重工、福田雷沃重工等装备制造企业也在积极拓展服务型制造模式。二是催生新兴生产性服务业，如数字机械工程、工业数据分析、商业运营数据分析、客户互动顾问等。三是催生以制造企业和信息服务企业为主体的战略联盟，目前 GE 已与亚马逊、埃森哲、Pivotal、AT&T、思科等企业进行战略合作打造工业互联网。谷歌与通用、奥迪等五家汽车厂商共同成立了“开放汽车联盟”，旨在将 Android 系统应用于汽车领域。

（3）借助网络高效集聚制造资源：变革生产组织模式

信息网络已经成为高效集聚制造能力和制造资源的重要平台，正推动工业生产组织模式的变革，2013 年，云制造和众包两种新模式的兴起尤为值得关注。

以云制造为代表的新型生产组织模式正逐步渗透到产品设计、制造、销售、采购、售后服务、管理等生产经营的各环节中，通过在线的虚拟化企业组织实现制造需求和社会化制造资源的及时对接。“工业云”服务将“云制造”理念运用到实践中，有利于帮助中小企业以较低成本实现企业间产品设计、工艺规划、制造等生产活动和制造资源的组织衔接与互动协同。2013 年 7 ～ 9 月，北京“工业云服务平台”成功组织了儿童电动车订单在线众包设计、模具 3D 打印、异地零配件协同制造、委托外包加工组装等制造加工全过程。

众包以“分散化”为基本特征，以与用户共创价值为核心理念，通过开放网络平台，众多分散的生产者和消费者个体实现广泛、实时、频繁的交流互动，充分激发社会创新潜力，有效满足消费者的个性化需求，并尽可能在上游发现和解决产品问题。海尔的全球研发资源整合平台汇聚了电子、生物、动力、信息等诸多领域的国内外研发资源，实现众包式跨界设计和开发。其圆形帝樽空调设计资源包括保时捷、宝马等顶级研发团队，也有施华洛世奇等时尚设计中心。国内的猪八戒网、K68 威客网、任务中国、百度、小米等许多国内互联网企业已经成功开展众包服务。

（4）借助网络打通制造和需求：构建新型企业—用户关系

信息网络也成为连接制造企业和用户的平台，并成为打通制造方和需求方的有效渠道，构建了新型的企业和用户关系，新模式和新业态不断出现，代表性的主要有 C2B2C、O2O 等。

规模化个性定制 C2B2C。个性化定制依靠柔性化生产组织和技术，在产品设计与生产过程中融入消费者的个性化需求，以电子商务模式实现产销无缝衔接，充分发掘长尾需求并实现零库存，并大幅提高消费者的黏性。互联网使得个性化定制从奢侈品扩展到常用普通商品，从少数人扩展到社会公众，极大地扩展了定制产品的种类和用户群体。戴尔以电脑定制起家，配以直销模式，取得了极大成功。尚品宅配实现了全部流程的规模化个性定制，相比传统家具企业，其总体设计效率提高 3 倍左右，材料利用率达 93% 以上，日订单处理能力达 1000 个左右[5]。海尔“统帅”是基于互联网的定制

[5] 数据来源于尚品宅配新居网。

化品牌，旨在通过差异化的模式满足消费者的个性化需求，按需定制，按约送达，实现柔性生产和服务。

移动 O2O（线上到线下 Online to Offline）。移动 O2O 是移动互联网时代的创新模式，依托线上到线下集聚的海量个人及企业，融合线上、线下活动，突破时空约束，实现及时交互、精准营销及生产设备动态监控。创维发布了 O2O 移动商业平台——“云 GO”，对全国近 3500 家社区直营店进行深度整合，实现与用户的无缝对接。三一重工开发“可以”移动 APP，通过智能终端帮助客户在任意时间、任意地点监控、管理其设备运营情况。

三、ICT 产业与政策未来趋势

（一）全球 ICT 产业平稳复苏

得益于 4G 网络的建设，以及软件和 IT 服务产业的不断发展，预计全球 ICT 产业在 2014 年将继续稳步回升，产业规模达到 4.63 万亿美元，同比增长 3.6%，各细分领域以不同的增速继续增长。ICT 制造业预计增幅为 3% ～ 4%，主要依靠电子元器件和电子数据处理设备的增长；电信服务业预计增幅为 2% ～ 3%，依靠移动数据领域进行驱动；IT 服务业预计增幅为 4% ～ 5%，传统产业的集成服务需求是其主要增长领域；软件产业预计增幅为 6% ～ 7%，主要增长在软件服务领域。2010—2014 年全球 ICT 产业规模及增长率情况如图 15 所示。

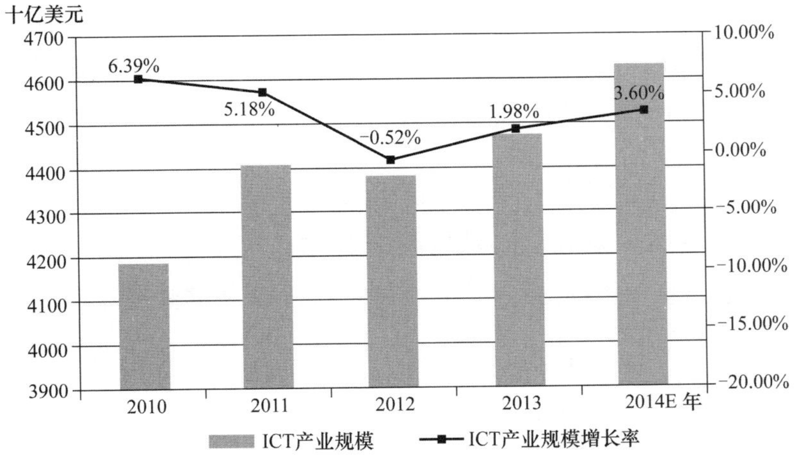

图 15　2010—2014 年全球 ICT 产业规模及增长率（数据来源：根据 Gartner 的数据整理）

（二）中国 ICT 产业仍将是重要增长极

2014 年，我国宏观经济总体将呈现稳定发展态势，在国家扩大消费、鼓励民间投资、保障基本民生、加快结构调整等一系列举措的刺激下，预计全年经济增速仍将维持在 7% 以上，仍是全球经济重要增长极。这为 ICT 产业的发展创造了切实有效的市场需求和新的增长空间，有望带动 ICT 产业整体继续保持两位数增长。预计全行业 2014 年的增速将在 13% 左右，产业规模上升至 15 万亿元。其中，电子信息制造业受全球经济不景气、产品价格下降以及基数增大等因素影响，增幅可能下降至 10% 左右；软件业在云计算等新兴服务的拉动下，有望继续保持 20% 左右的高速增长。2008—2014 年中国 ICT 产业发展情况如图 16 所示。

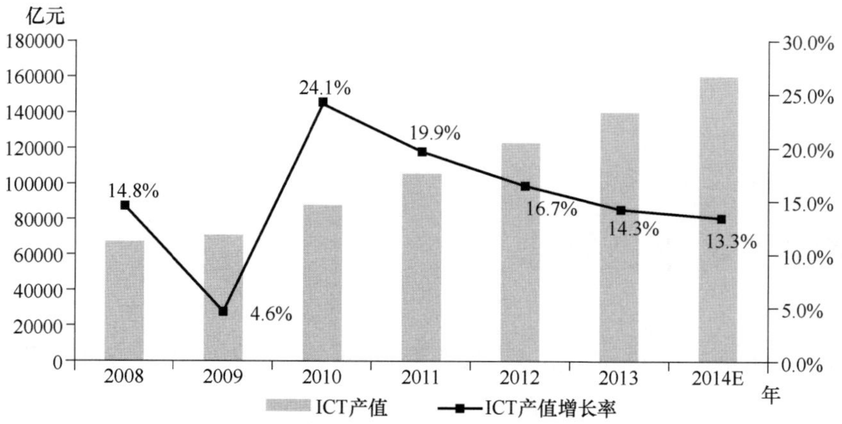

图 16 2008—2014 年中国 ICT 产业发展

（三）中国集成电路产业将在多领域发力前行

国务院 2014 年年初发布文件以前所未有的力度确定对集成电路产业的战略性支持。移动互联网的应用将继续带动集成电路的增长，但是增速逐渐放缓。可穿戴市场应用被认为是集成电路的下一个增长点。中国企业在移动互联网时代取得部分技术和市场优势，未来将在移动处理器芯片、通信芯片、平板电脑芯片、移动支付芯片等领域继续发力。

在智能手机芯片领域：海思半导体、展讯通信、锐迪科、大唐联芯已占有一定的市场份额。移动处理器芯片将沿着高性能（64 位 / 八核）、多模多频和低功耗的方向继续发展。在平板电脑芯片领域，瑞芯和全志目前在 xpad 芯片全球市场占有率超过 50%，下一步将继续提升芯片能力。

在 LTE 芯片领域：海思半导体已经成为除美国高通公司外唯一实现量产出货的厂商，产品在欧洲、中国、日本和拉美市场实现大规模发货。

在光通信芯片领域：海思半导体的 50G 光网络芯片已经量产，下一步将研发 100G 芯片。

在其他领域，如视频监控领域，海思半导体的视频编解码芯片已占全球安防市场 60% 以上的份额。在数字电视和高清机顶盒芯片领域，海思半导体、青岛海信和海尔表现突出，未来将继续加强研发。在信息安全和移动支付芯片领域，国民技术、大唐微电子等继续大力发展研发，加速取得重要突破。

（四）多种显示技术支撑多样化消费电子产品

以消费者为导向的市场需求正在推动新型显示产业不断向前发展。随着移动互联网的飞速发展和 4G 时代的到来，用户获得信息、娱乐、消费和生活方式，甚至人机交互的形式都发生了很大变化。这样的变化进一步刺激了显示终端的市场需求。

就显示技术趋势而言，包括：**大尺寸化**：液晶电视面板可能将由 10 代线切割，达到 65”，

AMOLED 面板将由 5.5 代以上的生产线切割，达到 27” 以上；**高清和高分辨率**：使用基于低温多晶硅工艺实现的视网膜技术，以及广色域显示；**柔性显示**：显示屏可折叠、弯曲，可穿戴显示，大型高清的弯曲显示等；**非触控显示**：体感和眼球识别，基于 Incell、Oncell、Outcell 技术实现的多点触控显示等；**3D 显示**：360 度全息显示和裸眼 3D 显示等；**新材料及智能集成**：超轻超薄、低功耗、使用太阳能技术为电池续航、碳材料、应用云服务和网络资源等。

基于新型显示技术和工艺的不断发展与提升，未来显示产品的功能将得到改进和提升，形态也会发生较大变化。产品可能将会有以下几大趋势。一是高密度显示的智能终端，手机将大于 400ppi，平板电脑将大于 300ppi；二是 8K × 4K 或更高分辨率的超高清电视；三是可穿戴设备，例如 Google Glass、智能手表 iWatch 和 Pebble、智能腕带 Fitbit 等；四是实现非触控的智能终端和智能家居等，如体感控制、声音控制等，无屏 360 度 3D 显示等。

（五）软件定义 X 的发展与企业云软件领域的竞争

2014 年软件及信息技术服务领域有两大趋势值得关注：一是软件定义概念的产品更多出现，对 ICT 及其他产业的影响进一步加深；二是在私有云领域，传统企业与新兴企业的竞争将加剧。

2014 年“软件定义世界 / 一切”将出现更多产品和服务，从概念更多地步入实践。在软件定义存储领域，2014 年 vSAN 有望正式投放市场，开始存储虚拟化的规模商业化。在软件定义数据中心领域，基于虚拟化技术的服务器集群可能会进一步压缩小型机的市场空间。在软件定义网络领域，预计将有大型数据中心采用网络虚拟化的方案，运营商可能推动 NFV 的解决方案进入测试阶段。在软件定义制造领域，传统通用软件厂商（如操作系统和多媒体设计厂商）可能在 3D 打印系统领域加大研发，推出可用的 3D 打印软件。

传统软件企业面向私有云技术的产品线和商业模式不断完善，将与新兴企业展开更多竞争。在操作系统方面，微软等传统软件厂商的企业级云操作系统产品将步入商用推广期，接受市场检验和 OpenStack 等开源系统的竞争。在数据库管理系统方面，Oracle 等传统数据库软件厂商的面向云计算的数据库管理系统将进一步发展，与 Hadoop 等分布式及云计算技术进一步相互借鉴渗透。在企业软件领域，传统企业的通用企业云应用系统将不断完善，试图弥补目前企业私有云在应用层面的巨大市场空间。在办公软件领域，Office 365 等基于网络和云计算、以订阅模式提供服务的办公系统将有望占领更多的企业云办公市场。

（六）互联网与工业融合推动新产业革命

2014 年，互联网将加速与工业的融合，推动新产业革命的持续发酵，新标准、新平台、新的模式和业态将继续涌现。

一是标准化进程将加快。在互联网与工业融合发展过程中，网络复杂性、联网设备的种类和规模、生产过程和产品安全性和可靠性、信息共享和安全的要求都将极大提高，加快互联网与工业融合领域的标准化进程将成为主要国家的共同选择。随着互联网与工业融合加深，生产设备搭载众多互不兼容现场总线的混乱局面将逐步改善，统一的、基于实时反馈与控制能力的互联网协议成为需要。美国国家标准与技术研究所（National Institute of Standards and Technology，NIST）近两年来正加快 CPS 标准的系统性研究进程，希望通过融合领域标准、测试方法和测量工具的研发帮助美国产业界加快创新性 CPS 产品的开发。

二是新载体、新平台将更开放、更兼容。在信息技术与工业深度融合的大潮中，基于互联网、更兼容、更开放的平台将成为连接制造与服务企业的重要载体。GE 的工业互联网平台——Prefix 可容纳任何系统和机器的数据并进行远程管理，与客户软件及系统兼容，能够对接第三方服务商的产品。百度的开放平台为中小企业提供产品开发技术支撑，目前已经成功开发出嘀嘀打车、健康手环、美图秀秀等应用。沈鼓集团计划在建立和完善集团内部云制造平台的基础上，面向中小企业开发和开放公共云服务平台。

三是新模式的创造和生产组织的变革。互联网人人参与的理念，尤其是众包与增材制造技术融合发展正在逐步渗透到制造业，让专业的产品设计和制造从企业走向个人、家庭和社区，使生产方式呈现出社会化生产的重要特征，“个人工厂”、“社区工厂”等新模式正在兴起。传统制造模式下的集中生产、全球分销模式将向分散生产、就地销售转变，极大地降低生产交易及流通成本，将给传统制造模式带来较大冲击。不过，受制于材料技术、增材制造技术等，分布式制造目前只是作为传统大规模生产方式的有益补充，距离其对整个制造业生产组织方式乃至社会生活方式产生革命性影响还比较遥远。

（七）紧跟变革、发掘内需、激励创新、突破瓶颈的 ICT 政策

2014 年，中国 ICT 产业政策将紧紧抓住产业变革的大势，以需求侧政策的组合，发掘利用内需优势；以改革和专项政策，进一步释放 ICT 创新活力；依托制度优势，突破制约瓶颈。

具体而言，一是围绕产业变革大势，在国家层面，将启动部署 2016—2030 年 ICT 战略构想；在行业层面，将积极推动两化融合专项行动，实施两化融合管理体系标准，并结合互联网与工业融合、工业云等专项试点扎实开展工作。二是针对我国的内需市场优势，将跟进信息消费，启动二批试点工作并扩大到百个城市规模，全面探索需求侧激励政策；加快智慧城市建设，制定建设标准，发布指导意见，推动 100 家城市试点，释放城镇化潜力。三是激励产业内在的创新活力，包括推进科研体制改革，进一步明晰政企边界，让创新回归市场导向；发布专项政策，陆续出台战略性新兴产业专项行动计划，包括宽带、云计算、移动互联网等；各地方也将因地制宜地出台地方性专项和支持性政策。四是发挥体制优势，突破关键制约瓶颈，重点是集成电路、软件、关键网络和信息设备等方面，将以国家行动，集中产业力量，发挥大国大市场和全产业链优势，实现突破。

通信监管篇

导　读

随着信息通信业产业更新迭代周期大幅压缩，行业新热点、新方向不断涌现，国外和国内通信监管改革也已站在一个新的起点上。2013年，欧盟启动单一电信市场改革，为行业注入活力。体制上，国外加快整合监管机构，在促进竞争的同时更突出行业发展。频率上，欧美加大频率管理创新，以弥补频率资源短缺。网间结算上，价格下调与非对称结算并行。普遍服务上，明确目标多渠道筹资推进实施模式。服务质量上，深化宽带测速，保障用户移动流量透明化。我国在2013年也密集推出系列政策，移动转售业务开放试点正式启动，4G牌照发放加速网络部署；实施移动网间非对称结算，保障格局持续优化；三网融合进入全面推广阶段；推进实名制提升基础管理能力；联合开展纠风行动，持续推进行风建设。

2013年我国通信监管政策热点涌现，引发业界高度关注。第一，落实“宽带中国”战略，配套政策全面启动。业务准入上取消了中国移动的固网牌照限制，建设秩序上实施两项强标，发布数据中心布局意见，网络优化上增设国家直联点，支持宽带优化示范。系列政策突出将保障宽带加快发展。第二，对内、对外开放业务，监管政策保驾护航。在开放压力交织情况下，对内启动移动转售业务开放，抓紧制定宽带接入网开放，对外降低上海自贸区业务准入门槛，预期将优化市场竞争格局，推进行业监管进一步改革。第三，互联网管理全面推进，多项监管措施并举。业务上，探索构建全流程业务管理制度；网络上，调整结算政策，推动改善互联互通；终端上，构筑多重管理防线，有力保障用户安全。第四，互联网技术与应用不断渗透。在服务质量仍需提升、用户信息保护形势严峻的情况下，发布宽带接入服务规范，强化服务拨测与速率发布；健全制度完善机制，用户信息保护工作稳步推进；预期随着标准、政策、技术等手段将继续发力，宽带服务质量将明显改善，用户个人信息保护工作将进一步强化。

展望2014年，我国将继续出台相关政策，进一步促进竞争，保障用户权益。市场开放上，组织落实好移动通信转售业务试点工作，研究完善接入网业务试点方案。在完善互联网管理体制的基础上，结合新修订292号令，抓住关键制约环节，全面加强和改进互联网行业管理。网络互联互通上，将进一步丰富互联路由，加大带宽扩容，畅通网间互联互通。着力用户感知，全面提升服务质量监管工作。

本篇作者：

马源　李冬　胡善冰　高巍　白春霞　石立娜　杨筱敏　贺佳　彭志艺　李乃青　李红霞　何欢　杨光

一、2013年国内外通信监管综述

（一）全球通信监管综述

1. 欧盟实施重大改革构建单一电信市场

2013年9月，欧盟委员会主席巴洛佐宣布《关于建立单一电信市场的改革建议》，重申了建立单一市场的决心、方向和路线图，其目标有三。一是支持欧盟经济体单一电信市场的建设。欧盟期望借助信息化水平领先成员国的业务扩张，缩小各成员国间在信息化领域的差距，促进欧洲经济发展、社会公平，提升欧盟国际地位。二是为欧洲电信业自身的发展注入活力。与北美、亚太电信行业的光纤宽带网络和4G网络部署相比，欧盟电信运营业明显落后，而且投资活力不足，行业收入持续萎缩。三是提升消费者权利和权益。欧盟内高额的国际长途和国际漫游费用不利于欧盟间信息与人员的流动，用户在数据业务选择方面尤其处于被动地位，抱怨颇多。欧盟实施单一电信市场改革的政策要点主要包括以下几点。

一是在市场准入上，要求各国大幅简化准入程序和降低门槛，方便电信企业的跨国投资和经营。未来基础电信运营商在欧盟范围内开展跨成员国的电信业务，欧盟将提供一站式审批机制。此外，欧盟将建立统一的频谱分配机制，主要是从欧盟层面对各国频谱资源的释放时间、有效期和其他条款进行统一规划和要求，以方便移动运营商的跨国投资。

二是在促进竞争方面，历经多年争议首次明确了欧盟范围内的网络中立政策。一方面，禁止基础电信运营商采取任何阻止或限制互联网上任何内容的行为；另一方面，为了激励基础电信企业加大网络投资，欧盟提出允许基础电信运营商提供差异化的“特别服务”，如不同时延要求的视频会议服务，再如提供不同质量要求的IPTV服务等等，但必须按照承诺的访问速度向用户提供服务。

三是加大客户的权利，协调统一各国服务标准。改革方案明确要保证客户的权利，要求基础电信运营商在服务合约中用通俗易懂的语言描述可供用户比较选择的各类套餐信息，严格限制运营商制定长期合约（超过12个月）；未达到承诺接入速度的ISP合约用户可以单方面终止、更换ISP后原有电子邮件服务延续等。

四是显著降低欧盟内移动电话跨国漫游通话费和国际长途电话费。2014年7月1日起，在欧盟范围内漫游的欧盟成员国手机来电接听全部免费，欧盟内国际长途资费降低到国内长途水平，欧盟内手机间呼叫资费不超过每分钟0.19欧元（含税）。用户可以使用同一个号码，分开选择国际漫游和国内移动服务提供商。

2. 频率资源：调整频率规划和使用政策，加大 LTE 资源供给

全球范围内 LTE 网络部署明显加快，频率资源短缺情况日益凸显。欧、美等国加大频率资源的管理创新，除加快 2G/3G 商用频谱的迁移外，还从数字红利、政府部门等部门加大频谱筹集力度。

一是将 2G/3G 频谱直接分配给 LTE 网络使用。2013 年美国批准一些运营商把现有频谱用于 LTE 等业务，如允许 Sprint 把集群 800MHz 频谱用于 3G 和 4G，AT&T 把纽约的 GSM 1800MHz 频谱用于 LTE 业务。欧盟要求成员国 2014 年 6 月 30 日向 LTE 开放 UMTS 频谱。法国 Arcep 批准 Bouygues 使用 1800MHz 频段提供 LTE 业务的申请。

二是将优质的数字红利频段分配给 LTE 网络使用。目前已有 10 多个国家重新发放了数字红利频段许可证，大部分用于 LTE。欧盟在将广播电视模 / 数转换完成后腾出的 800MHz 分配给移动宽带使用之后，正在考虑建立泛欧的 700MHz 频段划分方案，将 700MHz 广播电视频段分配给移动宽带和公共安全业务。

三是政府用户迁出高价值商用频段。2013 年，英国国防部释放出 2.3GHz 频段 40MHz 带宽、3.4 ～ 3.6GHz 频段 150MHz 带宽频率，OFCOM 对该频段提出了新的指配建议，拟用于商用移动宽带服务。美国三大移动运营商 AT&T、Verizon 和 T-Mobile 与国防部签署联合协议，探索与军方共享频谱的可能性，所涉及频段为当前五角大楼和其他政府机构使用的 1755 ～ 1850MHz 频段的 95MHz 频谱。

四是释放更多的免许可频谱。英国和加拿大通过白色空间框架政策，为白色空间设备免许可使用创造条件。美国释放 5GHz 频段的 195MHz 免许可频谱，为 2003 年以来为 Wi-Fi 释放的最大一块免许可频谱。

3. 监管机构：加快整合，注重发展与促进竞争

随着 ICT 技术的不断演进与发展，市场竞争结构不断调整，新的数字经济发展机遇不断呈现，各国通信监管机构也加快整合与调整步伐，以优化竞争和促进发展，主要表现在以下几个方面。

一是随着市场竞争的加剧，事前监管逐步向事后监管转变，欧洲 3 国将电信监管机构与竞争等机构合并，以提升监管效率，节约支出。2012 年，丹麦将电信监管机构 NITA 与商业公司局、企业建设局合并为丹麦商业局（DBA），隶属商业发展部。原 NITA 职责被分散到 4 个部委中，DBA 保留电信和互联网监管职责，但是关于政策制定及发展职能、关键基础设施保护方面的职责则分配给其他部委。2013 年 1 月，荷兰将电信监管机构 OPTA 与竞争监管机构、消费者保护机构合并为一个机构——ACM。2013 年 10 月，西班牙将通信监管机构 CMT 与能源、电力等 7 个产业部门合并，组建单一的竞争管理部门（国家竞争与市场委员会），同时将原 CMT 的部分监管职能剥离给工业、能源和旅游部。

二是韩国抓住数字经济发展机遇，组建起强大的 ICT 产业发展与监管部门，原通信监管职能简

化聚焦。2013年，韩国成立未来创造科学部（MSIP），整合了原来的融合性监管机构KCC的业务许可、资费监管、设备监管、网络安全等绝大部分电信监管职能，KCC仅保留了广播监管与部分事后监管职能。MSIP同时还整合了知识经济部、公共管理和安全部的部分职能，其目的是建立“创造型经济”，通过发展科学与ICT实现国民幸福，创造就业。

4. 网间结算：价格下调与非对称管制并行

网间结算是调节企业间经济利益的核心杠杆。电话网结算调整的重点是移动通信业务，但也面临着企业的阻力；互联网方面因为流量高速增长，带来互联互通范围扩大压力。

一是移动话音业务的结算价格普遍下调，尽管在下调过程中遭遇了阻力。2013年，斯洛伐克、坦桑尼亚、泰国、牙买加等国家基于互联成本，将其移动话音业务结算价格下调超过50%。但结算价格的调整并非一步到位，而是采取了分段下调机制。例如，爱尔兰和尼日利亚为了缓冲对企业经营收入所带来的负面影响，均采取分阶段的方式下调结算价格；尼日利亚计划分3年将话音落地结算价格下调52%。

二是下调结算价格时遭遇来自运营商的阻力。欧盟在下调结算价格时遭遇到阻力和分歧，荷兰监管机构ACM下调移动落地结算价格的计划受到海牙法庭的阻挠。爱尔兰监管机构下调移动网间结算的计划遭到高等法院的搁置。西班牙和德国的监管机构在下调网间结算价格的过程中，都与欧盟委员会发生了分歧。

三是对主导运营商严格监管，保护弱小运营商。国际上普遍对主导运营商采取相对严格的监管措施。2013年，巴林、瑞典等监管机构均采取行动将其国内具有市场支配地位的运营商的结算价格纳入事前监管。结算政策阶段性保护弱小运营商。政府在处理网间结算问题时倾向于保护弱小运营商，捷克对在位运营商实施统一定价，尼日利亚对新进入者和小运营商适用较高的结算标准。

四是互联网结算引起关注，扩大国际互联范围。互联网网间结算问题引起监管部门的注意，2013年，我国台湾地区的监管机构提议主导运营商向ISP开放免费对等互联，该提议遭中华电信反对，但中华电信愿意降低付费直联的价格。各国积极扩张互联网覆盖，菲律宾PLDT与国际巨头TeliaSonera签订了IP转接服务协议；巴林电信巨头Batelco与Epsilon在伦敦和巴黎的全球交换中心建立了直联关系；西非计划在冈比亚建设了区域互联网交换中心。

5. 普遍服务：明确目标，创新推进实施模式

随着宽带战略在全球的推广和普及，2013年以来各国普遍确立了更高宽带普遍服务目标。到2013年年底，146个国家政府通过的宽带计划中2Mbit/s成为基本速率；2013年3月15日联合国宽带委员会第七次会议提出目标，2020年全世界每个人都能以20美元/月接入20Mbit/s宽带。2013年6月英国更新了2010年的宽带目标，提出计划2017年固定超高速宽带服务覆盖95%的地区；2018年固定和移动超宽带服务（包括4G）覆盖英国99%的地区。11月OFCOM建议将8Mbit/s作为未来宽

带的最低速率，因为英国目前平均网速已达 14.7Mbit/s。

在宽带普遍服务最低速率快速提升的同时，为落实这一普遍服务目标，多国在传统电信普遍服务基金的基础上，创新政策手段，阶段性地重点支持宽带发展。

一是通过出台特别税收制度，支持宽带网络和业务向农村地区延伸。2013 年 3 月，巴西政府公布了为国家宽带计划（REPNBL）而制定的特别税收制度，2016 年年底之前基础电信运营商向宽带网络投资可获得税收减免扶持，2013 年已有 31 个项目申请并获得批准。2013 年 1 月 1 日起，斯里兰卡对宽带、移动与固定业务的税收从收入的 20% 降低到 10%。

二是建立专项基金用于人口低密度区宽带普遍服务。2013 年英国政府追加投资 5000 万英镑用于 12 个中小城市超高速宽带网络建设。此前，英国 BDUK（宽带传播英国）项目已计划拨款 5.3 亿英镑用于农村高速宽带覆盖。美国 2013 年 1 月宣布新建每年 4 亿美元医疗连接基金，推动连接城市医疗中心和乡村诊所的宽带远程医疗网络的发展。此外，“连接美国基金”启动第二轮项目，解决 44 个州的 60 万农村家庭和企业的宽带连接。法国总统也于 2013 年 2 月 22 日宣布，计划在未来 10 年之内投资 200 亿欧元，推动人口低密度地区的高速宽带覆盖。

三是将优质频率资源的获得与履行普遍覆盖义务相结合。德国规定取得 800MHz 的数字红利的运营商，需要首先满足政府规定的农村地区覆盖条件，在少于 5000 户居民的地区进行网络覆盖，覆盖率达到 90% 以上后，再在 5000 ～ 20000 户居民地区进行覆盖，然后再在 50000 户居民以下城镇进行覆盖，最后才能够在城市地区部署网络。

6. 服务质量：推动宽带网速和用户流量透明化

宽带业务的普及使得网速与流量资费成为用户对通信服务质量的关注焦点。联合多方力量监测宽带网速，督导宽带服务商提升网络性能，要求流量管控举措规范化，确保移动数据流量消费的透明化，成为监管机构在保护用户权益方面的工作重点。

一些国家 / 地区固定宽带测速已经常态化。例如，2013 年英国 OFCOM 已发布了第八次宽带测速报告，美国 FCC 联合宽带服务提供商、大学、咨询公司、消费者组织及分析公司等，连续三年发布宽带测速报告，监督了美国 80% 以上宽带服务商的宽带速率；我国香港地区的电信管制机构则及时向用户推荐测速工具。

随着 4G 网络的大规模部署，移动宽带测速开始引起消费者的广泛关注，美国 FCC 已做出回应。2013 年美国 FCC 发布了一款免费安卓应用程序，以地图的形式标注全国各地的移动宽带（蜂窝和 Wi-Fi）速度。一旦安装，应用程序将定期自动执行测试。自 2014 年第一季度起，FCC 提供高分辨率地图数据，让消费者能看到速率、时延和数据分组丢失情况；2014 年第二季度，更高分辨率的数据可使 FCC 提供更本地化的查询结果，并提供运营商、网络和手机技术的比较；在 2014 年第三季度，将能够比较每一天、每一时段的变化情况。法国消费者协会 UFC 实测移动运营商 LTE 速度和覆盖，并发布营销信息与实测数据之间的差异，呼吁电信监管机构 ARCEP 建立 4G 监测系统。

在促进基础电信企业流量管控措施规范化方面，2013 年 9 月英国 OFCOM 发布了《互联网流量管控指南》，允许运营商对一些业务量进行限流或者分配更高优先级，但应该把流量管控措施明确、透明地告知用户。在越来越多的市场上，流量安全线提醒、新服务安装和开通提醒越来越成为运营商的标准义务。在流量消费透明化方面，韩国、日本等规定对流量等级套餐必须履行告知用户的义务。

（二）国内通信监管综述

1. 业务准入：移动转售业务启动，4G 牌照发放

按照 2012 年工业和信息化部《关于鼓励和引导民间资本进一步进入电信业的实施意见》的要求，包括移动转售业务试点在内的八大电信领域鼓励民资进入。2013 年，工业和信息化部颁发业务经营许可，按部就班开展移动转售业务试点工作。

在移动转售业务方面，2013 年 1 月，工业和信息化部发布了《试点方案（征求意见稿）》，研究试点开展后的多项监管措施，并面向社会各界广泛征求试点开展意见。5 月，工业和信息化部正式发布《移动通信转售业务试点方案》，针对转售企业制定多项保障措施，涉及码号分配、资费价格、消费者权益保护等多个方面，力求保证转售企业“进得来、留得住、出得去”。并且，三家基础电信企业公布移动转售业务主管部门，同步启动移动转售业务试点工作，开始进行与多家民企之间的合同洽谈交流。2013 年 11 月，中国电信、中国联通敲定入围企业名单，确定合作对象。在公布的移动转售签约企业名单中，共有 17 家企业与中国电信签约，14 家企业与中国联通签约。12 月 26 日，工业和信息化部部长苗圩向 11 家民营企业发放移动转售业务试点批文，并于 2014 年 1 月 29 日面向 8 家民营企业发放第二批试点批文。自此，移动转售业务试点正式落地，目前 19 家企业正在合作进行基础网络测试和系统建设，并取得积极进展。

在 4G 频谱划分方面，三大运营商同步获得首批 TD-LTE 牌照。2013 年 11 月，在泰国举行的世界电信展上，中国无线电管理局局长谢飞波在主题演讲中正式公布中国 TDD 频谱规划情况，分配 TD-LTE 扩大规模试验频段给各家运营商情况如下：中国移动 1880 ～ 1900MHz、2320 ～ 2370MHz、2575 ～ 2635MHz，中国联通 2300 ～ 2320MHz、2555 ～ 2575MHz，中国电信 2370 ～ 2390MHz、2635 ～ 2655MHz。从结果来看，中国移动获得了 130MHz 频谱，中国电信和中国联通分别获得了 40MHz TD-LTE 频谱，其中用于室内覆盖的 E 频段各 20MHz，D 频段各 20MHz。2013 年 12 月 4 日，工业和信息化部向中国移动、中国电信和中国联通颁发“LTE/ 第四代数字蜂窝移动通信业务（TD-LTE）经营许可，三家运营企业可依据经营许可向用户提供上网速度更快、延迟时间更短、流量价格更低的高速数据业务，标志着我国正式进入 4G 时代。

2. 网间结算：实施移动非对称结算，保障格局优化

近年来，随着电信 / 联通 3G 移动业务的快速发展，以及话音业务向移动网迁移（90% 通话由移动网发起），电话网间结算净收支方向发生了根本性的变化。中国移动从原来的净支出方转变为净收入方，且网间结算净收入有逐年扩大的趋势；而中国电信和中国联通两家企业则由净收入方转变为净支出方。2009—2012 年我国三家基础企业网间结算净盈余情况如图 1 所示。

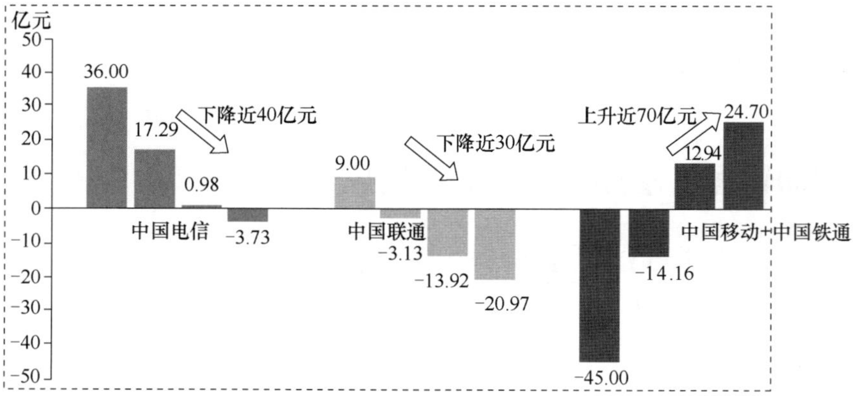

图 1　2009—2012 年我国三家基础企业网间结算净盈余（数据来源：工业和信息化部）

为落实 2008 年电信体制改革目标，推动行业竞争格局持续稳步优化，在 12 月 4 日发放 4G 牌照之后，工业和信息化部于 12 月 17 日下发了《关于调整公用电信网网间结算标准的通知》，将中国移动与其他企业的移动本地通话结算标准由原来的双向对等“6 分钱 / 分钟—6 分钱 / 分钟”，调整为“6 分钱 / 分钟—4 分钱 / 分钟”的非对称结算，即中国移动呼叫中国电信、联通的移动用户时，支付 6 分钱 / 分钟的结算价格，反过来，中国电信和联通呼叫中国移动时，只需支付 4 分钱 / 分钟的结算价格。此外，为惠及广大消费者，文件还将短信结算价格由 5 分钱 / 条下调到 3 分钱 / 条，彩信结算价格由 10 分钱 / 条下调到 5 分钱 / 条。如图 2 所示。

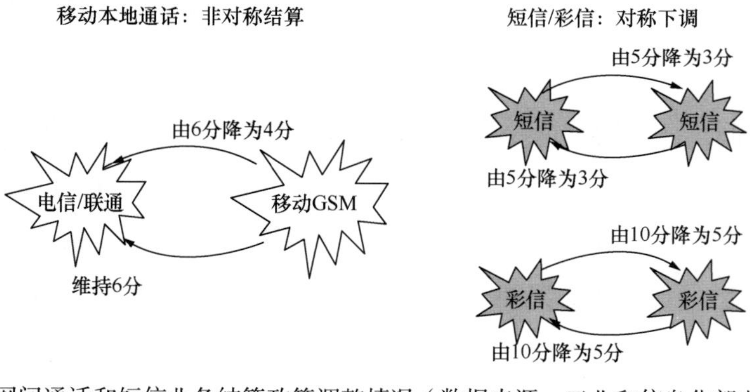

图 2　移动网间通话和短信业务结算政策调整情况（数据来源：工业和信息化部电信研究院）

3. 市场监管：强化网站备案，提升基础管理能力

为满足安全管理对精准化、可溯源的管理需求，2013 年行业监管部门继续深入推进手段建设，强化网站备案，重点提升基础管理能力。一方面，以加强互联网基础资源管理为重点，探索建立统一

的部 IP 地址资源库，IP 地址备案率达 99%；深入推进域名实名认证工作，推动设立域名许可制度，“.cn”实名率达 98%。另一方面，组织开展网站备案专项行动，完成部省系统升级，完善相关功能，实现与相关部门的信息比对，解决“两率”不高、系统配合不顺等问题。

专项行动内容包括以下四个方面。一是升级完善网站备案系统功能。增加备案信息真实性核验材料电子化上传功能，加强对企业网站备案系统的安全抽测和管理。二是清理备案系统中的不准确信息。每周扫描系统中的空壳类数据并下发至各管局。三是开展网站备案信息准确率抽查。3～4 月对覆盖 31 个省的 9 万条数据进行人工抽查，抽查结果为 73.4%，同比提高 2.9 个百分点。四是建立全国月报通报制度。已下发网站备案工作月度通报 5 期，取得了较好的监督效果。通过专项行动的开展，2013 年年底网站备案信息准确率达到 75%。

4. 三网融合：双向进入阶段收尾，进入全面推广阶段

三网融合按照既定步伐稳步推进，从“双向进入”阶段向“全面推广”阶段顺利过渡。早在 2010 年 6 月 30 日，国务院公布了三网融合第一批 12 个试点名单，三网融合试点工作正式启动；2011 年 12 月又公布了第二批 42 个试点地区（城市）名单。2013 年的政策进展情况如下。

一是启动第二阶段试点地区的许可申请和审批工作。2013 年 1 月国务院下发《关于推动三网融合深入开展的通知》，启动第二阶段试点地区的许可申请和审批工作。二是对第一阶段试点地区的广电企业进行年检。2013 年 3 月，工业和信息化部继续开展基于有线电视网的互联网接入业务、互联网数据传送增值业务、国内 IP 电话业务经营者年检工作，12 家广电试点企业按照工业和信息化部的要求参加年检。三是总结试点阶段各项工作，评估试点效果。三网融合工作协调小组办公室形成了《关于三网融合试点阶段工作情况的汇报》，并抓紧起草《三网融合推广阶段工作方案（草案）》。

在各方面的共同努力下，到 2013 年 12 月，我国 IPTV 用户达 2842.5 万户，IPTV 业务在宽带用户中的渗透率达到 15%，运营商主导的 IPTV 正在转向盈利。手机电视用户达到 4412 万户，在移动用户中的渗透率达 3.6%。值得关注的是，互联网电视业务保持高速增长态势，年度销售规模超过 1000 亿元，成为带动信息消费的新业态。

5. 用户权益：开展纠风行动，整治用户关注热点问题

近年来，电信行业在加强作风建设、改善服务质量方面做了大量工作，不断取得积极进展，但同时也应该清醒地看到，电信服务工作仍然存在一些问题和不足，部分群众对电信行风还不满意，对一些问题的反应还比较强烈。2013 年年初，工业和信息化部下发《2013 年电信行业纠风工作实施方案》，对电信行业改进作风、提升服务工作进行具体部署，明确治理群众反映较为集中的服务营销、资费收费、网络质量和垃圾短信等 4 个方面任务，提出严格服务履约、规范营销宣传、简化资费套餐、打击不明扣费、加强网络覆盖、治理垃圾短信等十项重点工作。

一是在规范电信服务营销行为方面，重点加强电信服务协议签约和履约管理，严格要求基础电信

企业规范用户宣传和营销工作，严禁故意夸大优惠、误导用户消费。同时，规范业务代理行为，加强对经销商的监督管理。

二是在加强资费收费规范管理方面，重点是继续简化资费套餐，严格电信资费审批备案管理；规范移动用户上网流量收费行为，加强电信计费系统检测，确保计费准确可靠；打击不明扣费，严格执行业务定制二次确认，保证用户权益。

三是深入治理垃圾短信。重点强化技术手段，升级基础电信企业垃圾短信息网间联动处理平台，提升防范和处理效率。加强企业内部管理，将垃圾短信纳入各基础电信运营企业的绩效考核，建立用户举报信息分析和共享机制。特别是针对伪基站滥发垃圾短信问题，重拳出击严厉打击。2013 年以来，三家基础电信企业清理关停违规短信端口 7 万余个，拦截垃圾短信超过 100 亿条，处理违规个人号码 6.3 万余个；12321 网络不良与垃圾短信举报受理中心共收到垃圾短信投诉 23.5 万余次，同比下降 18.6%，垃圾短信治理工作取得阶段性成效。

二、2013 年通信监管四大热点分析

（一）落实“宽带中国”战略，配套政策全面启动

1. 背景：“宽带中国”战略发布，提出更高目标

当前，宽带经济在社会发展中的作用日益凸显，已成为当前和今后相当长时期内推进发展方式转型、支撑科技产业创新、创造就业机会、提升国家竞争力的战略基石。为加快构建这一关键根基，截至目前，已有 134 个国家发布了宽带战略或行动计划，纷纷将宽带作为国家发展战略的优先安排和关键领域。2013 年 8 月 1 日，国务院发布《“宽带中国”战略及实施方案》（国发［2013］31 号），首次明确宽带网络是新时期我国经济社会发展的战略性公共基础设施，并就宽带发展的阶段性目标、技术路线图、重点任务和保障举措提出了明确要求。

“宽带中国”战略提出了更高目标。到 2015 年，固定宽带家庭普及率达到 50%，3G/LTE 用户普及率达到 32.5%，行政村通宽带比例达到 95%，学校、图书馆、医院等公益机构基本实现宽带接入。城市和农村家庭宽带接入能力基本达到 20Mbit/s 和 4Mbit/s，部分发达城市达到 100Mbit/s。到 2020 年，固定宽带家庭普及率达到 70%，3G/LTE 用户普及率达到 85%，行政村通宽带比例超过 98%。城市和农村家庭宽带接入能力分别达到 50Mbit/s 和 12Mbit/s，发达城市部分家庭用户可达 1GMbit/s。

据此测算，在固定宽带用户发展方面，到 2015 年要达到 2.7 亿户，即未来两年年均新增用户要超过 3000 万户，而 2013 年新增仅 1900 万户。行政村通宽带比例 2 年要提升 5 个百分点，合计需新通 3 万个行政村。在 3G/LTE 用户普及率方面，截至 2013 年年底占 30%，到 2015 年大幅提升至 33%，2020 年进一步达到 85%，未来 5 年年均提升 9 个百分点，或者说，年均要新增 1.2 亿 3G/LTE 用户。因此，无论在固定还是移动方面，宽带发展的任务均非常艰巨。如图 3 所示。

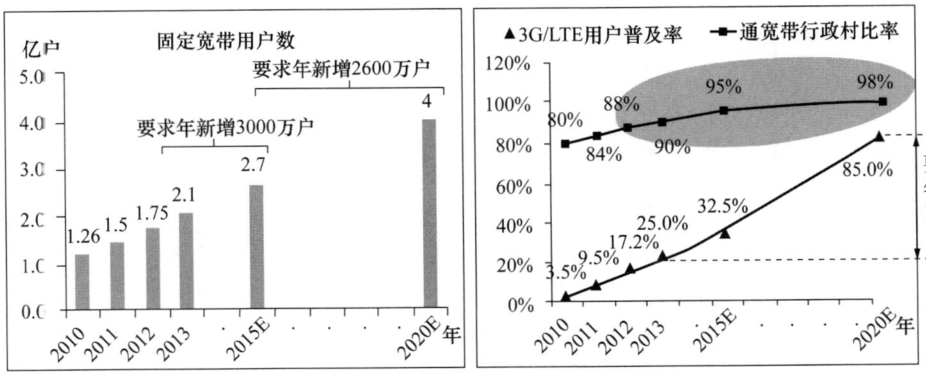

图 3 “宽带中国”战略提出更高发展目标（数据来源：工业和信息化部电信研究院）

2. 准入政策：发放 4G 牌照，同步取消中国移动固网限制

为落实“宽带中国”战略目标，引入更多主体参与经营，2013 年工业和信息化部调整了固定宽带和移动宽带市场准入政策，解除相关政策限制，加快构建高速宽带网络。

在移动宽带方面，12 月 4 日工业和信息化部向中国移动通信集团公司、中国电信集团公司和中国联合网络通信集团有限公司颁发了“LTE/ 第四代数字蜂窝移动通信业务（TD-LTE）”经营许可，激发了移动宽带的新一波竞争。4G 具有上网速度快、延迟时间短、流量价格更低等特点，能够有效实现移动状态下的高速数据业务，不仅可以更好地满足移动用户高速无线上网的需求，而且将促进移动互联网业务应用持续深入，并将催生出更多的业务形态和服务模式，让更多的用户分享到 4G 发展带来的成果。中国移动已宣布 2014 年要在 300 个以上城市实现商用，新建 50 万个以上 LTE 基站，中国电信和联通也已启动 4G 商用工作。

在固定宽带方面，2008 年电信体制改革时，为推动中国移动有限公司全力以赴推动 TD-SCDMA 第三代移动通信业务的发展，工业和信息化部在中国移动集团公司取得包含固定通信业务在内的全业务经营许可后，下发《关于进一步落实规范电信市场秩序有关文件精神的通知》（工信电管函 [2009]686 号），要求中国移动集团公司将除 TD-SCDMA 以外的固定通信业务授权给其全资子公司铁通公司经营。时隔四年，考虑到中国移动 TD-SCDMA 发展势头良好，“宽带中国”战略正在抓紧推进，且固定和移动融合发展已经成为全球电信发展趋势，应中国移动集团公司的要求，工业和信息化部在发放 TD-LTE 牌照的同时，批准其将固定通信业务授权给中国移动有限公司经营，以进一步增强我国宽带发展的推动力，加快宽带战略的实施进程。

近年来中国移动不断加大固定光纤宽带网络投资力度，其光纤覆盖规模到 2013 年年底已达到 4900 万户，已经超过中国联通的 3945 万户。取消针对中国移动的政策限制后，将充分释放中国移动的光纤宽带网络能力，助力“宽带中国”战略的实施。三家基础电信企业的光纤宽带网络覆盖能力如图 4 所示。

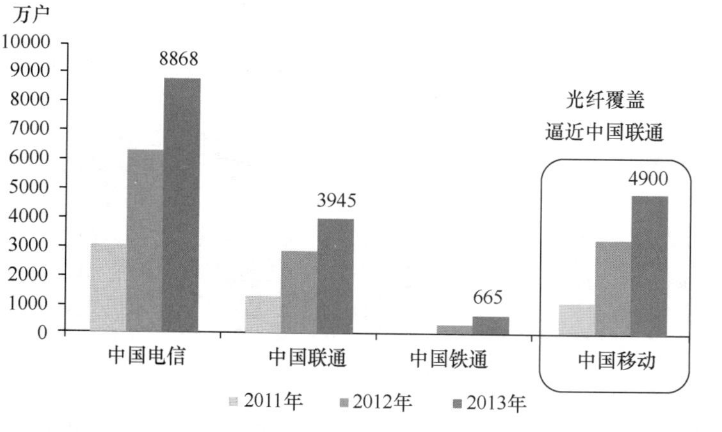

图 4　三家基础电信企业的光纤宽带网络覆盖能力（数据来源：工业和信息化部）

3. 建设秩序：实施两项强标，引导数据中心布局

为保障“宽带中国”战略的顺利实施，战略还提出配套政策措施，包括规范建设秩序，“切实执行住宅小区和住宅建筑宽带网络设施的工程设计、施工及验收规范”、“扩大内容分发网络容量和覆盖范围”等要求。

一是实施光纤到户两个强制性国家标准。为落实国务院关于加快宽带中国建设的要求，加快推进光纤到户建设，全面提升国家信息化水平，2012 年住建部发布了《住宅区和住宅建筑内光纤到户通信设施工程设计规范》及《住宅区和住宅建筑内光纤到户通信设施工程施工及验收规范》两项国家标准（以下简称光纤到户国家标准）。但在光纤到户建设中，依然存在建设标准难以落实、多部门管理协调机制不完善、责任要求需进一步明确等问题，有必要制定政策措施，切实贯彻落实光纤到户国家标准的有关规定，着力解决光纤到户建设中的现实难题。

为此，住建部、工业和信息化部于 2013 年 3 月联合发布了《关于贯彻落实光纤到户国家标准的通知》；根据光纤到户国家标准的要求，自 2013 年 4 月 1 日起，在公用电信网已实现光纤传输的县级及以上城区，新建住宅区和住宅建筑的通信设施应采用光纤到户方式建设，同时鼓励和支持有条件的乡镇、农村地区新建住宅区和住宅建筑实现光纤到户。住宅建设单位必须同步建设住宅区内通信管道和楼内通信暗管、暗线等通信设施，预先铺设入户光纤、预留设备间，所需投资纳入相应建设项目概算。并特别指出，光纤到户通信设施未按要求验收或者验收不合格的，不得接入公用电信网。

据统计，到 2013 年年底，全国有 25 个省的通信管理局和住建部门联合印发了相关文件，明确了工程设计、施工图审查、施工及验收备案等环节的工作程序和要求，共同推进标准落地，部分省还将光纤到户工程验收纳入房地产验收环节，这一监管政策有力地解决了光纤入户难题，且保障了用户接入的选择权。

二是规范数据中心建设布局。2013 年 1 月 11 日，工业和信息化部发布了《关于数据中心建设布局的指导意见》，提出数据中心的建设和布局应以市场为导向，以节约资源和保障安全为着力点，遵循产业发展规律，发挥区域比较优势，引导市场主体合理选址、长远规划、按需设计、按标建设，逐渐形成技术先进、结构合理、协调发展的数据中心新格局。同时，加强政策引导，鼓励地方政府相关部门在用地规模、市政配套设施方面予以保障，在资金、人才、网络建设等方面给予支持。

4. 网络优化：增设国家直联点，支持宽带优化示范

围绕“宽带中国”战略提出“以网间互联为重点优化互联网骨干网。推动网站升级改造，提高网站接入速率”，全面提升网络性能，改善用户上网体验。

一是按照“西增东扩、多层次、立体化”的网间互联架构优化调整总体方案，明确在既有京、沪、

穗的基础上，在成都、武汉、西安、沈阳、南京、重庆和郑州 7 个城市，增设国家级的互联网骨干直联点，使国家级直联点增加至 10 个。而且优化了整个互联网的布局，减少了广大的中西部地区互联网流量的长途绕转，有利于提高网间流量疏通能力，提高网络安全性能，提升我国互联网间的通信质量，有利于推动云计算、数据中心以及各种互联网信源向广大中西部地区的聚集，优化我国互联网产业的布局，加快中西部地区产业转型升级，推动区域协调发展。2013 年 12 月又发布了《关于设立新增国家级互联网骨干直联点的指导意见》，预期这些直联点建成后，我国长途流量绕转将下降 90%；本区域内跨网访问时延、分组丢失率将下降 60% 以上。

二是为探索解决宽带发展中面临的网速体验速率与接入速率差异大、老旧小区宽带光纤入户难等问题，2013 年 8 月工业和信息化部发布了《关于组织申报 2013 年度宽带网络优化示范项目的通知》。支持具备全国 CDN 网络的企业，在北京地区，补充建设扩容 CDN 节点、合理布局 CDN 与信息源等，实现示范地区宽带用户上网体验的明显提升。支持具备一定用户规模（日均用户访问量超过 1 亿用户）的大型互联网企业，在北京地区，自行部署扩容 CDN 节点、合理布局 CDN 与信息源或采用软件定义网络（SDN）等新技术措施，重点针对视频类、交互类、下载类等业务，实现所选区域内该企业的业务使用用户上网体验的明显提升。还支持基础电信企业在 3 ～ 5 个省份若干老旧小区，对约 1.5 万个用户进行共建共享光纤改造、VDSL 提速改造等技术和模式探索，并采用新型改造工艺减少对居民生活环境的影响，加快宽带提速改造进程。

（二）推进电信业务开放，监管政策保驾护航

1. 背景：电信业务对内对外开放压力交织

对内方面，国家持续推进电信业务开放工作。2005 年，国务院下发《关于鼓励和引导民间投资健康发展的若干意见》（即“36”条），要求在电力、电信、铁路、民航、石油等行业和领域，进一步引入市场竞争机制。积极推进投资主体多元化，非公有资本可以参股等方式进入，奠定内部开放基调。2010 年，国务院又下发了《关于鼓励和引导民间投资健康发展的若干意见》（国发［2010］13 号，新“36”条）鼓励民间资本以参股方式进入基础电信运营市场，并支持民间资本开展增值电信业务，向民资开放电信业务压力进一步加大。2012 年 6 月，工业和信息化部发布《关于鼓励和引导民间资本进一步进入电信业的实施意见》，提出向民资开放的八大电信业务领域，包括移动通信转售业务、接入网和驻地网业务、电信企业“走出去”等，明确了开放的具体领域。鼓励民间资本进入垄断经济领域，是我国优化经济结构的重要举措，也是十八届三中全会改革精神的具体体现。

对外方面，当前我国正与美国、韩国、日本、澳大利亚等国开展双边 FTA 谈判，由于发达国家在双边谈判中多采用“准入前国民待遇＋负面清单”的管理模式，仅规定各领域开放的“不符措施”，加强事中与事后监管，与我国开放领域长久以来所采用的“重事前审批、轻事中事后”的

管理模式理念不同，在多轮谈判中难以达成共识。2013年7月，在中美投资保护协定谈判中，我国正式承诺采用“准入前国民待遇+负面清单”的管理模式，双方谈判取得积极进展。除此之外，WTO框架下关于电信服务的谈判也将重启，对电信服务进一步自由化提出要求，重点是构建包括号码携带、共址、技术中立等要素的监管政策体系，都要求我国电信服务在WTO承诺基础上进一步开放，在相关监管政策还没有完善的时候，我国电信业务的对外开放无疑又面临着来自各个方面的压力。

2. 开放举措：对内对外开放范围进一步扩展

对内开放方面，我国电信业务开放范围由增值电信业务进一步向基础电信业务拓展。首先，我国针对增值电信业务的开放范围在不断扩大。2012年12月，工业和信息化部重启了自2007年因扫黄打非而中断的IDC、ISP业务经营牌照申请。2013年9月，工业和信息化部宣布国内多方通信业务由商用试验转为正式商用的通告，要求国内多方通信服务业务实行市场调节价。其次，我国对基础电信业务的开放脚步不断加快。截至2014年2月，我国已向19家民营企业颁发移动转售业务试点批文，获得批文的企业可经营移动本地、长途、漫游通话、短信、彩信和数据等基础电信业务。

对外开放方面，上海自贸区增值电信业务开放超出WTO承诺。2013年9月，国务院宣布在上海建立上海（中国）自由贸易试验区，公布了多项业务的开放承诺：在增值电信业务的开放上，比照原有的WTO承诺[6]，新增4项开放领域：呼叫中心、国内多方通信服务、因特网接入服务、国内因特网虚拟专用网，并在部分领域外资持股比例上有所突破。2014年1月6日，工业和信息化部与上海市人民政府联合发布了《关于中国（上海）自由贸易试验区进一步对外开放增值电信业务的意见》（以下简称《意见》），决定在试验区内试点进一步对外开放增值电信业务。《意见》提出在试验区内进一步试点开放的7个增值电信业务领域，包括两个方面：一是在已对WTO承诺开放，外资股比不超过50%的信息服务业务、存储转发类业务、在线数据处理与交易处理业务等3项业务的基础上，进一步试点开放这3项业务的外资股比，其中信息服务业务中的应用商店业务、存储转发类业务等两项业务外资股比不设限制；在线数据处理与交易处理业务中的经营类电子商务业务外资股比放宽到55%。二是新增试点开放呼叫中心业务、国内多方通信服务业务、为上网用户提供的因特网接入服务业务、国内因特网虚拟专用网业务等4项业务，其中前3项业务外资股比不设限制；国内因特网虚拟专用网业务外资股比不超过50%。

3. 试点保障：配套监管政策体系不断完善

2013年的业务试点监管保障政策主要针对两个方面：一个是对移动转售业务试点的政策保障，另一个是对外资进入的政策保障。回望传统电信监管政策总体框架，仍可以沿用移动转售业务与外资

6 中国加入WTO时，承诺开放的增值电信业务有：信息服务业务、存储转发类业务、在线数据处理与交易处理业务等3项，外资股权比例不超过50%。

进入政策的监管。在传统电信监管框架中，主要包括业务许可准入、电信资费、服务质量、网络和信息安全、电信设备管理、电信资源管理、互联互通和网络建设等8个方面的内容，其中的大部分监管内容，在移动转售试点与上海自贸区试点中都有体现。

首先，电信业务监管体系基本覆盖了移动转售业务的政策保障内容。

在业务许可准入方面，要求基础电信企业与转售企业先签订合作协议，再由转售企业向工业和信息化部提交试点批文申请；

在电信资费方面，零售价格采用市场调节价，批发价格实行上限管制的政策；

在服务质量上，主要的落脚点在用户权益的保障上，包括预付费政策的处理、转售企业退出市场后的用户接纳等；

在网络和信息安全方面，要求转售企业对用户个人信息安全进行保护，并且在内容安全和应急处理方面建立起响应机制；

在电信设备管理方面，未来移动转售企业可能会推出与自身品牌相关的终端，需要加强对终端入网和预置应用的管理；

在电信资源管理方面，涉及转售企业码号资源的管理，转售企业和基础企业应定期向工业和信息化部报送码号资源使用情况和下一年的码号资源使用规划。

由于转售企业不具备网络设施，因此互联互通和网络建设的监管责任主要还是在基础企业方面，加入了一些新的内容。

目前《试点方案》所制订的监管政策基本能够涵盖上述各种监管问题，但是有些内容仍然过于宽泛，在转售业务试点开始后，需要进一步研究和细化，具体包括以下几点。

在规范市场竞争秩序方面，需要妥善处理转售企业与基础企业之间的争议、构建起转售企业申诉管理机制；

在用户权益保护方面，需要加强对预付费业务的资质审核、要求转售企业提供紧急服务号码的保障、畅通转售企业与用户争端解决渠道、探索转售企业市场退出的门槛；

在加强试点运行监测方面，应对试点经营情况进行定期的评估和检测、加强码号资源使用情况报送，处理好未来转售业务中所涉及的ICP、ISP牌照问题等；

结合移动通信转售业务试点运行中出现的新问题、新动向，不断完善监管政策，适应并促进行业的持续健康发展。

其次，电信业务监管体系也涵盖了外资进入的政策保障内容。由于上海自贸区采取负面清单的管理模式，开放的仍是增值电信业务，基础电信业务不在开放范围之内，因此除了在业务准入上参照2013版负面清单进行管理外，电信资费、服务质量、网络和信息安全、电信设备管理、电信资源管理等内容均延续传统电信监管框架。除此之外，未来将探索建立对上海自贸区开放增值电信业务的评估和检测体系，妥善修订和完善电信业负面清单的内容，并加强事中和事后的监管，细化外资进入电信业的监管政策。

总的来说，行业监管的主要职责是规范电信市场秩序、维护用户和经营者的合法权益、保障网络和信息安全、促进电信业健康发展，若要实现这个目标，未来电信监管体系还需要进一步延伸覆盖。

4. 预期影响：业务开放影响初现，改革将继续深化

截至目前，工业和信息化部已发放两批共19张移动转售业务试点批文，各转售企业正与基础企业联手打造业务支撑系统，积极开展网络测试，对自身转售业务未来定位也愈加明确，我国对内开放电信业务的影响初现，向民间资本开放移动转售业务将优化未来市场竞争格局。除此之外，上海自贸区的开放是党的十八届三中全会精神的贯彻落实，电信市场开放将继续推进，探索“负面清单”管理模式对未来我国参与全球双边、多边谈判具有重要意义。

首先，对内开放移动转售业务将催生更多样化的应用，推进电信监管体制和运营机制改革。

近些年来，民间资本实力不断增强，成为拉动国民经济增长的重要力量。移动通信转售业务对民资开放，在我国移动通信发展史上具有里程碑式的意义，对进一步推动信息通信业的繁荣发展，具有十分重要的现实作用和长远影响。我国基础电信市场主要由三家国有企业运营，向民间资本开放移动通信转售业务，将促进移动通信市场资本主体和经营主体的多元化。移动通信转售业务是基础电信业务，比照增值业务管理，有效降低了民间资本进入基础电信运营业的门槛，民营企业作为新兴力量进入基础电信市场，将进一步挖掘移动通信市场潜力、增强行业发展动力、激发应用创新活力，有利于移动通信领域的充分竞争，并倒逼现有基础电信运营企业进一步开展业务创新、促进流量经营管理、提升服务品质。

在首批11家获得批文的转售企业中，企业类型可大致分为3种，分别是互联网服务企业（如京东三百陆拾度）、系统集成商（如北京华翔联信）、终端销售企业（如天音通信），自身业务与移动通信转售业务的契合点各不相同，公司制定的战略规划也各不相同。在第二批获得批文的转售企业中，又进入了8家民营企业，包括爱施德、长江集团、巴士在线和苏州蜗牛数字科技等，涉及航运、巴士等移动互联网内容提供及大型零售企业等，未来转售业务将更加多元化，电信市场的竞争格局也将由传统的三家企业直线竞合状态转为多家企业的网状竞合状态，将会催生出更多样化的应用，在移动转售业务零售资费实行市场调节价的前提下，未来的通信资费结构也将发生变革。

其次，需继续贯彻落实十八届三中全会精神，继续推进电信市场开放。

党的十八届三中全会明确提出：支持非公有制经济健康发展；废除对非公有制经济各种形式的不

合理规定；建立公平开放透明的市场规则。探索对外商投资实行准入前国民待遇加负面清单的管理模式。在对内开放方面，我国目前已向民间资本开放移动转售业务，未来基础电信业务将进一步向民间资本开放，支持非公有制经济发展。在对外开放方面，上海自贸区电信增值业务对外资进一步开放，有些业务领域甚至允许外商独资，是我国电信市场开放的重要步伐；上海自贸区所采用的“负面清单”的管理模式是目前发达国家所采用的主要外资准入模式，对未来我国参与国际双边、多变谈判具有重要的借鉴意义。当前重中之重是研究制定适合我国电信业发展的“负面清单”内容，并对信息安全等风险进行及时评估，加强事中、事后监管，完善电信监管部门职能，对适当领域进行放权，只有这样才能有效支撑下一步电信市场对外开放。

（三）互联网管理全面推进，多项监管措施并举

1. 背景：驾驭互联网的难度空前加大

近几年来，在互联网技术的冲击下，信息通信产业快速进入以融合式发展和集成式创新为典型特点的发展周期，宽带化、移动化、智能化、泛在化的产业特征更加突出，大发展、大变革、大融合业已成为行业发展的主旋律。以宽带网络、移动互联网、新一代移动通信、云计算、物联网、大数据等为代表的新技术、新业态日新月异，产业更新迭代周期大幅压缩，行业发展新热点、新方向不断涌现。

在业务层面，传统通信服务业的内涵和边界急剧扩展，管理对象急剧增加。据 CNNIC 统计，截至 2013 年 12 月，我国网民规模达 6.18 亿人，网民普及率为 45.8%，较 2012 年年底提升 3.7 个百分点；网站总数为 320 万个，较去年同期大幅增长 19.4%。互联网与传统经济结合愈加紧密，如网络购物、物流、网络支付乃至互联网金融等方面均保持快速发展，而打车软件、网络挂号更是极大地方便了群众的生活。可以说，我国互联网的发展主题已经从“普及率提升”转换到“使用程度加深”，业务渗透范围更广，从业主体海量增长，新技术新业务的管理已成为行业管理的重点和难点。

在网络层面，打造高效畅通的宽带网络基础设施是宽带中国战略的要求，也是适应互联网高速发展的必然需求，互联网骨干网单位对于行业管理政策也存在众多争议。具体表现在：一是与美国相比，三家基础电信企业的骨干网间平均时延和分组丢失率仍分别高出 50% 和 80% 以上，互联互通不畅造成的以 NAT 方式通过第三方带宽互访的现象仍普遍存在。二是由于互联网骨干网单位竞争不足，网间互联互通不畅，导致互联网专线接入的市场价格为亚太区域平均价的 2 ～ 3 倍、欧美的 10 倍以上，互联网企业的接入成本负担仍然较重。如何化解企业间的互联互通争议，通过市场机制尤其是网间结算的经济杠杆来推动网间带宽扩容、提升网间通信质量成为新的问题。

在终端层面，随着移动互联网的高速发展，2013 年我国新增 3G 移动电话用户 1.69 亿户，总规

模已突破 4 亿户，在移动用户中的渗透率达到 32.7%；移动智能终端成为用户上网访问的第一终端，在用户中的渗透比例也不断攀升。移动智能终端在给用户带来便利的同时，也造成了诸多终端用户个人信息资料被窃取、被恶意扣费等和财产安全受损的情况，用户合法权益受到严重损害。此外，危害网络与信息安全问题也时有发生，亟需加强规范管理。

2. 业务：探索构建全流程业务管理制度

在电信技术与业务创新日益活跃的背景下，业务管理亟需从基础电信业务为主加快向互联网信息服务、融合业务转变，从业务事前审批向事前审批 / 备案、事中监测和事后处置转变。

在事前准入 / 备案环节，2013 年 4 月工业和信息化部发布《试办新型电信业务管理办法（（征求意见稿））》，提出从事《电信业务分类目录》未列出的电信业务经营活动，应当先行试办；对试办新业务实行备案管理，试办期限原则上不超过两年。同时在 4 月启动“网站备案工作专项行动”，以核查网站备案主办者身份信息和联系方式为重点，使全国网站备案率和备案主体信息准确率分别达到 99.5% 和 75%。

在事中监测环节，2013 年年初以微信为代表的 OTT 业务对移动通信网络信令资源的占用，乃至影响服务质量的问题，社会上也出现了极大争议。4 月 23 日，工信部表态鼓励和支持包括微信在内的互联网和移动互联网的创新发展；互联网和移动互联网等新业务是否收费由市场决定；鼓励基础电信企业和互联网企业通过市场机制解决发展中遇到的问题，形成良性互动的发展格局。

在事后处置环节，重点是强化不正当竞争协调处置，遏制事态发展。一方面加强新兴热点竞争事件的进展监测、分析评判和处置方案研究工作；另一方面充分发挥行政调解，陆续处理包括 360VS 百度、迅雷恶意插件事件、360 搜狗大战等 10 多起不正当竞争事件，及时处置各类市场纠纷或争议，指导落实搜索引擎等自律公约。

3. 网络：调整结算政策推动改善互联互通

2013 年，工业和信息化部以破解互联网互联互通难题、强化网络运行安全为重点，以社会关注的热点问题为导向，着力开展网络“畅通工程”，强化顶层设计，着力构建长效机制，在网间结算价格下调、网间结算关系明确方面都取得了显著进展。

一是大幅下调互联网骨干网单位之间的结算价格，明确应该“结算多少”的难题，同时指明未来 5 年互联网骨干网间结算价格的下调路径。我们知道，为落实 2008 年电信体制改革关于优化市场竞争格局的目标，阶段性地支持中国电信和中国联通发展，2007—2012 年互联网骨干网间结算价格一直维持在 100 万元 /月/G 的水平上，这一价格在全球处于最高水平，其直接效应是导致互联网企业无论从大型骨干网单位（如中国电信、中国联通），还是从中小骨干网单位（如中国移动、中国铁通）处购买的互联网专线接入价格同样居高不下。时至 2013 年，为支持互联网加快发展，工业和信息化部于 2013 年将 NAP 点结算价格一次性下调 40%，降至 60 万元 /月/G；同时明确未来 5 年内每年平均下降 30%，普惠互联网企业及消费者。互联网骨干网间结算价格下调路径如图 5 所示。

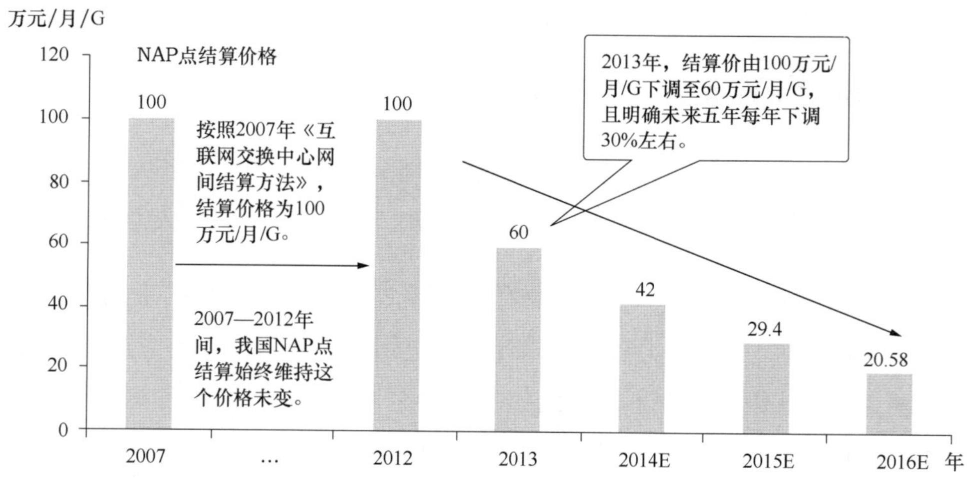

图 5　互联网骨干网间结算价格下调路径（数据来源：工业和信息化部）

二是针对大型互联网骨干网单位与中小型骨干网单位之间是否应该彼此互不结算的长期争议，建立了网间结算关系的争议解决长效机制。我们知道，2008 年电信体制改革后，多个互联方向均出现是否结算的争议，并以结算纠纷为由未得到解决而拒绝扩容，僵持不下。包括中国电信—中国联通互联方向，联通认为应当互不结算，电信则认为需要单向结算。再如中国电信（及联通）—中国移动互联方向，中国移动认为应当互不结算，而中国电信（联通）则认为需要单向结算。针对这些争议，2013 年工业和信息化部在综合吸收全球主要骨干网单位互不结算经验的基础上，通过构建数学模型确立双方互不结算的定量门槛，并成功化解了积累多年的互联结算的争议，为互联网带宽扩容奠定了基础。目前，中国电信—中国联通方向已实现互不结算；中国电信（联通）与教育网方向也实现了互不结算。

4. 终端：构筑多重管理防线，有力保障用户安全

一是发布《关于加强移动智能终端进网管理的通知》，对移动智能终端的进网管理做了进一步明确。2013 年 4 月，工业和信息化部依据全国人大常委会《关于加强网络信息保护的决定》，下发《通知》，提出移动智能终端应当符合《移动智能终端安全能力技术要求》中的通信行业标准的一级安全能力要求，并要求生产企业不得在移动智能终端中预置具有以下性质的应用软件：一是未向用户明示并经用户同意，擅自收集、修改用户个人信息的；二是未向用户明示并经用户同意，擅自调用终端通信功能，造成流量消耗、费用损失、信息泄露等不良后果的；三是影响移动智能终端正常功能或通信网络安全运行的；四是含有《中华人民共和国电信条例》禁止发布、传播的信息内容的；五是其他侵害用户个人信息安全和合法权益以及危害网络与信息安全的。

二是进一步理顺事前、事中和事后的设备进网管理流程。事前方面主要是加强对终端设备制造商的安全标准宣贯、技术帮扶和终端安全能力进网检测。事中方面，主要是对进网终端新增内置软件登记，涉及进网终端安全能力的操作系统升级登记。事后方面，主要是加强对已获证产品的监督检查，确保已获证智能终端的安全能力持续符合要求，新增应用软件和操作系统变化及时登记备案。从2013年11月起，移动智能终端安全能力备案、操作系统和预置软件登记正式开始。

（四）用户保护内涵扩张，权益保障全程跟进

2013年，我国互联网用户规模持续扩大。截至2013年年底，固定宽带用户达到1.89亿户，移动互联网用户达到8.08亿户。同时，互联网业务形态不断翻新，通过利用用户信息创新了很多应用功能，用户的业务体验得以提高。针对互联网快速发展引发的一些问题，2013年工业和信息化部加大政策制定，健全制度完善机制，重点加大用户个人信息保护，持续保障用户权益。

1. 背景：服务质量仍需提升，用户信息保护形势严峻

一是网络服务质量问题呈现增长态势。从中国消协受理投诉情况来看，2013年上半年网络接入服务方面的投诉共计7211件，位居服务类投诉前三位。从工业和信息化部受理申诉情况来看，2013年前三季度网络质量方面的申诉在申诉绝对量和申诉总量中的占比都在持续增长，其中，三季度申诉量达到4229件，比上季度增长20.3%，在申诉总量中占比达到22.7%。我国网络服务质量需要持续加强。

二是用户信息保护形势严峻。目前应用软件过度读取用户信息的现象较为普遍，“3.15”晚会也曝光了手机应用泄露用户隐私的问题。2013年，对91助手、豌豆荚、安卓市场等20家国内主流应用商店下载总量排名前10、分类应用排名前5的共计2411款应用软件进行抽测发现，83.6%的应用软件存在读取手机设备信息现象，80.3%的应用软件调取的用户信息远大于业务合理需求，2.7%存在读取手机通讯录、通话和短信记录等个人信息的现象，6.6%存在通过短信和数据功能向外明文发送设备信息或个人信息的现象。

2. 服务质量：发布接入服务规范，强化服务拨测与速率发布

针对网络服务质量方面呈现的问题，2013年7月，工业和信息化部发布《互联网接入服务规范》，在2012年中国通信标准化协会出台《宽带速率测试方法》的基础上，进一步明确了相关服务标准，规定了服务质量指标和通信质量指标。

服务质量方面，对预受理、业务开通、移机、障碍修复、客户服务应答等服务时限进行了具体要求，对用户信息保护和提醒服务等方面进行了规范性要求。

通信质量方面，对有线接入速率、无线接入网络可接入率、有线和无线接入用户接入认证平均响应时间、互联网接入计费差错率等方面提出了明确的服务标准和具体要求。

目前，工业和信息化部在电信服务满意度测评工作中持续开展了宽带和 3G 上网的满意度测评；第三方宽带测速机制也初步建立；《互联网接入服务规范》中对于有线接入速率、无线接入范围和实效等具体要求的提出，将进一步督促企业提升网络速率。网络接入服务质量有望进一步提升。

3. 信息保护：健全制度完善机制，用户信息保护稳步推进

针对用户信息保护呈现的问题，2013 年，工业和信息化部与相关监管机构开展了系列工作，从构建管理制度、建立工作机制、推动行业自律等方面稳步推进用户信息保护工作。

构建管理制度方面，一是发布国家标准《信息安全技术公共及商用服务信息系统个人信息保护指南》，对通过信息系统进行个人信息处理的过程予以规范，为信息系统中的个人信息保护提供指导。二是发布部门规章《电信和互联网用户个人信息保护规定》，明确监管职责，对企业收集、使用用户个人信息的行为和安全保障措施提出规范性要求。

建立工作机制方面，建立健全事前、事中、事后的全周期管理。针对事前管理，颁布移动智能终端安全能力相关行业标准，将操作系统和预置应用的安全列为进网检测项目。针对事中管理，建立平台，形成移动互联网恶意程序和应用商店 APP 报送机制，目前已经有 34 家主流应用商店进行常态化 APP 报送，累计检测 APP 700 万个。针对事后管理，贯彻落实《移动互联网恶意程序监测与处置机制》，加强对手机恶意程序的处置，并开展防治黑客地下产业链专项行动，2013 年已处置 3.7 万个传播源和控制端。

推动行业自律方面，基础电信运营商重点加强用户个人信息保护内部制度建设和人员配备，加强定制终端预置应用的入网前检测。移动应用商店建立对应用程序的安全审查和举报机制，按要求对恶意应用进行下线等处理。应用软件提供者加强自律，制定移动互联网应用自律白名单。

与此同时，工业和信息化部推动行业加强用户个人信息保护技术甄别和检查能力的建设，包括搭建应用软件安全测试平台、建立应用软件技术性能数据库等，强化恶意程序检测能力。

4. 预期影响：相关政策持续落实，用户权益将更有保障

为更好地保障用户权益，工业和信息化部及相关监管机构将针对标准、政策、技术等手段继续发力，预期宽带接入服务质量将明显改善，用户个人信息保护工作将进一步强化。

制度建设方面，一是还将出台《宽带速率测试方法—移动宽带接入》标准，二是出台和细化个人信息保护相关标准和用户信息分级分类保护要求，加强政策对企业行为的约束力。

行政监管方面，开展《电信服务规范》对标检查，进一步完善季度拨测指标，查处互联网信息服

务、手机软件的相关违规行为。一是在电信服务季度抽查中增加对手机应用软件安全性的检测内容，严格执行预装软件和个人信息保护的相关要求；二是加强申诉受理和举报协查。

技术手段方面，一是进一步完善宽带接入速率第三方监测、分析和发布机制，通过对各地区宽带发展水平的通报和指导，各地及相关企业积极优化网络、网站，用户上网体验得到改善；二是进网检测环节的安全检测手段更加完善；三是违规行为检测技术取证系统更加健全，手机应用软件应用环节监测能力进一步提升。

三、2014 年通信监管形势与展望

（一）组织移动转售试点，研究开放接入网业务

2014 年，工业和信息化部将在向 19 家民营企业发放移动通信转售业务试点批文的基础上，做好移动通信转售业务后续试点申请受理审批工作，指导转售企业依法经营，在引导民间投资方面发挥示范带动效应。同时，还将研究提出宽带接入网业务试点方案，推动本地环路开放，促进宽带发展。

首先，需积极组织研究完善移动转售试点配套监管措施。试点批文发放后，转售企业积极与基础运营商进行沟通，组建转售业务团队和部门，开展系统规划招标，安排软件开发公司进场，并与基础企业商讨系统对接等相关问题。由于部分转售企业不具备电信运营经验，基础企业在转售企业系统平台搭建方面给予了较多帮助。总的来说，转售业务系统建设情况良好，目前多数转售企业列出了业务提供的时间表，对于下一步业务规划和自身定位较为清晰。

针对当前移动转售业务试点开展还存在一些问题，如基础企业与转售企业之间系统对接的统一标准研发问题，转售企业与基础企业在各地备案问题，以及其他未来可能发生的争议问题，都需要制定更为详细和周密的监管措施。2014 年工业和信息化部将建立转售企业、基础企业及监管机构之间的沟通协调工作机制，以定期例会的方式对目前试点情况进行会商，对多家企业面临的共性问题加紧制定配套措施，开展试点评估，建立以经济社会影响、行业影响、网络信息安全影响、监管政策、用户权益保护和服务质量、自主创新等指标为主的评估体系，并针对监测和评估的内容调整未来的监管措施。

其次，预期将研究提出接入网业务试点方案。在 2012 年 6 月工业和信息化部发布的《关于鼓励和引导民间资本进一步进入电信业的实施意见》中，已明确列出了鼓励和引导的重点领域，要求“鼓励民间资本开展接入网业务试点和用户驻地网业务，促进宽带发展。完善相关监管制度和手段，保障企业实现平等接入，用户实现自由选择，推动提高宽带接入性价比”。2014 年工信部将研究提出宽带接入网业务试点方案，并面向社会征求意见，加快接入网业务试点的进行。

（二）抓住关键环节，加强和改进互联网行业管理

2014 年工业和信息化部将继续落实十八大、十八届三中全会精神要求，坚持“积极利用、科学发展、依法管理、确保安全”的管理方针，落实深化互联网行业管理改革要求，在完善互联网管理体制的基础上，结合新修订 292 号令，抓住关键制约环节，打造新形势下协调有力、运转高效的互联网

行业管理体系。

一是加强对市场竞争秩序的规范管理。完善互联网市场不正当竞争监管机制。出台市场竞争监管配套实施细则，组建专家委员会，完善争端预防、发现、协调、裁决的原则、规定和工作方案；细化20号部令相关规定，起草《互联网信息服务市场争议处理办法》，改善一事一议的管理做法。研究建设互联网企业竞争行为监测、预警、取证技术平台，对涉嫌实施违规行为的，探索在第三方监测认定的基础上及时评估、依法处置。

二是进一步强化网站备案管理。改进未备案发现等技术手段，完善相关工作细则、指标体系和评估方法，年内将网站备案率、主体信息准确率分别提升至99.8%、78%。加强接入企业管理，开展专项治理。建立定期情况通报及问责制度。督促各管局落实互联网属地管理责任，对网站备案率、备案信息准确率低的接入企业定点督导，对存在违规行为的接入企业定期通报，对未能严格执行有关责任和义务的接入企业实行责任追究，加大对违规行为的行政处罚力度。

三是加强和改进互联网基础资源管理。加快修订IP地址管理办法，将从备案管理扩大至全流程管理，加强对IP地址境外申请与境内分配、使用的统筹管理；推动IPv6地址编码方案制定，加强对新业务环境下的地址管理手段研究，应探索IP地址快速备案及对应实际地址的定位关联。进一步完善境内域名管理体制，研究建立境外域名注册管理机构市场准入机制，下放域名注册服务机构的管理职责，开展域名市场治理行动，规范境内域名注册和使用。

（三）进一步丰富互联路由，畅通网间互联互通

一是继续优化网间互联架构。2014年工业和信息化部将落实《关于设立新增国家级互联网骨干直联点的指导意见》及相关技术方案，做好7个新增骨干直联点的设立工作，争取尽快投入运行；同时鼓励开展本地直连和区域互联试点工作，并进一步探索其他的互联方式。探索发挥互联网交换中心流量疏通作用的途径和方法，提高网间互联带宽的利用率。

二是强化网间互联带宽扩容工作力度。加强互联网网间通信质量定期监测通报，实行互联网骨干网间通信质量公开制度，切实提升网间通信服务质量。督促各个骨干网互联单位进一步加强网间带宽扩容力度。加快东部地区的带宽扩容，推动国际出口带宽的扩容。不断提升网络跨网访问性能。

（四）着力用户感知，全面提升服务质量监管

2014年工业和信息化部将在巩固现有服务成果基础上，围绕宽带接入、互联网信息服务等重点、热点持续深入开展监管工作，以提升宽带用户感知和互联网服务质量。

宽带接入方面，将继续全面开展宽带用户满意度测评，推动企业加强渠道服务，保障用户需求，同时完善宽带测速、流量管控等监管机制和手段。

互联网信息服务方面，将进一步细化落实个人信息保护的相关规定，对应用商店、预置软件、增值业务等持续开展日常拨测，完善相关工作机制；开展跨部门合作，优化电信与互联网行业环境，同时完善规范和标准，引导行业自律。

互联网篇

导　读

2013年，国内外互联网产业发展迅猛，环境日趋改善。从全球来看，TOP30互联网企业市值之和突破1万亿美元，谷歌、亚马逊、Facebook、腾讯等市值超千亿美元；实时竞价广告模式快速发展，Twitter等企业上市带动资本市场活跃度提升。IPv6建设取得显著进展，云计算产业走向成熟，大数据则成为驱动软硬件技术创新的关键因素和行业最大热点。“棱镜门”事件则使国际社会聚焦信息保护，并给国际互联网治理带来变革机会。

我国方面，十八届三中全会召开及“宽带中国”、信息消费等一系列重要战略发布，有力地推动了我国互联网的健康持续发展。互联网上市公司总市值翻番，互联网服务收入（接入服务+信息服务）规模首破6000亿元；网间互联再次大幅扩容，网间结算价格则大幅降低，国际通信布局更加完善；CDN能力大幅增长，提升了用户体验。当前，传统领域加速互联网化，互联网应用全面移动化，蓬勃发展的互联网金融则成为年度融合创新代表。“互联网+”时代，国内巨头正积极构建全业务生态体系。

展望2014年，我国互联网产业将继续高速增长，云计算在垂直领域应用深化，大数据交易平台萌芽，互联网金融未来热度不减，网间互通瓶颈大幅缓解，中型企业CDN应用快速提升，新通用顶级域运营元年到来。

本篇作者：

何宝宏　刘越　覃庆玲　朱乾龙　魏凯　马军锋　张倩　汤子健　李原　高巍　郭丰　贺佳　庞姝　宋恺　吴韶鸿　刘飞　王亦澎

一、2013 年互联网领域发展综述

（一）互联网产业规模呈现爆发式增长

1. 互联网企业市值大增，规模首破 2.5 万亿元

我国互联网上市企业市值暴涨 90%，规模已超过传统电信企业。我国互联网上市公司总市值于 2013 年 5 月突破 1 万亿元大关，若加上对阿里巴巴的估值，截至 2013 年年底，市值之和已超过 2.5 万亿元，同比增长接近 90%，超过三家运营商市值之和，其中腾讯、百度市值均已超中国电信和中国联通。国际上，2013 年全球前 30 家互联网企业市值之和突破 1 万亿美元，谷歌市值已经超过 AT&T，亚马逊市值超过德国电信、英国电信。2013 年我国上市互联网公司与基础运营商市值对比如图 1 所示。

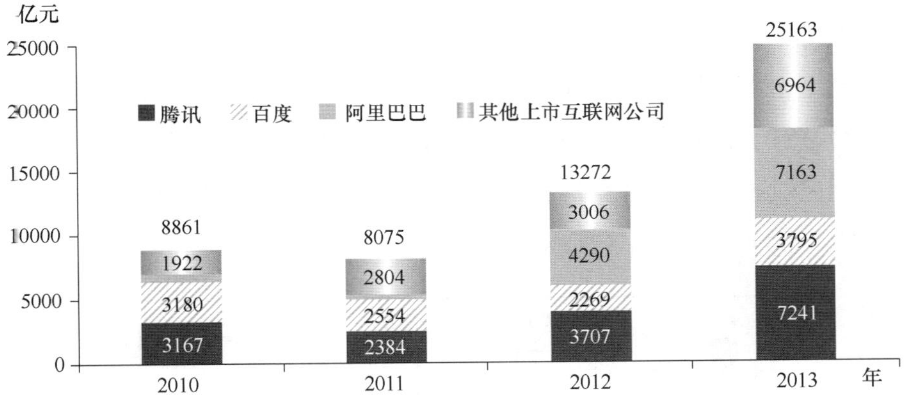

图 1　2013 年我国上市互联网公司与基础运营商市值对比
（数据来源：wind，其中阿里巴巴 2012、2013 年的市值取巴克莱、ABR 对其整体上市的估值）

2. 收入规模首破 6000 亿元，移动互联网成主要动力

我国互联网产业规模突破 6400 亿元，同比增长超四成。预计 2013 年全年我国互联网服务收入（接入服务 + 信息服务）达 6470 亿元，同比增长 42%，远超同期基础电信企业主营业务收入增长率 9% 左右的水平。其中，增值企业互联网服务收入预计达到 3233 亿元，同比增长 49.8%。

移动互联网对产业贡献进一步提升。2013 年 11 月，移动互联网接入流量达 11.86 亿 G，同比增长 70.6%，增速同比提高 30.5 个百分点，创 2009 年以来新高。而同期固定互联网宽带接入时长同比增长 13.3%。2013 年我国互联网产业收入及占比情况如图 2 所示。

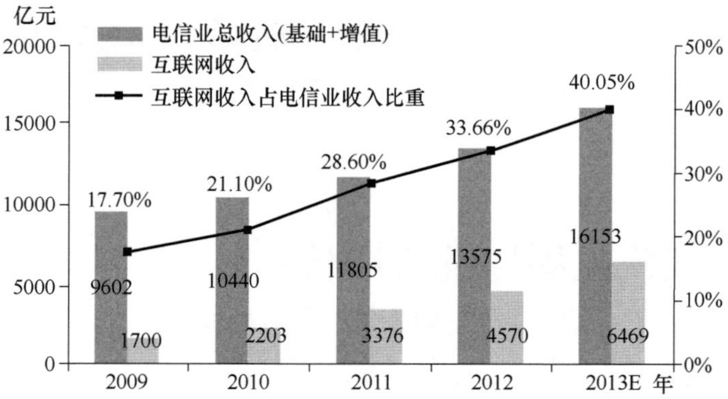

图 2　2013 年我国互联网产业收入及占比情况（数据来源：工业和信息化部、工业和信息化部电信研究院）

3. RTB 变革互联网广告模式，上市企业投融资活跃

实时竞价（RTB）变革了互联网广告模式，推动互联网广告市场快速增长。实时竞价是一种利用第三方技术在数以百万计的网站上针对每一个用户展示行为进行评估以及出价的竞价技术。与大量购买投放频次不同，实时竞价规避了无效的受众到达，只针对有意义的用户进行购买。实时竞价广告交易整个生态链包括广告主、需求方平台（DSP）、广告交易平台（Ad Exchange）以及互联网媒体 4 个主体。广告主把自己的广告需求放到 DSP 上，互联网媒体将自己的广告流量资源放到广告交易平台上，DSP 通过与广告交易平台的技术对接完成竞价购买。因此，当用户访问一个网站时，供应方平台（SSP）即向广告交易平台发送用户访问讯号，随后广告位的具体信息则会经过数据管理平台（DMP）的分析匹配后发送给 DSP，DSP 将对此进行竞价，价高者会获得这个广告展现机会，并被目标用户看到。从开始竞价到完成投放，实时竞价交易的这一系列过程不超过 100 毫秒，全部依托机器自动完成。实时竞价交易系统框架图如图 3 所示。

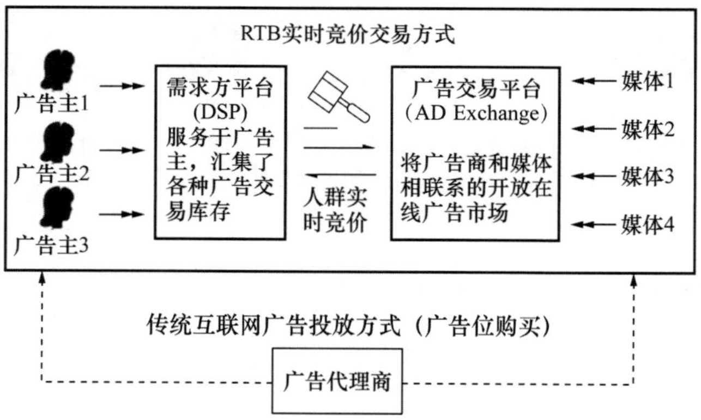

图 3　实时竞价交易系统框架图

当前，互联网广告链上的企业已纷纷进入实时竞价广告市场，实时竞价生态发展迅速。其中，知名 DSP 厂商有 adform、adsmobi、Digilant、Turn、RocketFuel 等，AD Exchange 企业有 Facebook Exchange、Google doubleclick ad exchange、OpenX、Flurry 等。根据咨询机构 IDC 公司的预测和统计数据，2013 年，全球实时竞价广告市场规模达到 50 亿美元，相比 2012 年增幅为 68.2%，其中美国市场占有率为 71%；到 2016 年，全球实时竞价广告市场规模将达到 139 亿美元，美国市场占有率为

64%，美国实时竞价广告收入在数字显示广告总收入中的占比将达到 28%。2010—2016 年全球实时竞价广告市场规模如图 4 所示。

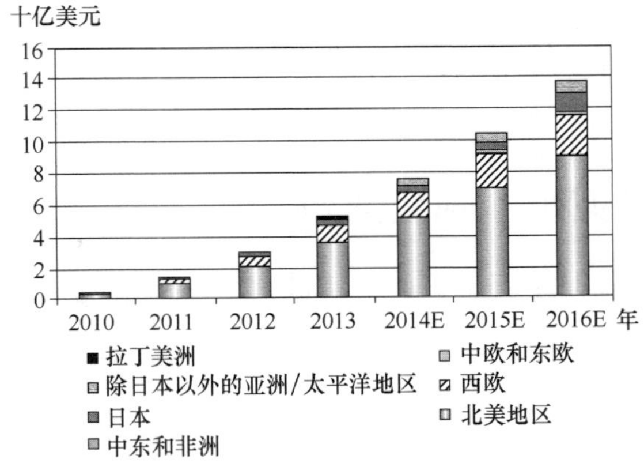

图 4　2010—2016 年全球实时竞价广告市场规模（数据来源：IDC）

美国实时竞价广告市场在全球发展领先，中国实时竞价广告市场则刚刚开始起步。美国谷歌和 Facebook 均已经推出实时竞价广告服务，并已获得不错的收益。例如，谷歌在 2013 财年前三季度的广告收入为 367.57 亿美元，同比增长 18.2%，Facebook 在 2013 财年前三季度的广告收入为 46.5 亿美元，同比增幅达 57.7%。国内以腾讯、阿里巴巴、百度为代表的互联网企业加速进入实时竞价市场。其中，腾讯于 2013 年 1 月发布 Tencent AdExchange 广告实时交易平台；阿里巴巴旗下互联网广告交易平台阿里妈妈宣布转型为“媒体流量平台”，并开放了竞价 CPM（cost per 1000 impressions——按照每 1000 个展示曝光进行付费）计费模式的 tanx SSP 橱窗推广；百度于 2013 年 5 月发布实时竞价模式的“百度流量交易服务”。

2013 年互联网企业 IPO 全面重启。从国际上来看，继 Facebook、LinkedIn 之后，全球第三大社交网络 Twitter 在 2013 年第三季度上市交易，当天市值超过 250 亿美元。Twitter 的上市掀起了美国科技类企业计划扎堆上市热潮。自 Twitter IPO 以来，Square、Box.com、Seamless 等一批互联网科技企业声称将加快公开上市步伐。从国内来看，2013 年通过 IPO 上市的中国互联网企业有 5 家，分别是兰亭集势、58 同城、去哪儿网、500 彩票网、久邦数码，数量及募资金额远超 2012 年。

2013 年互联网行业并购频现重大交易，表现尤为突出。在行业巨头的主导下，互联网行业交易规模及案例数量大幅攀升，有特点的中小互联网企业频频被互联网巨头收购。2013 年中国互联网公司共披露融资事件 560 起，涉及投资总额在 110 亿美元左右。整体上看，“BAT”三大互联网巨头主导了国内互联网行业的投资并购。究其原因，一方面互联网巨头更具行业经验和互联网思维，在已经拥有广泛用户基础和数据资源的基础上，希望通过并购进一步控制互联网入口。另一方面，随着企业在不同领域的扩张，其间业务交集、重叠越发明显，引发的同业、同质化竞争也越来越激烈，因此互联网巨头希望通过前瞻性的投资布局起到卡位效应。

2013 年并购成为大企业扩张及中小企业除 IPO 外实现再成长的重要方式，在并购效应下促进了更多中小企业尝试创新的积极性，使得创新的领域和空间更加广阔。同时，互联网巨头企业通过并购进一步巩固在自身传统领域的优势，并快速控制各自的生态系统。从投资并购业务领域来看，重点集中在移动门户、手游、网络视频、垂直电子商务、生活服务类等移动互联网发展较为活跃的领域。

（二）互联网应用融合创新态势加剧

1. “两化”双轮驱动，“互联网 +”时代快速临近

一方面，传统领域互联网化态势加剧。零售领域，线上线下融合创新激发网络购物持续增长，2013 年网络零售规模近 2 万亿元，同比增长 50%，占社会零售总额比重约为 8%；金融领域，互联网金融快速崛起，小额贷款、P2P、新型基金 / 保险等不断涌现，BAT 等企业密集试水金融业务；制造领域，智能制造、工业互联网等步入实践探索，基于“众包”设计的小米手机 2013 年销售收入达到 300 亿元；互联网电视累计出货量 5900 万台；生活领域，生活类移动 O2O 服务应用不断涌现，打车软件、二维码扫描、地图、支付成为用户必备应用。截至目前，嘀嘀打车拥有 2000 万注册用户，近 40 万司机，日均订单 70 万，覆盖城市近 60 个；快的打车拥有 2000 万注册用户，40 万注册司机，2014 年 1、2 月日均订单量 128 万，覆盖城市 40 个。

另一方面，互联网应用移动化态势加强。即时通信领域，移动即时通信网民数为 4.31 亿户，年增长 22.3%，使用率为 86.1%。移动 QQ+ 微信日均发送消息量超过 130 亿条，是 PC 端的 2 倍；腾讯社交网络移动端流量占比超过 50%。搜索领域，移动搜索用户数达 3.65 亿，年增长 25.3%，使用率为 73.0%；百度移动搜索的日活跃用户和百度 APP 的月活跃客户双双破亿。购物与支付领域，移动网络购物用户规模达到 1.44 亿，使用率为 28.9%；手机在线支付快速增长，用户规模达到 1.25 亿，使用率为 25.1%；手机淘宝半年新增用户规模突破 1 亿。我国手机在线收看或下载视频用户数 2.47 亿，年增长 83.8%；优酷土豆无线流量占比超 50%。游戏领域，我国手机网络游戏用户数为 2.15 亿，年增长 54.5%；微信超过 20 款手机游戏月流水过千万。

2. 国内巨头构建全业务生态体系，应用竞争加剧

2013 年，应用竞争从产品竞争转向生态链竞争，PC 互联网巨头凭借资本、用户、技术等优势加快生态布局，强者恒强态势加剧。

第一，横向延展构筑平台。百度移动搜索用户过 4 亿，依托移动搜索着力打造大搜索平台，相继推出了手机浏览器、安全软件、手机助手、手机地图等应用；阿里巴巴支付宝钱包用户过亿，依托移动支付，相继推出手机淘宝、来往等移动互联网应用；腾讯微信用户过 5 亿，依托微信优势，相继推出手机浏览器、手机助手、移动搜索、安全软件等应用。

第二，投资合作外围扩展。百度相继投资了去哪儿网、人人网、电商百分百、移动应用点心、移动安全软件，甚至花费 19 亿美元收购了 91 无线；阿里巴巴相继投资了 UC 优视、高德地图、蘑菇街、

拍拍贷、穷游网、快的打车、新浪微博等十余项业务；腾讯相继投资了团购高朋网、嘀嘀打车、手游任天堂、手机安全软件 LBE，并购了搜狗浏览器。

第三，纵向延伸端网耦合。百度相继推出了百度电视棒、百度路由器、智能穿戴设备、百度系列手机和平板等；阿里巴巴相继推出了阿里手机、阿里操作系统，并联合移动、联通推出流量免费计划；腾讯与广东联通合作推出微信沃卡。

第四，线下拓展，线上融合。百度推出了百付宝、百度理财平台；阿里巴巴在推出阿里小贷业务之后，与天弘基金合作推出了余额宝，并与腾讯、平安联合推出了众安保险，同时推出菜鸟物流网络平台；腾讯适时推出微信理财通、微支付、众安保险等金融产品。

第五，积极走出去。百度与法国电信合作在中东、北非提供浏览器服务；阿里巴巴收购海外电商、搜索等创新企业；腾讯积极拓展海外业务，微信海外注册账户超过 1 亿，同时大规模开展海外并购。

（三）云计算 / 大数据引领技术创新

1. 云计算：产业走向成熟，聚焦垂直领域

国际方面，巨头着重建立自身产业生态，行业应用不断深化。2013 年，亚马逊 AWS 营收可能超过 40 亿美元，托管网站数一年增长 71%，2013 年年中达到 1160 万美元，是我国网站总量的 4 倍。AWS 在北美、南美、欧洲、亚洲建立了 8 个数据中心，几十万用户分布在 190 多个国家，周围有数以千计的系统集成商（SI）和独立软件供应商（ISV），帮助客户向 AWS 迁移，或开发基于 AWS 的软件。与此类似，微软成立开放技术有限公司，着重推动开源社区等围绕 Azure 建立产业生态。Azure 的用户达到 25 万，50% 的 500 强企业均是 Azure 的客户。Azure 在全球建有 6 个数据中心，2013 年第三季度财报商业云服务收入为 5.14 亿美元，同比增幅 103%。2013 年美国联邦政府云计算采购额达到 9.68 亿美元，2014 年预计将达到 15.9 亿美元，未来几年平均增长率将超过 50%，如图 5 所示。

图 5 2012—2017 年美国联邦政府云计算采购额（数据来源：美国联邦政府）

国内方面，云计算产业走向成熟，政府应用试水。IaaS群雄并起，“老牌”阿里云服务器规模超过10万台，租出虚拟机超过20万台，比年初增长3倍，新势力（UCloud、蓝汛、京东等）、电信企业、外资（世纪互联 & 微软）纷纷登场。PaaS逐渐长大，腾讯、百度、新浪、阿里等向开发者提供了开发平台服务，例如新浪SAE注册用户近30万，活跃用户超过10万，应用数量达到50多万个。SaaS盈利较好，部分公司的云服务营业额超过1亿元人民币。

2. 大数据成为热点，驱动软硬件技术加速创新

大数据具有的海量、异构、高流量等特征，给存储、计算、管理和分析等各层面技术带来了新的挑战，驱动着互联网技术加速发展。总体来看，2013年互联网技术创新紧密围绕大数据需求，呈现出以下几个特点。

一是人工智能和深度学习技术为大数据分析开辟了新途径。互联网大数据不仅量大，而且非结构化数据占70%以上。要挖掘深藏在其中的隐含知识，仅靠人工确定特征参数、建立数学模型来分析几乎不可能。近年来，通过建立基于深度神经网络的人工智能系统，让机器代替人工获得从数据中提取知识的能力，逐渐成为破解数据分析难题的新方向。2013年，深度学习技术已经在处理语音、图像和文本数据方面展现出初步潜力，百度、Facebook等互联网巨头争相招揽人才，建立专门的研发机构，力图在这一前瞻性领域占据先机。

二是互联网知识图谱推进语义网技术快速发展。2013年5月，谷歌知识图谱（Knowledge Graph）正式支持简体中文，国内搜狗、百度等类似产品也在2013年陆续上线[7]。基于知识图谱的语义搜索服务除了显示网页链接外，还提供结构化的详细信息，目标是一站式解决用户的问题。知识图谱背后的信息来自CIA世界概况、Freebase和维基百科等公共知识库，谷歌通过机器学习和人工整理将这些信息进行整合。可以预见，有大数据的支持，未来的搜索引擎将不仅能够提供准确的答案，还能够与用户对话，甚至预测用户需求并提供服务[8]。

三是大数据实时计算和流计算成为分布式计算技术的热点。随着大数据在互联网上应用的深化，MapReduce这样的批处理计算模式时延大的弊端日益突出。基于内存计算（In-Memory Computing）的Spark框架、融合各种计算模式的新一代Hadoop平台YARN等逐渐流行开来，以弥补Hadoop在流计算、机器学习迭代计算等方面的不足。

四是开源硬件继续深化发展，向终端和数据中心两端延伸。开源软件与互联网的发展相伴而生，今天已经成为技术创新与扩散的主流模式。最近两年来，开源模式逐渐从软件向硬件蔓延。价格和技术门槛都很低的开源硬件平台Arduino，为广大创客提供了在终端上进行创新的利器。同时，以Facebook等大公司主导的数据中心开源项目Open Compute也在不断推进，服务器、存储和网络等硬件设备进入开源视野。

---

7 资料来源：http://www.36kr.com/p/205737.html。

8 资料来源：http://zh.wikipedia.org/wiki/Google知识图谱。

五是软件定义数据中心技术初步发展，数据中心技术面临重大变革。随着服务器虚拟化、存储虚拟化和软件定义网络等技术的发展，软件正在成为主导 IT 技术发展的主角。2013 年以来，VMWare、微软等多家厂商相继推出软件定义数据中心方案。用软件自动化的统一管理计算、存储、网络和安全等数据中心组件，成为数据中心技术发展的明显趋势。

（四）网络布局与性能显著改善

1. 网络：网间互通大动作，国际通信布局加快

（1）国内互联网互联互通取得多项重要进展

2013 年，对于我国互联网架构有着非凡的意义——保持了 12 年京沪穗三地骨干直连点的互联架构，在 2013 年终于有了大突破。在工业和信息化部的统一部署下，确定在成都、西安、武汉、南京、重庆、沈阳、郑州新增七大骨干直连点，从而初步实现了我国互联网网间架构的全面布局，对于提升互联网网间访问性能、增强互联网网间安全、促进互联网相关产业的发展都有着积极意义。特别是，本次在我国中西部地区新增五大骨干直连点，将大幅减少中西部互通流量经原东部三骨干直连点绕转，有利于推动区域格局均衡发展，同时也适应了云计算等新技术发展将带来的未来网络流量格局向中西部的变迁。

2013 年，互联网骨干网互通带宽大幅扩容 668G，在 2012 年已实现扩容规模是前三年扩容总和的基础上，再次达到前三年扩容总和。其中，中国电信与中国联通、中国移动与中国铁通的网间扩容规模最大，前者扩容 260G，两企业网间互联带宽由原来的 487G 增长至 747G；后者扩容 210G，两企业网间互联带宽由原来的 130G 增长至 340G。截至 2013 年年底，我国互联网网间互联总带宽由 984.9G 跃升到 1652.9G，增长 59.56%。与此同时，5 年未调的互联网交换中心结算价也一次下调 40%，确定为 60 万元 /G/ 月，并明确未来五年每年下调 30%。

在网间架构调整、扩容幅度增大、网间结算价格进一步下调的三记组合拳作用下，我国互联网骨干网网间性能明显得到优化，三家主导骨干互联单位间时延和分组丢失性能相比 2011 年分别优化了 55% 和 279%。

（2）国际互联网网络布局和能力快速提升

2013 年，互联网相关国际通信设施建设明显加快，设立了新疆乌鲁木齐国际互联网转接局，并新增了面向俄罗斯、尼泊尔方向的信道出入口局。至此，我国互联网国际层面初步形成了以京沪穗为枢纽，以乌鲁木齐国际互联网转接局为补充，55 个国际通信信道出入口局和 10 个边境局为基础，境外 100 多个骨干网络海外节点和 200 多个虚拟节点为延伸的全方位、立体化、多层次国际互联网发展格局。此外，通过我国已建成的 10 条跨境登陆海缆、35 条跨境陆缆，不断加强国际互联网通信能力，

中国电信、中国联通与国际顶级运营商基本实现了全对等。

2. CDN 能力大幅增长，成为提升网络体验的重要抓手

根据工信部电信研究院互联网性能监测分析平台的数据显示，2013 年，我国 Top100[9] 网站采用 CDN 的比例约为 91%，Top546 网站采用 CDN 的比例约为 72.5%。我国 Top84 网站中，平均 CDN 分发节点数为 40 个，其中，大于 100 个 CDN 节点的网站占比为 12%，大于 50 个 CDN 节点的网站占比为 33%，大于 10 个 CDN 节点的网站占比为 52%，如图 6 所示。Top84 网站中，2012 至 2013 年的 CDN 节点平均增长率为 50%，其中，增长率高于 100% 的网站占比为 44%，增长率高于 50% 的网站占比为 57%，如图 7 所示。

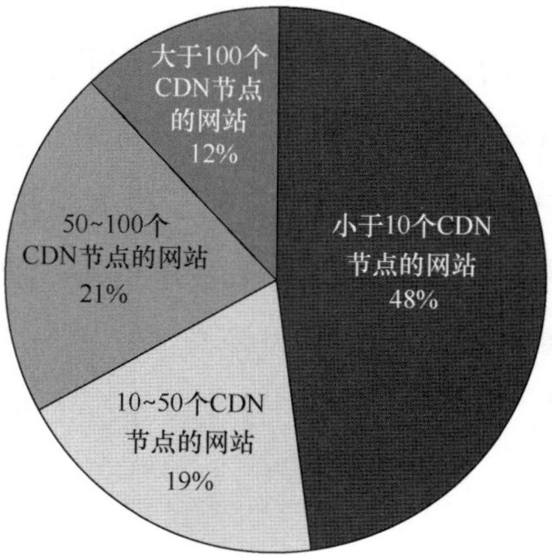

图 6　按照 CDN 分发节点数量统计的 Top84 网站（数据来源：工业和信息化部电信研究院）

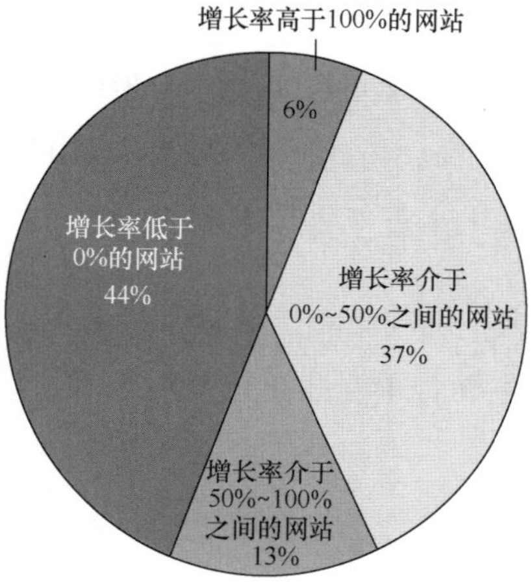

图 7　按照 CDN 分发节点数量统计的 Top84 网站（数据来源：工业和信息化部电信研究院）

此外，我国两大 CDN 提供商——蓝汛、网宿的分发能力在 2013 年也有了长足进展。根据蓝汛、网宿公布的统计数据，蓝汛国内节点数增长 43%，服务器数量增长 25%；网宿国内节点数和带宽均以 40% 左右的速率增长，如图 8 和图 9 所示。

9　根据 Alexa 排名。

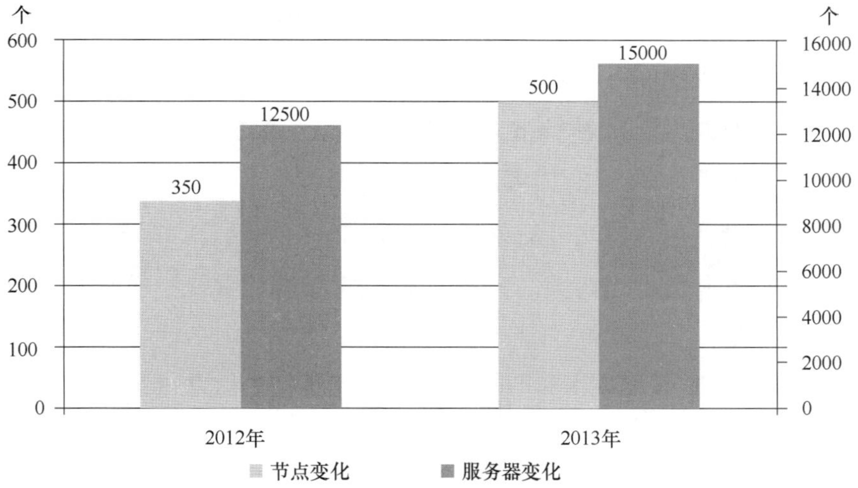

图 8　蓝汛节点和服务器变化情况（数据来源：北京蓝汛通信技术有限责任公司）

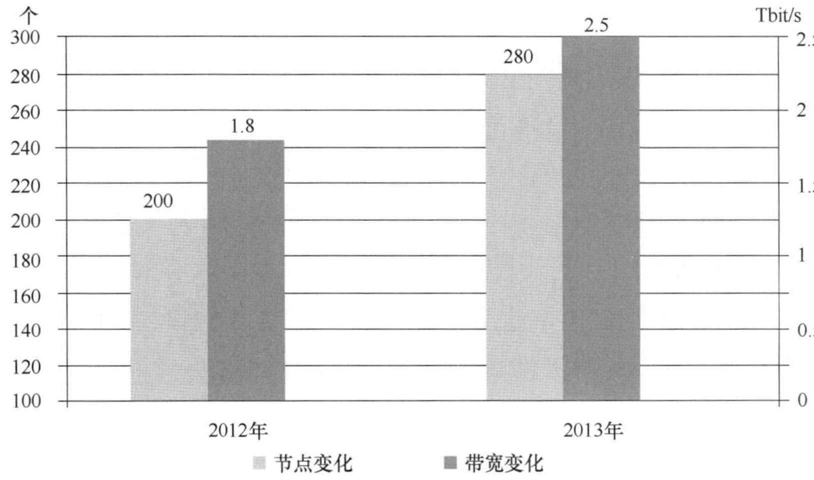

图 9　网宿节点和服务器接入带宽变化情况（数据来源：网宿科技）

（五）“棱镜门”引发互联网治理变局

2013 年 6 月，英国《卫报》首次披露了美国“棱镜项目”，美国政府遍及全球的庞大情报侦测系统和信息监控计划随着棱镜门事件的曝光而公之于众。棱镜门揭开了美国网络情报侦察系统的面纱。随着事件不断被披露，美国政府遍及全球的庞大情报侦测系统和监控计划浮出水面。“棱镜门”事件进展表明，美国政府除了与谷歌、苹果、微软等九家互联网企业合作外，还与英国、加拿大、澳大利亚、新西兰共同组成了代号为“五只眼”的情报协作网，划分地域实施全球监控，涵盖互联网、电信网、卫星、海底光缆等信息基础设施。受到美国监控的国家纷纷表达不满或抗议，谷歌、苹果、脸谱、微软等参与美国监控计划的互联网企业相继通过发布透明度报告等方式与美国政府撇清关系，近期还成立了“变革政府监控联盟”，致信奥巴马和国会呼吁改变全球监控的做法。

国际社会聚焦信息保护。棱镜门的爆发加剧了互联网用户数据保护担忧，敲响了全球网络信息安全保护的警钟。国际组织、国家政府纷纷因势利导。**第一，联合国首次通过决议要求保护网络隐私**

权。2013 年 12 月 18 日，联合国第 68 次大会一致通过由巴西和德国共同提出的题为“数字时代的隐私权”决议草案。决议明确提出网下享有的各种权利（包括隐私权）也应该在网上得到保护，这是联合国首次对此项人权予以认可（但无法律效力）。**第二，欧盟表达不满，加速立法应对美监控。**欧盟方面致信美国，表示“棱镜”项目可能损害欧洲公民的基本权利。2013 年 10 月 21 日，欧洲议会通过新版数据保护法，限制企业与欧盟之外的第三国分享欧盟公民信息。**第三，巴西通过外交途径表达抗议，实施相关举措。**巴西总统推迟访美，在联大发言称美违反国际法。巴西议会成立监听调查委员会，通过《网络民法》草案。

互联网治理面临变局。“棱镜门”事件引发了全球范围内有关安全议题的大讨论，事件的持续发酵很大程度上影响了国际互联网治理的发展态势。“棱镜门”对抑制美在互联网治理中的攻势有一定作用，为发展中国家创造了机会。美国的强硬姿态有所缓和，认可政府要发挥作用，主要表现为：在网络安全议题上由单方面攻击其他国家转变为对话姿态；收到的道德和舆论压力大增，未反对德国和巴西提出的联大决议；其高官倡导多利益相关方机制，提及政府应在多利益相关方机制中发挥重要作用。与此同时，广大国家取得道义主动权，要求平等参与互联网治理的呼声日渐高涨。巴西总统在联大发言公开指出美国监控项目违反国际法，要求美国做出解释、道歉以及停止监控的承诺。欧盟派出代表团赴美就“棱镜门”事件进行交涉。2013 年 10 月召开的互联网治理论坛（IGF）上，欧盟、巴西、印尼、约旦、突尼斯、埃及等政府代表及民间团体纷纷谴责美国政府大规模监控其他国家公民和政要，批评其侵犯各国公民隐私，降低用户使用互联网的信心。广大国家在世界电信政策论坛（WTPF，国际电联举办）、联合国科技促进发展委员会（CSTD）、IGF 等联合国框架下的场所或论坛强调政府在多利益相关方中应发挥作用，意在要求平等参与国际互联网治理。巴西还宣布与 ICANN 在 2014 年 4 月共同举行互联网治理的多利益相关方会议，希望争取有利位置。

（六）我国互联网发展迎来多项政策利好

2013 年密集出台了多项政策，促进互联网产业健康发展。

第一，十八届三中全会为互联网发展做出政策性指导。

《中共中央关于全面深化改革若干重大问题的决定》（以下简称《决定》）针对我国互联网产业发展现状，做出促进发展和依法治理的总体规定，是指引新世纪我国互联网产业发展方向和依法治理最重要的政策性文件。十八届三中全会对网络经济发展和治理提出坚持“积极利用、科学发展、依法管理、确保安全”的 16 字方针，这是对我国互联网产业发展经验的科学总结，也是我国今后互联网发展和治理的纲领。

《决定》指出，“要加大依法管理网络力度，加快完善互联网管理领导体制，确保国家网络和信息安全”。互联网已成为各国竞相争夺的重要战略阵地，网络和信息安全则成为各国面临的“新的综合性挑战”，牵涉到国家安全和社会稳定。然而，我国目前现行互联网管理体制存在的各种弊端，以网络信息内容管理为例，存在多头管理、职责交叉、权责不一等现象，这种网络管理模式往往会产生效能低下的后果。因此，加快完善我国互联网管理领导体制具有重大的战略意义，改革势在必行。

针对网络信息传播途径日益多元化，《决定》提出，“健全坚持正确舆论导向的体制机制。健全基础管理、内容管理、行业管理以及网络违法犯罪防范和打击等工作联动机制，健全网络突发事件处置机制，形成正面引导和依法管理相结合的网络舆论工作格局。”随着互联网的快速发展，近年来我国网络谣言也在滋生蔓延，网络突发事件层出不穷，其中既有针对公民个人的诽谤，也有针对公共事件的捏造。网络谣言不仅败坏个人名誉，而且损害国家形象，影响经济发展和社会稳定，因此公安部、工业和信息化部等相关部门必须联合相关企业，建立防范和打击网络违法犯罪的联动机制，增强网络突发事件的处置能力，及时辟谣，依法惩处造谣生事人员。

此外，《决定》对进一步开放网络金融市场和促进网络经济发展做了规定，首次放开电子商务领域的外资准入限制，同时将包括网络出版在内的文化产业向社会资本开放。我国网络经济发展迅猛，2013 年电商交易总额已超过 10 万亿元，而且这一数据每年还以 25% ～ 30% 的速度激增。互联网经济快速的发展意味着需要更大、更开放的市场，网络经济本质就是开放型经济，建立与世界互融互通和开放的网络市场是大势所趋。同时，经过这些年的发展，业内已经涌现出众多位列世界前列的互联网大公司，基本具备了与国外相关企业的竞争实力。《决定》在此时向世界开放电商市场充分显示出我国对电商产业的自信和全面融入世界互联网经济的决心。

第二，国务院制定促进信息消费政策。

2013 年 8 月 15 日，国务院发布《关于促进信息消费扩大内需的若干意见》（以下简称《意见》），促进信息消费上升至国家战略层面，成为优化居民消费结构、扩大国内需求、提升产业结构、稳定经济增速的政策着力点。综合考虑我国信息消费现状和潜在需求，《意见》提出，到 2015 年，信息消费规模超过 3.2 万亿元，年均增长 20% 以上，带动相关行业新增产出超过 1.2 万亿元，其中基于互联网的新型信息消费规模达到 2.4 万亿元，年均增长 30% 以上。基于电子商务、云计算等信息平台的消费快速增长，电子商务交易额超过 18 万亿元，网络零售交易额突破 3 万亿元。

第三，国务院发布“宽带中国”战略。

8 月 17 日，国务院发布《关于印发“宽带中国”战略及实施方案的通知》，首次将宽带明确定位为“经济社会发展的战略性公共基础设施”。通知中提出，到 2015 年，固定宽带用户超过 2.7 亿户，城市和农村家庭固定宽带普及率分别达到 65% 和 30%。3G/LTE 用户超过 4.5 亿户，用户普及率达到 32.5%。

第四，2013 年国务院及各部委还出台了多项鼓励互联网产业发展的政策。

（1）税收优惠政策等金融扶持

国务院在 2013 年继续加大对互联网企业的财税政策支持力度，完善高新技术企业认定管理办法。

经认定为高新技术企业的互联网企业依法享受相应的所得税优惠税率。继续落实企业研发费用税前加计扣除政策，合理扩大加计扣除范围。积极推进邮电通信业营业税改增值税改革试点。进一步落实鼓励软件和集成电路产业发展的若干政策。加大现有支持小微企业税收政策落实力度，切实减轻互联网小微企业的负担。研究完善无线电频率占用费政策，支持经济社会信息化建设。

（2）下一代互联网

发改委于 2013 年 3 月 29 日刊发《关于下一代互联网“十二五”发展建设的意见》(以下简称《意见》),《意见》提出，2014—2015 年开展大规模 IPv6 部署和商用，逐步停止向新用户和应用分配 IPv4 地址。截至 2011 年年底，我国网民数量达 5.13 亿，互联网普及率达 38.3%，已成为互联网大国，但目前我国仅有 3.32 亿个 IPv4 地址，即使大量应用地址翻译（NAT）等技术延缓 IPv4 地址消耗，仍不能满足应用需求，还将增加网络的复杂性和管理难度，降低网络与信息安全水平和服务质量。

针对下一代互联网发展目标，《意见》提出，“十二五”期间，互联网普及率达到 45% 以上，推动实现三网融合，IPv6 宽带接入用户超过 2500 万户，实现 IPv4 和 IPv6 主流业务互通，IPv6 地址获取量充分满足用户需求。“十三五”期间，基本建成世界先进水平的网络基础设施，完成向下一代互联网的平滑演进过渡，进一步提高互联网普及率，大幅缩小数字鸿沟，基本掌握关键领域核心技术和知识产权。

根据《意见》介绍，下一代互联网发展路线图分为两大步：2013 年年底前为现网商用试点阶段，开展 IPv6 小规模商用试点，形成成熟的商业模式和技术路线；2014—2015 年为全面商用部署阶段，开展大规模 IPv6 部署和商用，逐步停止向新用户和应用分配 IPv4 地址，组织新型网络体系架构及技术的规模试验，为“十三五”产业创新做准备。

（3）第四代移动通信

为贯彻落实国务院关于促进信息消费扩大内需的若干意见，2013 年 10 月 8 日，国家发改委网站发布《国家发展改革委办公厅关于组织实施 2013 年移动互联网及第四代移动通信（TD-LTE）产业化专项的通知》。通知中明确提出支持基于 TD-LTE 的第四代移动通信（4G）的产业化，并指出专项目标是把握全球移动互联网发展机遇，以移动智能终端为着力点，提高移动智能终端核心技术开发及产业化能力。加快移动互联网关键技术的研发及应用，培育能够整合产业链上下游资源、具备一定规模的移动互联网骨干企业。完善公共服务平台建设，形成综合的移动互联网产业服务能力。推进 TD-LTE 技术在重点领域的创新示范应用，带动 TD-LTE 产业快速发展。

（4）《电信和互联网用户个人信息保护规定》

2013 年 7 月 19 日，工信部发布了《电信和互联网用户个人信息保护规定》(以下简称《规定》)，中国互联网领域迎来了第一部针对电信和互联网领域个人信息保护的法律法规。根据《规定》内容，电信业务经营者、互联网信息服务提供者应当制定用户个人信息收集、使用规则，并在其经营或者服务场所、网站等予以公布。《规定》还要求，未经用户同意，电信业务经营者、互联网信息服务提供者不得收集、使用用户个人信息。而在个人信息收集范围方面，《规定》也明确指出，电信业务经营者、互联网信息服务提供者不得收集其提供服务所必需以外的用户个人信息或者将信息用于提供服务之外的目的，不得以欺骗、误导或者强迫等方式或者违反法律、行政法规以及双方的约定收集、使用信息。电信业务经营者、互联网信息服务提供者在用户终止使用电信服务或者互联网信息服务后，应当停止对用户个人信息的收集和使用，并为用户提供注销号码或者账号的服务。对于个人信息被倒卖成为商品的现状，该《规定》要求电信业务经营者、互联网信息服务提供者及其工作人员对在提供服务过程中收集、使用的用户个人信息应当严格保密，不得泄露、篡改或者毁损，不得出售或者非法向他人提供。

二、2013 年互联网领域热点分析

（一）互联网金融搅动一池春水

1. 我国互联网金融新兴业务热潮迭起

2013 年，由余额宝、比特币引发的热潮带来了全社会对互联网金融的高度关注。余额宝开启了全民理财的大门，上线 7 个月余额宝用户超过 4900 万人，交易规模超过 2500 亿元，与余额宝对接的天弘基金增利宝一举超越华夏基金成为国内排名第一的货币基金[10]。比特币在中国的交易日趋火爆，国内比特币交易平台 BTCChina 日交易量已达全球的 1/3。

（1）借力热点业务，互联网企业已经全面进入到金融服务的各个环节

在支付结算领域，支付宝引领着一批业务冲破传统银行的支付服务界限，先后产生了包括财付通、快钱、汇付宝、百付宝等知名产品，同时拉卡拉、微信支付等产品不断探索线上、线下交互的支付方式发展。

在借贷和投融资领域的创新更为剧烈。电商平台小额贷款快速成长，阿里巴巴、京东、苏宁等电商平台企业纷纷利用平台数据开展小额贷款业务，帮助平台上的小型生产厂商获得融资；无抵押小额贷款渠道建立，拍拍贷、宜信、人人贷等 P2P 网络借贷网站使民间借贷在线上获得新的发展机会；网络众筹文化助力创意产业，点名时间、追梦网等众筹网站为创业项目提供平台，使其可以通过向整个网络讲述“创业故事”来赢取投资，为人人成为项目投资人提供可能性。

在保险、基金、证券等领域，百度、腾讯、阿里巴巴也在引领创新式服务，将互联网业务与理财活动有机结合起来，为互联网用户提供门槛更低、操作更便捷、沟通更顺畅、信息更透明的理财服务。

（2）从配角到主角，互联网企业进入金融行业的方式多样化

一是互联网入口与渠道。在一定时间内，互联网企业从事金融服务的方式主要是为传统金融业提供互联网入口和渠道。典型的方式是“淘宝理财”等业务。

二是开发新型互联网金融产品。互联网企业与金融企业合作开发基于互联网业务的新型产品，将互联网企业已有优势导入到这些互联网金融产品中，取得爆发式增长。典型业务包括余额宝、虚拟财产险等。

---
10 数据来源：阿里巴巴公开披露。

三是自行探索金融服务。互联网企业基于数据资源、用户资源等自身优势，开发独立的互联网金融产品。例如阿里小贷和京东的供应链金融。

四是组织方式创新。互联网企业尝试与金融企业合资成立全新的互联网金融企业，例如阿里巴巴、腾讯与平安等公司合资成立的众安保险。

2. 互联网改变了金融的关键环节

在互联网金融的业务模式中，互联网的运用能够改善金融业务参与主体的信息不对称，提高信用评估效率与质量，有效进行风险管理，优化金融资源配置。

一是在信息配置方面，互联网可以有效降低信息的不对称性。依靠搜索引擎、大数据、云计算、电子商务、社交网络等互联网新技术、新业务，互联网金融的信息交互更加透明，信息不对称性下降。

二是在风险评估方面，互联网可以降低风险评估成本、提升评估效率。互联网积累的大数据将极大地丰富征信信息来源，为互联网金融发展夯实基础。同时基于大数据建立互联网与线下两方面信息的综合评估模型，将得出更加准确、及时的信用评估结果。另外，云计算等技术将大幅降低互联网金融业务的风险评估成本。

三是在资金配置方面，互联网可以提高资金配置效率。互联网平台可以更高效地解决资金期限错配问题；网上支付使资金流转更加快捷；互联网思维将促进“自金融”的产生；简单易接受的金融产品将大量出现，金融活跃度大幅提升。

3. 互联网思维在金融领域的典型应用：比特币

比特币与其说是货币，不如说是一个支付系统，其核心是一个以大约 10 分钟为单位更新的 P2P 历史账单系统。所有交易通过广播的形式在全部 P2P 终端中传递，以“矿工云”的全网计算力对交易记录进行带有随机性的加密计算，通过竞速的方式生成新账单块。所有比特币终端都将接收新的账单块并更新历史账单链。

比特币最大的特点在于实现去中心化的同时保证交易的真实性。比特币系统的账单的更新由分布在 P2P 网络中的终端以符合一定算法规则的加密计算，通过竞速的方式产生，每个终端都参与全部账单的存储和更新。以众包的思想和 P2P 的方式较好地实现了去中心化的网络支付。另一方面，比特币账单记录了从产生起的所有交易记录。伪造比特币需要修改历史账单，而账单本身由“矿工云”全网计算量保证更新，且系统设定认可最长账单链。伪造需要巨大的计算量成本。这种设计以系统的方式保证了去中心化支付的真实性。

比特币在 2013 年经历了戏剧性的大起大落，全年涨跌幅度接近 500 倍。2013 年 11 月 18 日美国传出承认比特币的合法金融工具地位后，其价格更是一路飙升，最高时甚至超过一盎司黄金的价格。

而随着 2013 年年底中国、印度以及俄罗斯等国禁止使用比特币后，其价格又应声下落。

4. 典型互联网金融业务正处于热点更迭时期

当前较为典型的互联网金融业务有第三方支付、P2P 网络借贷、电商平台小额贷款、新型货币基金、网络众筹等。2013 年，部分业务取得了爆发式成长，而另一些业务尚处于探索发展时期。

（1）第三方支付

第三方支付正处于平稳发展阶段，市场日趋成熟。截至 2013 年年底，已有 250 家企业获得第三方支付牌照。第三方支付作为电子商务的重要工具，正在发挥更加重要的作用。2013 年双十一当天，支付宝交易额超过 350 亿元，相当于同期全国日均零售销售额的一半。

（2）P2P 网络借贷

我国 P2P 网络借贷目前正处于激烈的调整时期，在野蛮式生长之后，P2P 网络借贷行业面临剧烈的调整，也亟待政府引导、规范以及行业自律。一方面，2013 年全年有 74 家 P2P 网贷平台出现提现困难或倒闭、潜逃[11]。另一方面，拍拍贷、人人贷等发展较早的 P2P 机构相继获得风险投资，P2P 市场分水岭即将出现。

（3）电商平台小额贷款

我国电商平台小额贷款业务正处于快速发展期，电商平台数据正在发挥十分积极的作用，帮助电商小贷市场规模快速增长。以阿里小贷为例，截至 2013 年年底，阿里小贷已经为 60 万家小微企业提供总计 1400 亿的贷款资金。同时 2013 年阿里小贷还引入了相关证券产品，进一步扩大了可贷资金规模。

（4）新型货币基金

我国新型货币基金正处于剧烈爆发期，多种货币基金相继推出，市场规模爆发式扩张，未来在移动端的竞争将更加激烈。目前，以互联网业务为服务前台、传统基金企业做后台实际运营的合作方式大受认可。余额宝超越传统线下货币基金成为行业第一，截至 2014 年 2 月中旬，投资用户已超过 4900 万，交易金额达 4000 亿。理财通在移动端取得巨大成绩，正式上线第一天即取得 8 亿元的交易量，约为余额宝首日交易额 3.5 亿元的 2.3 倍[12]。

（5）网络众筹

我国网络众筹业务还处于初级发展时期，参与者范围较为“小众化”，市场培育、用户教育、筹资项目进度跟踪有待加强。目前国内众筹平台上的项目成功率低于 50%。在各个网络众筹平台上，项

[11] 数据来源：网贷之家。

[12] 根据阿里巴巴、腾讯公开数据整理。

目关注度呈金字塔型分布，极少数项目获得超过百万元的资金支持，大量项目难以获得最低筹款限额。

5. 热潮背后，互联网金融发展需要冷静思考

2013 年，互联网金融引发了全民热潮，政策监管方面也不断释放有利信号。一是金融监管机构多次表态，认可互联网金融与传统金融的弥补共生关系。二是对余额宝等新兴业务的监管态度以引导有序发展为主，以合规性监管代替直接关停的措施。

互联网金融的健康可持续发展对我国经济社会的发展具有深刻的意义，但值得注意的是，目前互联网金融还面临许多问题与挑战。一是发展环境有待进一步优化。互联网金融相关的法律法规体系有待进一步完善，进而构建适应互联网金融突破创新的法律框架。互联网金融赖以生存的征信信息收集利用程度有待提升，以进一步解决民间金融机构接入央行征信系统的重重困难。二是互联网与金融的双重属性风险控制尚未得到充分重视。一方面，互联网金融企业在网络信息安全、个人信息保护等方面的能力参差不齐；另一方面，在资金监管、风险披露、用户权益保障等方面，目前还缺乏必要的业务规范。

因此，对互联网金融发展与监管的政策思路，需要给予其一定的发展空间，同时也需要适度的监管力度。一是着力优化发展环境，给予宽松的发展空间，允许小范围的试错，同时从政府、民间机构、企业协会等多维度入手完善征信体系。二是研究互联网属性的管理，将互联网金融网站纳入已有的网络安全、个人信息保护体系中。三是研究金融属性的管理，划定行为准线，防止非法集资、揽储、新造货币等行为的发展，规范互联网金融企业内部管理，规范风险披露，明确用户权益保障细则。

6. 多重力量推动我国互联网金融特色发展

未来将有多重力量继续推动我国互联网企业引领互联网金融特色发展。

一是投资需求和融资需求旺盛。一方面，民间资本投资渠道缺乏：我国居民储蓄率较高，投资渠道狭窄，民间资本投资在线下受挫，互联网金融恰恰迎合了高涨的民间投资需求。另一方面，小微企业融资困难：在传统金融体系中难以及时有效获得资金，企业发展受阻。两方面需求都需要一个合适的平台来释放。

二是传统金融转型面临壁垒。传统金融机构的线下业务已经使国内几大银行成为世界 500 强的佼佼者，因此这些机构的创新动力较小。同时传统金融体量巨大，试错空间较小，也阻碍了创新的产生。

三是互联网巨头示范作用突显。由于互联网企业积累了大量的行业经验，包括互联网入口和用户基础的掌握、互联网竞争生态的参与经验的丰富、互联网大数据资源的累积以及互联网思维的基因，

这些优势都使互联网企业在互联网金融业务中占据先机。因此，百度、腾讯、阿里巴巴等巨头在互联网金融领域先声夺人，也带动了一批互联网企业向金融领域迈进。互联网巨头互联网金融业务发展情况如图 10 所示。

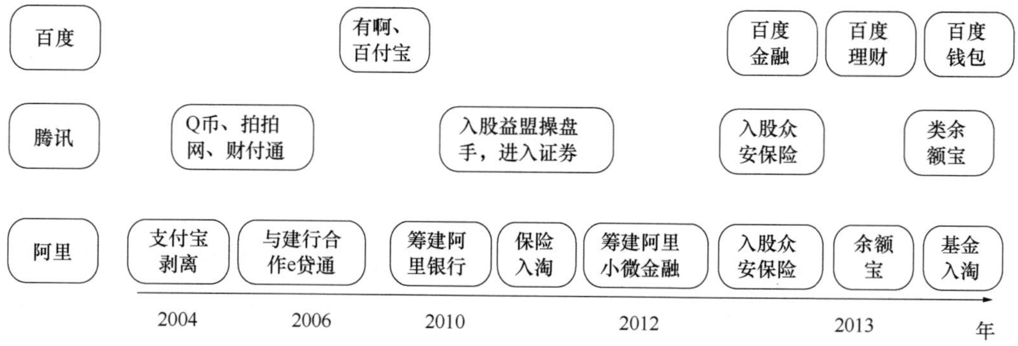

图 10　互联网巨头互联网金融业务发展情况

7. 大数据将成为互联网金融的竞争利器

金融业是基于信息的交互实现资金配置，因此金融业也属于一种“信息产业”。大数据的深度挖掘与金融业对信息的需求高度吻合，对金融业的个性化推荐营销、完善征信体系以及风险管理环节变革起到十分重要的作用。

一是在推广营销方面，大数据将深度支撑互联网营销平台，突破线下营销渠道瓶颈。例如，天弘基金借助支付宝的用户资源，迅速完成了市场推广和用户教育，打破了传统货币基金市场规模记录，一举成为国内规模前十的基金公司。

二是在丰富征信体系方面，电商平台、社交网络等更加丰富的数据来源使得征信评估的结果更加准确、有效。例如，阿里小贷可以根据电子商务交易记录、支付宝资金往来记录，实现 7×24 小时的自动审贷、批贷，贷款效率大幅提高。

三是在金融风险管理方面，大数据以及移动互联网、物联网的结合，使得风险管理的效率大幅提升。例如，在寿险服务中，保险企业可通过提供可穿戴设备给用户，通过健康管理等增值业务更准确地掌握用户的健康情况。车载记录仪可以记录和上传车辆的驾驶行为数据，根据车辆驾驶的不同风险分别定价。

（二）大数据引领产业新变革

1. 大数据不仅是“大”：三位一体认识大数据

到目前为止，“大数据”尚无公认的严格定义，我们认为应从“资源、技术、应用”三位一体认识大数据的内涵。从数据本身来看，大数据是体量大、产生和处理速度快、多样化的数据集，是蕴含丰富知识、极具价值的战略资源。从技术来看，由于数据所具有“大”的特征，传统技术难以应付，需要采用新工具才能处理。从应用来看，在理念上，大数据具有从以往探究因果关系为主转向更为重视相关关系在处理实际问题上的价值，所使用的数据则从采样数据改为使用全集数据，在应用模式上更侧重多源数据交叉整合，强调嵌入在线业务流程，强调相关关系的分析利用等等。因此说，大数据不仅“大”，而且“新”，是新资源、新工具和新应用的综合体，更重要的意义是，大数据启发了全社会重新审视数据的价值。

2. 大数据产业活跃，正围绕数据形成新的产业生态

“大数据”无疑是各界热烈追逐的热门概念，资本市场在 2013 年更是将其视为掌上明珠。Gartner 的报告称，64% 的企业已经或计划采用大数据技术[13]，这给了市场很大的信心，资本市场迅速跟进。一方面，巨头积极通过研发加并购的策略加紧布局大数据产业，仅 IBM 一家就收购了 30 多家大数据公司，未来三年还计划再投 145 亿美元。微软、SAP、EMC、Oracle、Yahoo、Twitter、沃尔玛等也都频频出手，通过并购增强大数据能力。另一方面，VC 也很踊跃，据 GP Bullhound、CB Insights 等机构粗略统计，全球 2013 年大数据融资案数量和额度都比 2012 年实现翻番。

产业方面，当前大数据产业规模小但增速快，硬件定制化和软件服务化成为明显趋势。根据技术和商业社区 Wikibon 在 2014 年 2 月 17 日发布的《2013—2017 年大数据企业收入和市场预测》报告[14]，2013 年全球大数据市场总体规模达到 186 亿美元，同比增长 58%，至 2017 年还将以 30% 以上的速度增长。预计 2017 年大数据市场规模将达到 500 亿美元，2014—2017 年年度复合增长率为 38%。硬件和服务成为大数据产业中产值的主角，各占约 40%，大数据软件只占 20%。在硬件方面，由于大数据往往要追求软硬件联合优化，硬件定制化程度要求很高，以定制化 ODM 模式生产的服务器占 2012 年大数据服务器总产值的 57%。此外，公共云计算逐步成为企业大数据处理的优先选择，亚马逊、谷歌和微软相继推出的大数据计算和分析服务受到市场欢迎，大数据软件一开始就走上了服务化道路。

3. 技术创新呈现三个梯队，门槛降低，差距仍未缩小

技术创新方面，从全球来看极不均衡，少数互联网公司遥遥领先，技术创新呈三个阶梯。第一梯队以谷歌为代表，在大数据技术上处于绝对领先地位。谷歌公司凭借其强大的基础设施、丰富的数据资源和小步快跑的迭代开发，继 2003—2006 年推出 GFS、BigTable 和 MapReduce 后，2012—2013 年又相继推出新的“三驾马车”——Caffeine、Pregel、Dremel。谷歌累计发表大数据领域的学术论文 2000 多篇，为业界输出了大量原创技术。第二梯队是 Yahoo、Facebook、Twitter 等一大批互

13 数据来源：Gartner 公司，2013 年 9 月，参见 http://www.gartner.com/newsroom/id/2593815。

14 数据来源：Big Data Vendor Revenue and Market Forecast 2013—2017，Wikibon，2014 年 2 月。

联网企业。他们积极利用开源社区，能够迅速将原创技术与自身的工程实践相结合，开发了 Hadoop 等大量开源软件，极大地降低了整个业界进入大数据领域的技术门槛。第三梯队是 IBM、Oracle 等传统 IT 厂商。他们能够在开源技术基础上进行改进，与行业应用系统紧密结合，快速形成一般企业可直接使用的商用产品。总体来看，国际上已经形成了这样的“原创技术—开源软件—商用产品”的技术创新链条，以此为基础初步衍生出从存储和计算平台、数据分析软件到大数据云服务的产业生态。

4. 大数据应用呈阶梯状，互联网“倒逼”传统产业

应用方面，互联网是大数据应用最深入的领域，目前已经产生了搜索、精准广告、智能推荐等一批成熟的大数据应用模式。搜索引擎自 2000 年左右诞生时就是典型的大数据应用，其核心是要对全球上千亿网页按照权重进行排序，需要强大的底层存储和计算能力才能支撑，直接催生了 MapReduce 等一系列分布式技术。广告是互联网当前最主要的商业模式，2010 年以来兴起的实时竞价广告能够根据大数据将用户特征与广告进行精确匹配，提供广告精准程度。利用大数据分析结果开展精准营销也已经成为电商平台的标准配置，通过分析用户数据后向用户推荐商品，亚马逊等 40% 以上的交易是靠个性推荐转化的。2013 年，互联金融爆发式发展，成为互联网大数据拥有者向传统行业延伸的急先锋。据报道，阿里小额贷款不良贷款率为 1.02%，是银行的 1/5，成本则不到银行的 1/400。

5. 政府多方推动大数据发展，但制度建设还需加快

各国政府密集发布大数据政策，从研发、应用和政府数据开放等角度积极助推大数据发展。美国政府在推动大数据研发和应用上最为迅速和积极。2012 年美国联邦政府率先推出大数据行动计划，全面部署大数据关键技术研发。美国联邦政府还在积极推动数据公开，已开放 37 万个数据集，并在 2013 年 5 月初进一步要求新增和经处理的原有政府信息必须实现开放和机器可读，激发创新活力。在推动研发和开放的同时，美国政府也是大数据的积极使用者，2013 年曝光的“棱镜门”事件，揭示了美国国家安全部门大数据应用范围之广、水平之高、规模之大都远远超过人们的想象。美国 NSA、FBI 及 CIA 等政府还在大量采购亚马逊的云服务，目标直指大数据应用。此外，英国、日本、澳大利亚等国也在积极推动大数据发展。

我国大数据发展环境持续完善，多地陆续出台具体推进措施。2013 年 9 月 30 日，中央政治局在中关村进行第九次集体学习，百度 CEO 李彦宏现场讲解大数据。科技部、发改委在科技和产业化专项中明确提出了对大数据的支持项目。2013 年 11 月，国家统计局与百度、阿里巴巴等 11 家公司签订战略合作协议，共同建设“国家统计局大数据合作平台”。同时，工业和信息化部《电信和互联网用户个人信息保护规定》在 9 月出台，为大数据时代的个人信息保护设立了法律法规屏障。2013 年以来，各地陆续出台了具体的推进策略。上海 7 月发布大数据三年行动计划，突出企业创新主体地位，计划建设 6 个以上行业大数据公共服务平台。天津滨海新区大数据行动计划也在 10 月发布，重

点推进大数据在港口、海洋、交通物流等领域的应用。重庆、陕西等地的大数据规划也在2013年出台。一些政府部门在数据开放上也迈出了第一步，如北京、上海等地政府数据资源网已经开通，为政府信息资源的社会化开发利用提供数据支撑。

然而，应该看到，大数据的应用及其产业发展不管在国外还是国内都还处于初级阶段，还受到信息化整体水平的制约，具有较高性价比和更智能化的大数据技术也亟待突破，既熟悉业务也熟悉技术的大数据综合人才还存在较大缺口。同时，对隐私的担忧，以及制度缺失下的流通不畅，也成为目前大数据应用落地的一大障碍。

（三）IPv6建设进入新阶段

1. 全球IPv6部署呈现六大亮点

在2011年、2012年连续两年"IPv6日"活动的推广下，产业界各方对IPv6的重视程度显著增加，全球IPv6的商用部署迈入了一个全新的发展阶段，并呈现出诸多亮点。**一是各国积极储备IPv6地址资源**。截止到2013年年末，全球共有超过210个国家和地区组织申请了IPv6地址，申请量已经达到当前互联网地址空间的13万倍多。我国IPv6地址申请量排在美国之后位居世界第二位。**二是网络基础设施建设稳步推进**。全球已完成10个根域名服务器和283个顶级域服务器（占比达89.3%）升级改造，同2012年相比增长4%，为IPv6的全面商用部署奠定了坚实的基础。**三是IPv6商用网络规模快速增长**。过去两年，全球IPv6网络的商用部署均以超过50%的速度增长。到2013年年末，全球范围内共有77个运营商网络提供IPv6接入服务，全球路由表中活跃的IPv6路由数量增长到1.3万多条，基本形成覆盖主要运营商、内容服务提供商和经济区域的IPv6网络。**四是支持IPv6访问的内容日益丰富**。当前，包括谷歌、脸书、雅虎、微软以及国内腾讯、百度等在内的4300多个网站能够提供IPv6访问服务。Alex排名前1000的网站，有超过12.0%的网站支持IPv6永久访问，而且Alex排名前100万的网站中，支持IPv6的网站数量显著增加，共计13.8万多个。与此同时，常用的一些IPv4应用也逐步发布支持IPv6的版本，为更多的IPv6用户提供了应用支持。**五是用户规模成倍增长**。随着网络规模的不断扩大，用户规模也连续两年成倍增长，目前全球已有94个国家发展IPv6用户，用户总量超过2000万。如果按照近两年的增速发展，那么在未来的6年时间里，全球将有近一半的互联网用户成为IPv6用户。**六是移动流量成为主要增长点**。用户的增长、网络覆盖规模的扩大以及内容的丰富，促进全球IPv6数据流量显著增长。根据Akamai公司和阿姆斯特丹数据交换中心的监测数据，在过去的一年时间里，全球IPv6流量增长2.5倍，IPv6每天的访问请求超过100亿次。特别是近年来，国外运营商在LTE网络建设中明确要求支持IPv6，积极推动LTE终端和核心网设备对IPv6的支持能力，促进了移动IPv6用户的发展。

2. 我国 IPv6 商用部署全面推进

根据《下一代互联网“十二五”发展建设意见》中明确的总体目标，三大运营商和互联网公司都已制定分阶段发展规划。其中电信、移动、联通计划到 2013 年年底在全国 20 多个城市重点升级改造公众互联网、专用业务承载网以及 3G 移动分组域，发展 800 万以上的宽带接入用户，并加快 IDC 以及自营业务平台的升级改造。百度、腾讯、阿里、新浪、搜狐、奇虎等互联网公司也都制定了分阶段的演进计划，加快应用和内容平台向 IPv6 的迁移。同时 CDN 网络服务提供商蓝讯、网宿以及世纪互联等也积极升级改造内容分发网络平台，为中小企业提供 IPv6 接入服务。除了在国家层面加大资金支持力度，推进 IPv6 商用网络和应用的部署外，发改委、工信部等四部委联合启动“下一代互联网示范城市”建设工作。以该项工作为抓手，充分调动地方政府资源和社会各方力量，全面深化 IPv6 商用部署和应用普及。

3. 以 LTE 网络建设为契机，大力推进 IPv6 移动互联网用户发展

目前从整体上看，LTE 核心网络设备和移动终端支持 IPv6 的技术成熟度和产业化能力均已具备规模商用的条件。在 LTE 技术标准方面，3GPP 标准中明确要求核心网网元设备采用 IPv4/IPv6 双栈；我国通信行业标准及运营商企业标准中也明确了核心网设备支持 IPv4/IPv6 双栈的要求。在设备产业化方面，国内外主流设备厂商的核心网设备，如爱立信、诺基亚和华为、中兴、上海贝尔等，都宣称具备支持 IPv6 的能力。在终端方面，包括操作系统、手机芯片以及手机整机对 IPv6 的支持都进一步提升，发展瓶颈不断突破。因此，随着 LTE 牌照的发放，三家基础电信企业均将加快了 LTE 网络建设步伐，LTE 网络建设高潮即将到来，而这与 IPv6 发展的时间窗口刚好重合，如果错过融合发展机遇，则已经建设的 LTE 网络将面临二次改造，不但增加了建设与运维成本，而且还将影响 IPv6 商用部署目标的如期实现。

另外，从国际主流运营商 LTE 网络建设的技术路线来看，美国 Verizon wireless、日本 KDDI 等都采用 IPv4/IPv6 双栈技术方案。从 Akamai 监测数据来看，Verizon LTE 网络中有 34.9% 的用户业务请求是由 IPv6 网络承载的，在 KDDI 网络中这个数字是 9.9%。

综上所述，LTE 与 IPv6 融合发展将率先实现 IPv6 在移动互联网领域的规模应用，形成对传统互联网 IPv6 部署的倒逼和带动，有利于推动 IPv6 的规模应用、LTE 网络能力的提升和移动互联网的业务创新。

4. IPv6 平滑过渡演进技术方案开始聚焦

IPv6 协议与 IPv4 协议不兼容，造成网络升级改造面临诸多技术问题。为此，IETF 标准组开发了双栈、隧道和翻译三大类过渡演进技术方案（已形成技术标准的具体实现方案有几十种）来实现网络和应用从 IPv4 向 IPv6 的平滑演进。从具体的技术实现机制上可以划分为两大类：有状态和无状态。而有状态的隧道和翻译机制需要局端设备维护每个会话的状态，这样会带来扩展性的问题。目前，业

界普遍接受的技术思路是通过利用 IPv6 地址长格式的优势，在 IPv6 地址中嵌套 IPv4 地址和端口信息，通过算法来实现 IPv6 地址和 IPv4 地址与端口之间的映射关系，即 MAP（Mapping of Address and Port）技术，这样在局端设备上就无需维护每个会话的状态。目前在 IETF 标准组织中，MAP 系列标准已成为既有多种网络过渡技术融合的主流技术标准，它包括基于封装的无状态地址和端口映射 MAP-E、基于翻译的无状态地址和端口映射 MAP-T。MAP-E 基于封装技术（隧道技术），为无状态隧道 / 用户状态隧道；MAP-T 基于翻译技术，为无状态双重翻译 / 用户状态双重翻译，并可以与有状态双重翻译 464XLAT 兼容。

三、互联网领域发展展望

（一）我国互联网产业继续高速增长，规模将达 8600 亿元

2014 年，我国互联网服务收入规模预计将超过 8500 亿元，同比增长达 34%。其中，互联网信息服务收入有望突破 4000 亿元，同比增长达 30%，如图 11 所示。

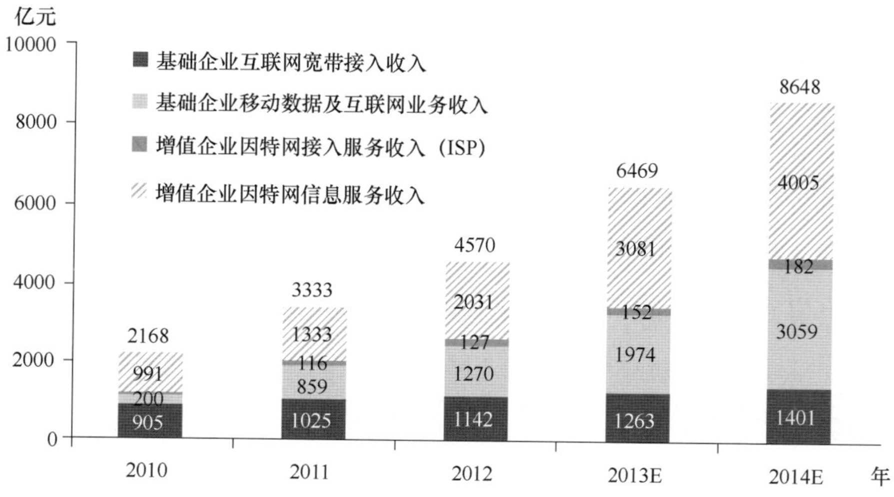

图 11　我国互联网服务收入规模（数据来源：工业和信息化部电信研究院）

（二）云计算在垂直领域应用深化，大数据交易平台萌芽

2014 年，我国云计算市场将保持快速平稳增长，垂直行业有望成为发展重点。预计云计算服务市场规模将超过 60 亿元人民币，市场增长逐步放缓。垂直行业云计算应用逐步展开，政府市场成为云计算新的增长点，云计算政务应用相关的标准、制度环境逐步完善。电信运营商成为 IaaS 市场中的重要力量，云服务商之间竞争日趋激烈，服务价格大幅下降。

预计 2014 年及未来几年，大数据共享交易平台将加快构建，更多传统行业应用案例涌现。首先，数据资源的共享和交换需求越来越强烈，各类数据开放和共享平台将逐渐建立起来。一方面是国内各地政府主导的数据开放门户将越来越多，另一方面是企业间双边和多边数据交易也会不断增多，跨不同行业数据交换共享将越来越频繁。在此基础上，第三方数据交易市场将出现萌芽，相关的规则和制度也将逐步完善。其次是在数据共享的基础上，更多传统行业的大数据应用将不断涌现。除了继续在互联网 RTB 广告、智能推荐等方面深化应用外，金融和电信行业还将加快数据资源整合，积极探索价值转化，应用开始落地；零售、物流、医疗、教育等领域的积极性也将越来越高，结合大数据优化既有业务的实践将越来越多。

（三）互联网金融热点更迭，未来热度不减

2014 年我国互联网金融热点更迭，未来发展热度不减。未来一段时间，预计第三方支付、传统银行在手机和 PC 段的线上渠道将在短期内进入服务和应用深化发展阶段，而比特币、P2P、众筹业务将经历较长时间的调整洗牌期，另外还有大部分业务将在未来两到五年中处于快速发展时期，在这些业务中的创新将十分活跃，如图 12 所示。

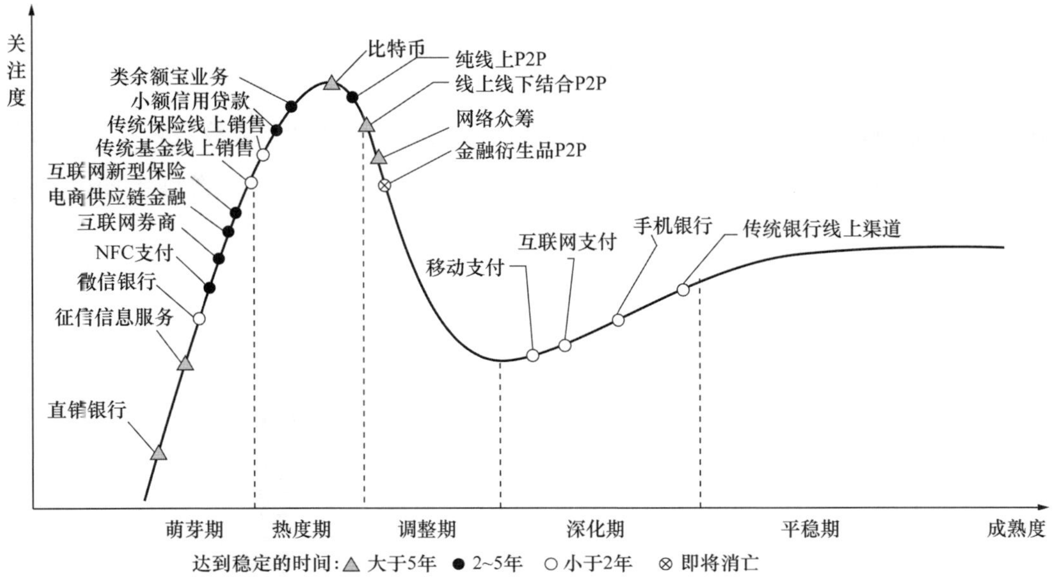

图 12　2014 年我国互联网金融热点发展预测

（四）网间互通瓶颈大幅缓解，中型企业 CDN 应用快速提升

新增直联点带动互通带宽显著增长，有效缓解网间互通瓶颈。预计 2014 年新增骨干直联点将投入使用；根据本次新增骨干直联点配套扩容基本要求，预计 2014 年新增互联带宽规模将超 700G，比 2013 年增长超过 40%，极大地缓解了网间互通瓶颈。新增骨干直联点全面建设网间质量监测系统，为互联互通管理落实技术抓手。

CDN 应用快速提升。一方面，全球大型互联网企业自建 CDN 网络的趋势越来越明显，中型网站采用第三方 CDN 服务的应用范围与比例快速提升；另一方面，移动终端感知、移动内容路由和分发等移动 CDN 技术得到广泛应用；CDN 网络进一步推向网络低层，基站 CDN 缓存等新型分发技术得到初步应用。

（五）通用顶级域激增，新顶级域运营元年到来

2013 年 10 月 23 日以“. 游戏”等 4 个新通用顶级域得到 ICANN 授权入根为标志，新通用顶级

域激增大幕正式开启。截至 2013 年年底，首轮 1930 个申请当中，已完成注册管理机构合同签署 159 个，授权入根 32 个，如图 13 所示。

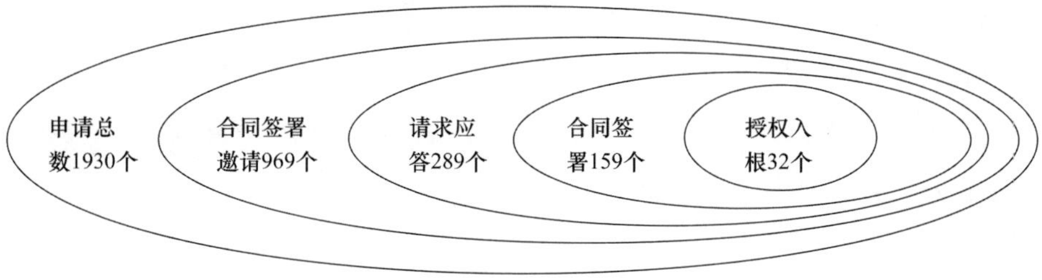

图 13　新通用顶级域进展情况（数据来源：ICANN）

随着新通用顶级域计划进程的推进，预计 2014 年全球新通用顶级域数量将接近 1000 个，如图 14 所示，而新通用顶级域申请中，IDN 申请将绝大部分得到授权。全球顶级域市场也将迎来发展的高潮。

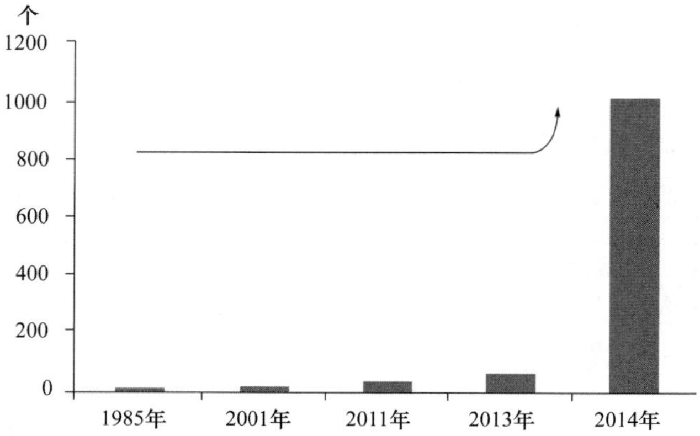

图 14　2014 年新通用顶级域增长预期（数据来源：ICANN、工业和信息化部电信研究院）

在国内，随着自 2009 年以来域名市场调整的结束，国内域名市场将迎来新一轮发展。预计到 2014 年年底，国内域名注册总量将接近 1800 万，其中 .CN 域名注册量将超过 1000 万；新通用顶级域数量将超过 40 个，中文顶级域数量也将大增；新通用顶级域注册量将达到 50 万个。

国内域名市场在迎来发展机遇的同时也将面临一些挑战，考虑到浏览器和显示中对 IDN 域名支持的缺陷，IDN 通用顶级域意味着更大的挑战。而通用顶级域的增加也将带来新一轮的商标抢注和保护浪潮。

在市场规范方面，国内互联网域名从业机构准入和域名注册、使用管理规则将进一步完善。

无线与移动篇

导　读

回顾 2013 年，全球新增移动用户明显下降，新技术替代作用明显。其中，2G 用户负增长明显，3G 用户成为新增移动用户的主力军，LTE 用户增长迅速但集中度仍非常高。LTE 已成为全球网络部署主流，同时 WLAN 热点数量持续快速增长。我国移动用户突破 12 亿，其中 2G 用户开始负增长，我国移动通信网络建设重点也从 2G 向 3G、4G 全面转移。

2013 年无线与移动领域呈现三大热点。其一，LTE 全球发展持续加速，有力支撑了移动互联网的爆炸性发展，并为世界各国运营商转型提供了契机。我国 LTE 系统、终端产业竞争力持续增强，芯片产业在挑战中寻找机遇。TD-LTE 进入规模发展阶段，但和 LTE FDD 相比仍存在数量级差距。其二，在移动互联网持续创新之下，智能穿戴设备登上历史舞台，开源智能硬件初现端倪，应用处理器与通信芯片齐头并进。移动互联网产业正在变革升级，Web 技术、泛终端操作系统和 OTT 等新模式不断更新产业格局。其三，5G 研究已在全球范围内启动。ITU 积极推进 5G 需求、技术和频谱等标准化前期研究，主要国家和公司纷纷启动 5G 研发与推进工作。我国成立 IMT-2020（5G）推进组，全面组织推进国内 5G 研究，并已取得阶段性研究进展。

展望 2014 年，全球移动用户将超过 70 亿，其中 LTE 用户将进入快速发展期，预计全球 LTE 用户将接近 4 亿。而我国 4G 牌照的发放，将带动我国 4G 产业发展，拉动信息消费，促进业务创新，推动行业转型。2014 年我国运营企业将大力发展 TD-LTE，我国 4G 用户增长初显，并将显著提升 TD-LTE 的国际影响力，TD-LTE 全球用户市场份额有望提升到 11.6%。

本篇作者：

万屹　李珊　潘峰　沈嘉　刘思言　罗振东　李文宇　宋颖　朱禹涛　张春明　杨天一　张杨　闫丽　许志远

一、2013 年无线与移动领域发展综述

（一）市场

1. 2013 年全球移动用户市场新技术替代效应凸显

截止到 2013 年年底，全球移动用户已达到 67.8 亿户，普及率 94.1%。随着移动用户的饱和，新增移动用户从 2012 年开始明显减少，2013 年仍继续这一趋势。2013 年全年新增移动用户 3.9 亿户，相比 2012 年 4 亿户的新增量略有下降。2009—2013 年全球新增移动用户如图 1 所示。

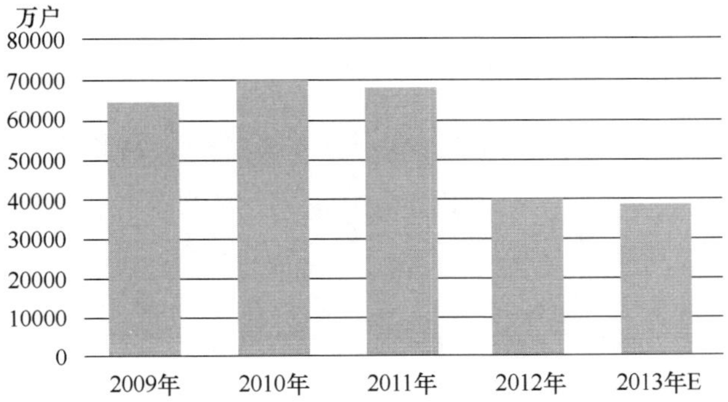

图 1　2009—2013 年全球新增移动用户（数据来源：Informa、CDG、工业和信息化部）

2013 年，全球移动用户市场的发展特点主要表现为新技术替代效应凸显。2013 年，2G 用户已经开始呈现明显的负增长态势，减少了 1 亿户。3G 用户在总移动用户中的占比不断增加。截止到 2013 年年底，全球 3G 用户累计达到 18.5 亿户，在总移动用户中占比 28%。LTE 用户增长非常迅速。截至 2013 年年底，全球 LTE 用户累计达到 2 亿户，比 2012 年年底增加了 1.26 亿户。但 LTE 用户仍主要集中在美国、韩国、日本 3 个国家，3 个国家的 LTE 用户数占总 LTE 用户数的 87%，与 2012 年的 91% 相比，变化不大。LTE 用户数排名前五的运营商的 LTE 用户数在总移动用户数中占比超过 60%。LTE 用户国家分布和排名前五运营商市场份额情况如图 2 所示。

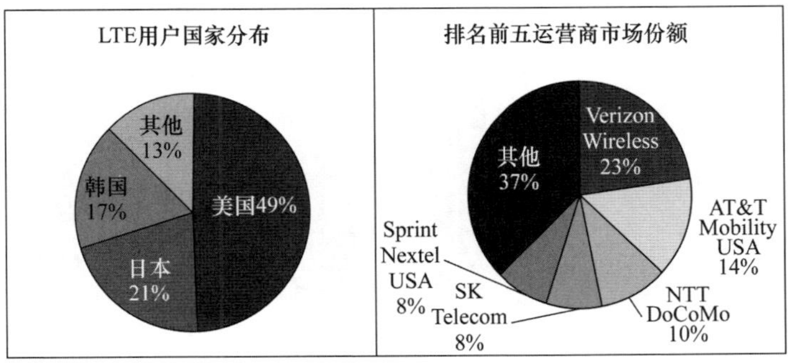

图 2　LTE 用户国家分布和排名前五运营商市场份额（数据来源：Informa、CDG、工业和信息化部）

2. 我国移动用户突破 12 亿，2G 用户开始负增长

我国移动用户保持较快增长，连续五年保持年增移动用户超 1 亿户。2013 年，全国移动电话用户累计净增 11696 万户，达到 122911 万户，其中 2G 用户开始负增长，如图 3 所示。

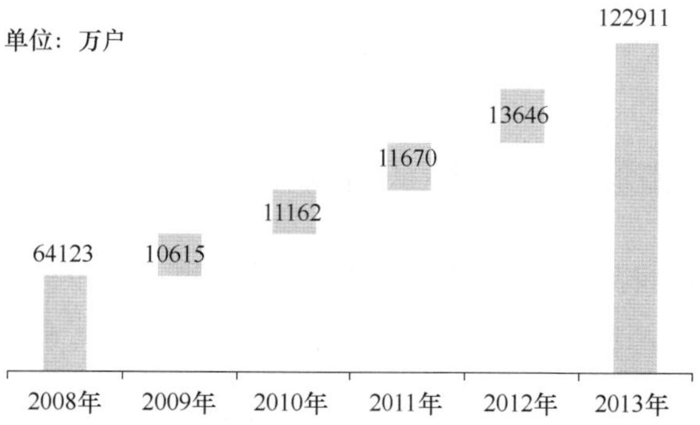

图 3　我国移动用户规模及新增量（数据来源：工业和信息化部）

2013 年影响 3G 用户发展的网络、终端、业务等因素均持续向好，成为推动我国 3G 快速发展的有利因素。截止到 2013 年 12 月，我国 3G 用户超过 4.02 亿户，渗透率接近 33%。根据当前我国 3G 发展的总体形势以及国外 3G 发展的经验，我国 3G 加速发展的态势仍将持续，如图 4 和图 5 所示。

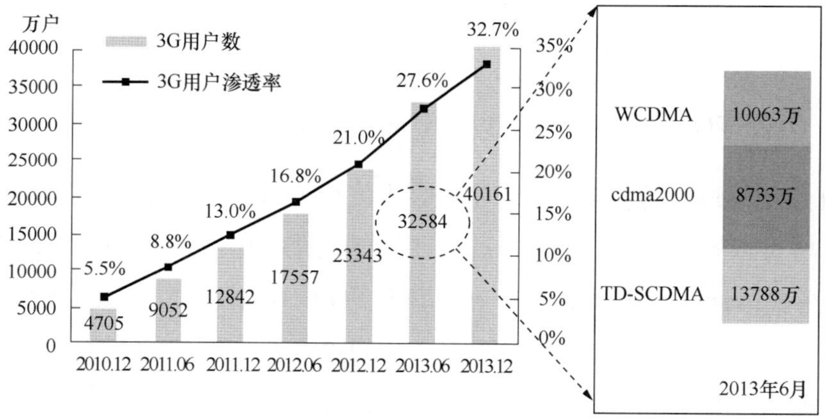

图 4　我国 3G 用户发展（数据来源：工业和信息化部）

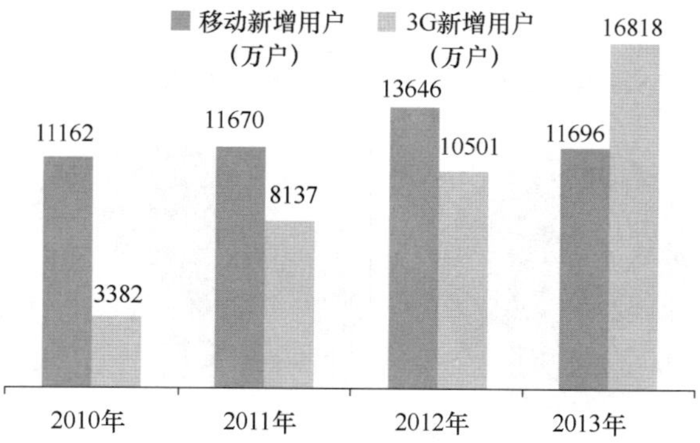

图 5　我国 3G 新增用户和总新增移动用户情况（数据来源：工业和信息化部）

（二）网络

1. LTE 成为网络部署主流，WLAN 热点数量持续快速增长

LTE 成为全球网络部署的主流制式。截至 2014 年 1 月底，全球共有 100 个国家和地区开通了 268 个 LTE 商用网络，与 2013 年同期相比增长 81.08%；在所有商用的 LTE 网络中有 21 个国家开通了 28 个 TD-LTE 网络，其中 13 个为 LTE TDD/FDD 融合网络，如图 6 和图 7 所示。

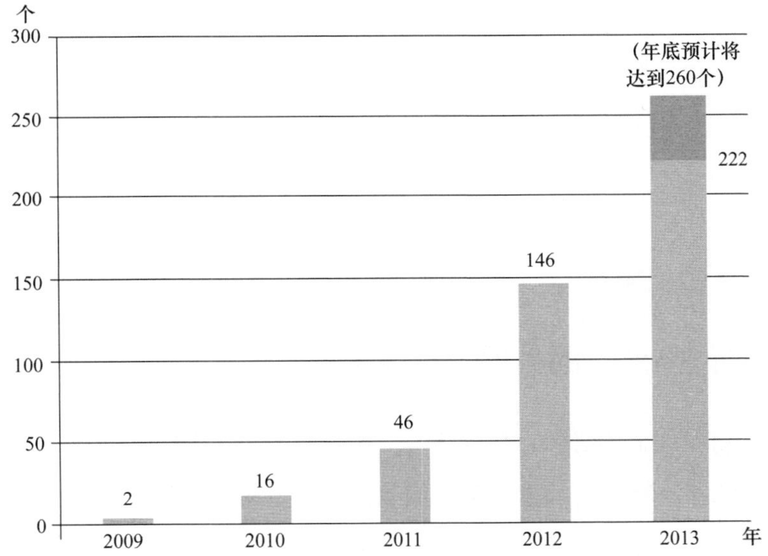

图 6　LTE 商用网络发展情况（数据来源：GSA）

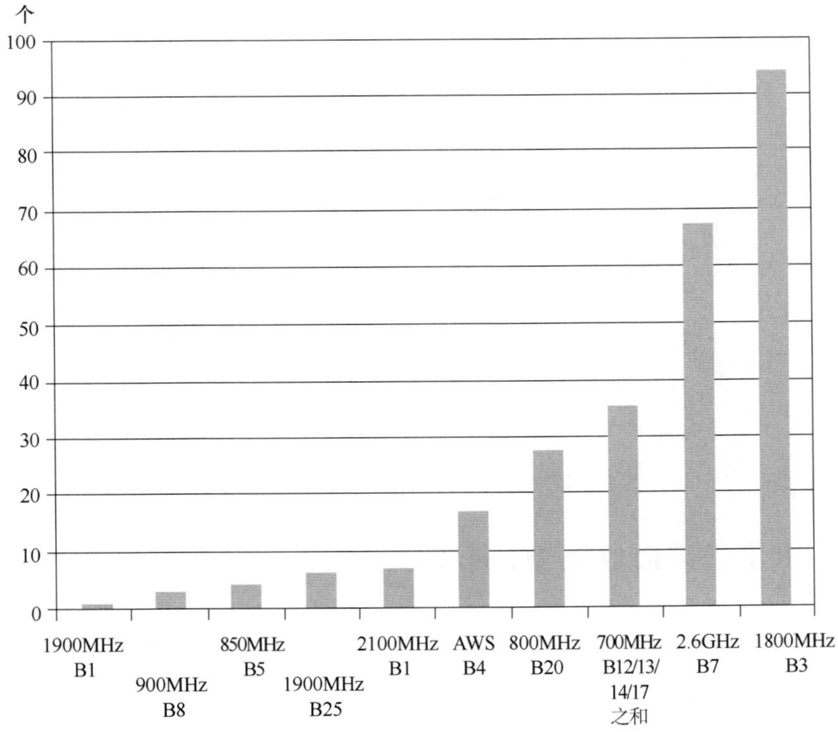

图 7　LTE 网络频段分布（数据来源：GSA）

WLAN 热点数目持续快速增长。全球个人、家庭、单位部署的自建自用的私有 WLAN 网络数量极为庞大，是 WLAN 热点市场的主导力量。据统计，2013 年 WLAN 私有热点达到 4.92 亿个，如图 8 所示。面向公众提供服务的 WLAN 公共热点规模也呈现出快速增长的趋势。截至 2009 年年底，全球公共 WLAN 热点仅为 50 万个，到 2013 年年底预计能达到 650 万个。

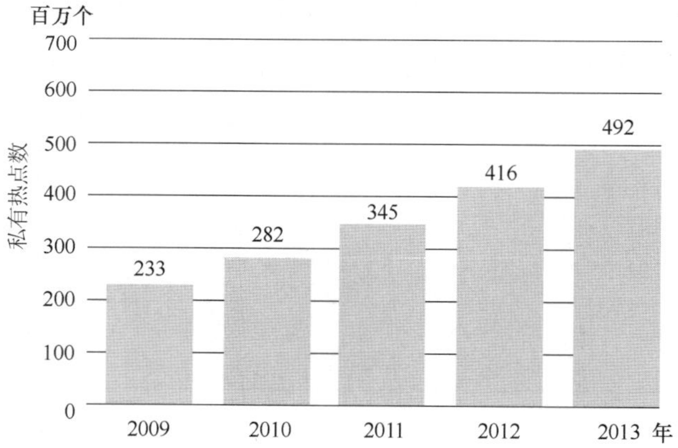

图 8　2009—2013 年全球私有热点数量（数据来源：Informa）

2. WLAN 正在成为网络流量的主要承载技术

移动数据流量增长继续加速。2013 年上半年，全球移动蜂窝网络数据流量同比增长 100%，同时部分运营商的 WLAN 网络分流作用显著，WLAN 承载的移动数据流量比例达到 50% ～ 75%。其中，自建的 WLAN 承载的无线数据流量占绝大多数，公共热点 WLAN 承载的数据流量比例非常小。部分运营商各网络承载数据流量占比情况如图 9 所示。

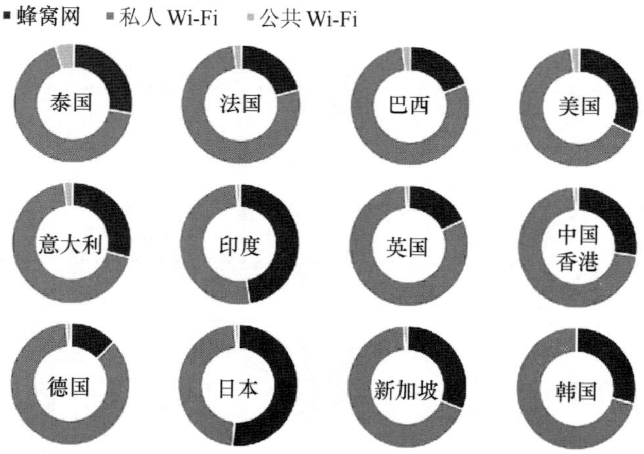

图 9　部分运营商各网络承载数据流量占比

3. 我国移动通信网络建设重点从 2G 向 3G、4G 全面转移

目前我国 3G 网络建设基本进入平稳发展期，网络建设重点放在加强深度覆盖和网络优化两个方面。随着我国 4G/TD-LTE 牌照的发放，4G 网络开始规模部署。

中国移动：2G 网络停止规模建设。加强 3G 基站的城区深度覆盖，农村视热点需求和终端发展情况，逐步推进 3G 覆盖，同时为未来向 TD-LTE 的升级演进做好充足的准备。4G 网络一期工程计划建设 20.7 万个基站，约 55 万载频，预计 2014 年上半年完成，覆盖全国 300 个城市。

中国电信：坚持 3G 引领，提升 3G 覆盖，进一步改造和扩容 3G 网络，保障 3G 用户的业务体验的连续性和稳定性。已启动 4G 主设备采购相关工作，将开展 TD-LTE 规模网络建设和 LTE FDD 网络技术试验。

中国联通：目前已在全国 330 多个城市建成了 3G/21Mbit/s 网络。2013 年年底，将覆盖全国主要城市和大部分地区，提供 42Mbit/s 的接入能力。获工信部批复，2013 年开始在 21 个城市进行 UMTS900 规模试验。已启动 4G 主设备采购相关工作，将开展 TD-LTE 规模网络建设和 LTE FDD 网络技术试验。

（三）终端

1. 智能手机成为主流

美国市场研究公司 NPD 发布报告称，2013 年智能手机全球出货量将达到 9.37 亿台，首次超过功能手机（8.89 亿台），如图 10 所示。

3G 智能手机也是我国终端市场的主导力量。2013 年 1 ～ 9 月，全国上市手机新机型 2356 款，其中 2G 机型 629 款，3G 机型 1716 款，TD-LTE 试商用机型 11 款。

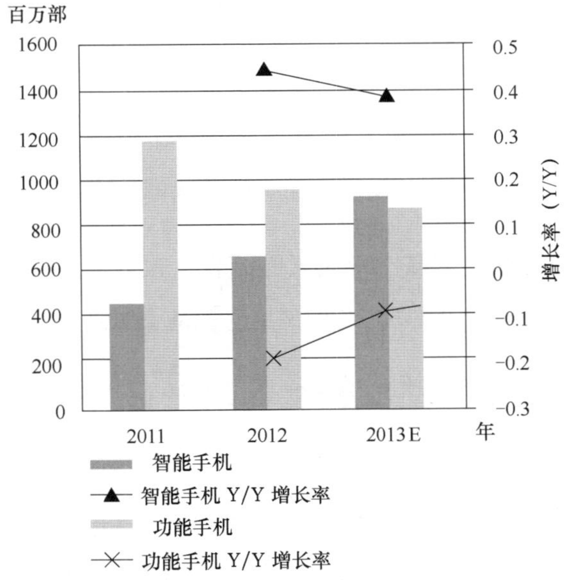

图 10　2011—2013 年全球终端出货量（数据来源：NPD）

2. WLAN 终端快速增长，移动终端比重持续上升

根据 ABI Research 公司的报告，2013 年全球 WLAN 终端出货量达到 18 亿部，同比增长 20%，

如图 11 所示。移动终端是 WLAN 最主要的承载终端，2013 年支持 WLAN 的移动终端出货量达到 9 亿部，占总体份额的 50%。

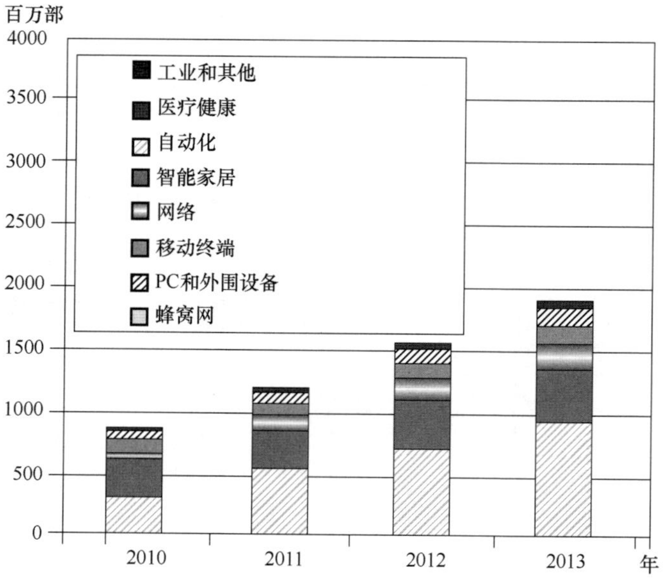

图 11　2010—2013 年全球 WLAN 终端出货量（数据来源：ABI Research）

（四）业务

1. 移动互联网进入融合创新阶段

2013 年，移动互联网进入融合创新阶段，越来越多的移动互联网业务与其他领域的业务应用相融合，迸发出更多的创新业务应用。

与物联网融合：随着 LTE 网络在全球的迅速普及，云计算和大数据处理技术的发展推动大规模数据聚合、动态事件触发和在线分析等技术的发展，推动物联网和移动互联网业务融合。

可穿戴设备：可穿戴设备与移动互联网应用紧密结合，投放大众电子消费市场，全新的产品形态给消费者和用户带来了独特的人机交互体验，2013 年也被应景地称之为“穿戴式计算年”。

虚拟网络与传统实体结合：虚拟网络与传统实体结合的新型 APP 应用，由于契合用户的实际需求，成为业界关注的焦点，典型应用包括打车软件和订餐软件等。

移动支付与社交、位置等服务相结合：移动支付和社交服务相融合，是自然的社交互动的延伸。基于位置的服务提供与用户情境相吻合，与移动支付相结合成为促进手机支付发展的重要因素。

2. 移动数据业务量快速增长，移动互联网市场规模不断加大

我国移动互联网接入流量逐年上升，且同比增长速度不断加快，2013 年 1 ～ 12 月累计接入流量

132100 万 GB，同比增长超过 71%，如图 12 所示。

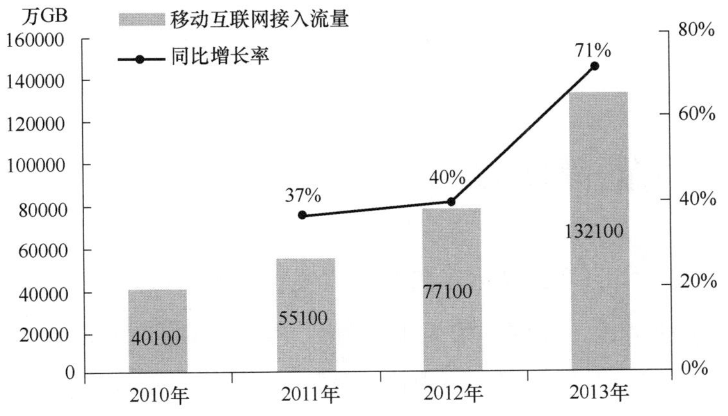

图 12　2009—2013 年我国移动互联网接入流量及增长率（数据来源：工业和信息化部）

依托 3G，智能终端、移动应用、物联网蓬勃发展，2013 年中国移动互联网市场规模为 1060 亿元，突破千亿元大关，同比增长 81%，移动购物和移动营销市场份额进一步提升，成为推动移动互联网蓬勃发展的重要源动力。伴随着市场参与方的积极探索，移动互联网业务及产品不断推陈出新，中国移动互联网市场进入高速发展通道，且生态环境进一步优化。2010—2013 年中国移动互联网行业规模占比情况如图 13 所示。

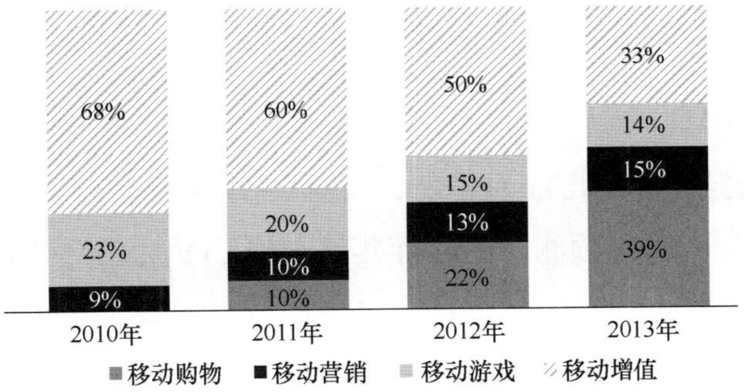

图 13　2010—2013 年中国移动互联网行业规模占比（数据来源：艾瑞网）

二、2013 年无线与移动领域热点分析

（一）LTE：新一代宽带移动

新一代宽带移动通信技术 LTE 正从起步阶段向大规模发展阶段跨越。2013 年，全球 LTE 商用网络数量和用户数量继续快速增长，已成为历史上发展最快的一代移动通信技术。我国发放 TD-LTE 牌照，并计划于 2014 年“一步到位”地建成全国性网络，不仅将一跃而成为全球规模最大的 4G 网络，而且将大大拉近 TD-LTE 与 LTE FDD 的差距。

1. LTE 商用网络部署加快

2009 年 1 月，北欧运营商 TeliaSonera 发布了全球第一个 LTE FDD 商用部署合同。2009 年 12 月，这个覆盖 2 个城市的第一张 LTE 商用网络正式开通。2010 年 11 月和 12 月，目前用户最多的两个 LTE 运营商——日本 NTT DoCoMo 和美国 Verizon 的 LTE FDD 商用网络相继投入使用。2011 年 3 月，第一款 LTE FDD 智能手机在 Verizon 发布。2011 年 11 月，NTT DoCoMo 发布了其第一款 LTE 智能手机。各运营商的 LTE 用户均在发布智能手机后呈爆炸性增长，2011 年年底全球 LTE FDD 用户达到 1300 万。

根据 GSA 的统计，截至 2013 年 11 月中旬，全球 83 个国家已部署 222 个 LTE 商用网络，已达同期 3G 网络数量的 27%。据 GSA 预测，2013 年年底全球 LTE 商用网络规模将达到 260 个，如图 14 所示。

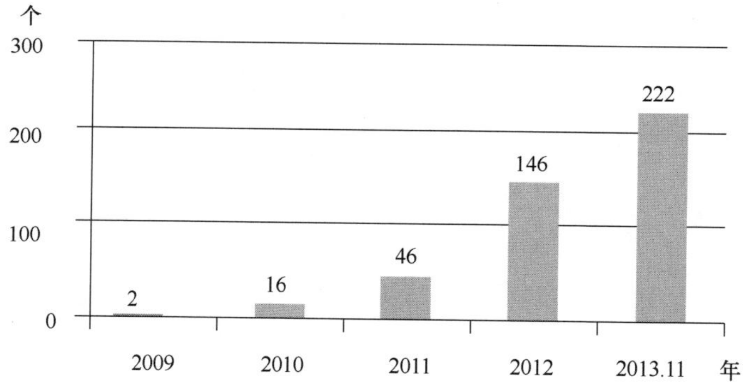

图 14　全球 LTE 商用网络数量增长情况（数据来源：GSA）

全球 LTE 用户数量增长情况如图 15 所示。

近年来，移动互联网市场经过 3G 时代的培育，已经进入爆发期，为 LTE 发展提供了充足的需求动力。LTE 初期发展速度已经远超当年的 WCDMA，成为史上发展速度最快的移动通信技术。

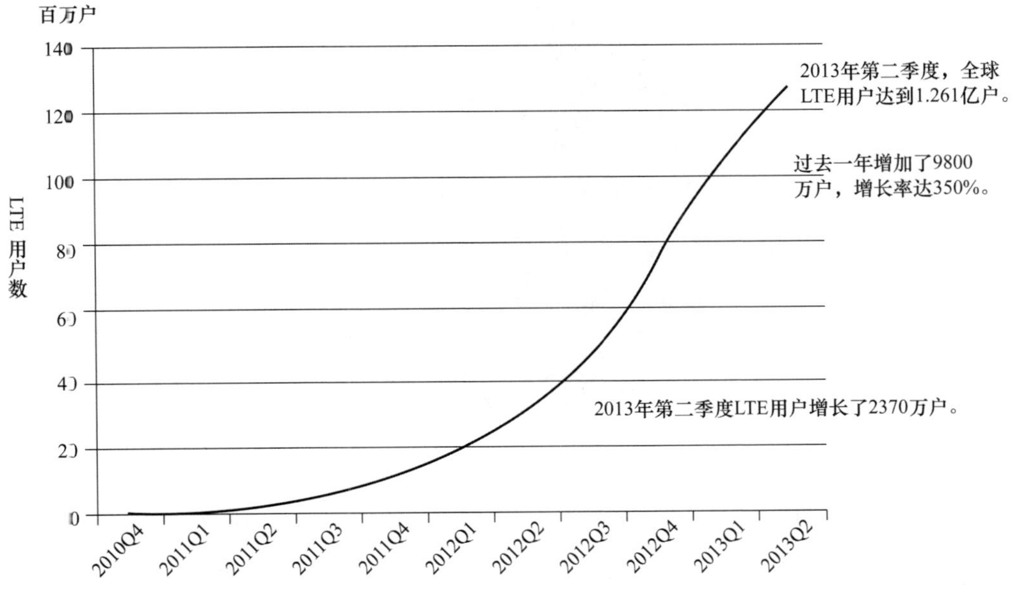

图 15　全球 LTE 用户数量增长情况（数据来源：GSA）

但全球 LTE 发展继续保持不均衡态势，发展热点仍集中在美、日、韩等环太平洋地区，欧洲发展仍然大幅度滞后。截止到 2013 年 12 月，90% 的 LTE 用户集中在北美和亚太地区，82% 集中在美、日、韩三国，如图 16 所示。反观欧洲，尽管已有 52 个欧洲国家的上百家运营商开通了 LTE 服务，占全球 LTE 商用网络的一半以上，但欧洲 LTE 用户数不到 1700 万，用户数占全球 LTE 用户总数的比例仅为 8%。据分析，经济萧条、3G 成熟、监管过严等因素影响了欧洲运营商的 LTE 投资积极性。

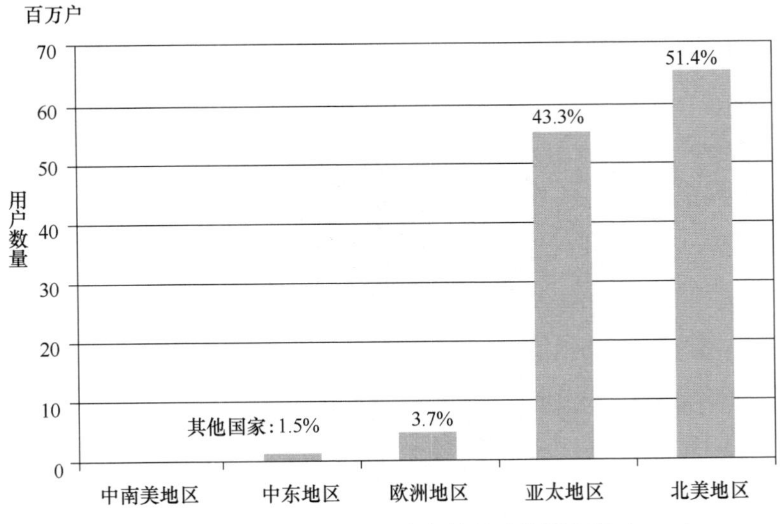

图 16　全球各地区 LTE 用户分布情况（数据来源：GSA）

LTE 市场发展的另一个明显趋势是用户高度集中在少数运营商。至 2013 年，LTE 用户超千万的运营商共 5 家，超百万的只有 19 家，绝大多数网络的用户数不超过 20 万。80% 的 LTE 用户集中在 7 个美、韩运营商，其中 3 个美国运营商占据了 47% 的用户，3 个韩国运营商占据了 21% 的用户，日本运营商 NTT DoCoMo 拥有 13% 的 LTE 用户，如图 17 所示。

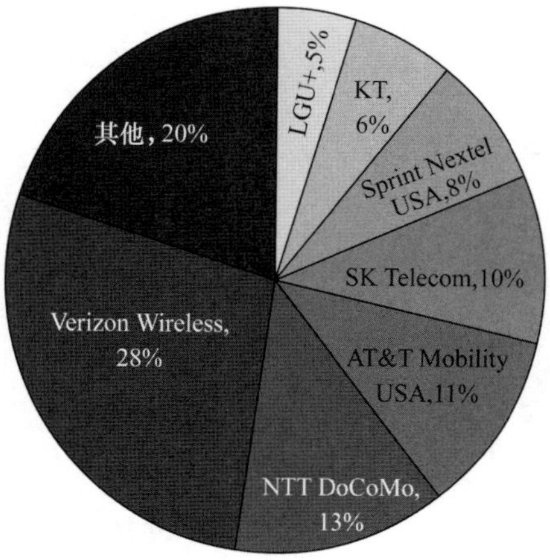

图 17　全球最大的 LTE 运营商的用户数量占比

LTE 全球发展的不均衡性，体现了 LTE 技术的特点。由于 LTE 提供的业务类型与 3G 相比并没有质的差别，只是对运营商现有移动互联网数据管道的“扩容”，因此不同运营商在采用 LTE 的时机选择上有较大的自主灵活性：部分移动互联网业务容量压力较大的运营商可以选择尽早向 LTE 升级；而那些现有网络容量仍可满足业务需求的运营商则可以选择暂不演进到 LTE。

2013 年，LTE 终端数量快速增长。根据 GSA 的统计，截至 2013 年 11 月中旬，全球 120 个制造商已发布了 1240 款 LTE 终端，过去一年内增加了 680 款，比上一年度增长了一倍。

LTE 智能手机呈现快速发展的趋势。从 2011 年年中的仅 10% 快速增长到 2013 年 11 月的 37%（455 款），预计将很快超过数据终端，成为最主要的 LTE 终端类型。

各类型 LTE 终端占比情况如图 18 所示。

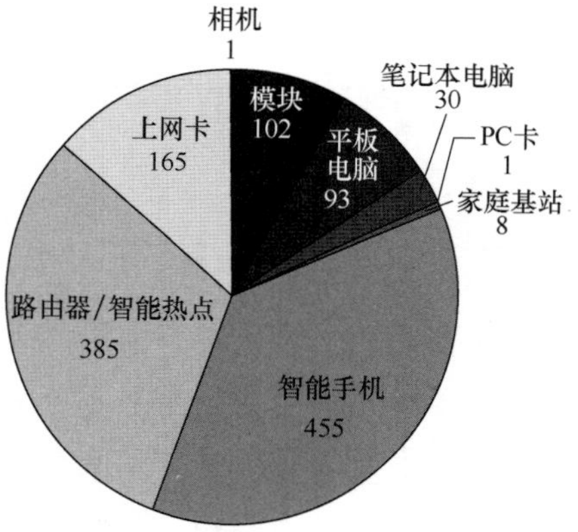

图 18　各类型 LTE 终端占比（数据来源：GSA）

在 LTE 手机的话音方案方面，2013 年多种技术方案仍然并行发展。CSFB 方案被越来越广泛地接受，已经取代双待机成为最主流的过渡性话音解决方案。而双待机运营商则积极推动产业加快 VoLTE 的研发，准备优先向 VoLTE 跨越。近期部署 LTE 网络的运营商面临“用 CSFB 还是等候 VoLTE”的两难境地。

LTE 智能手机的快速发展凸显了移动互联网业务的重要性急剧提升。LTE 本身虽仍只是“纯数据网”，话音需要通过 3G 网络提供，但这并不影响其智能手机的发展，说明移动互联网有超过话音，成为手机用户头等需求的趋势。

2. 我国将引领 TD-LTE 发展，并迅速成为全球最重要的 LTE 市场之一

2013 年也是 TD-LTE 快速发展的一年。根据 GSA 的统计，截至 2013 年 11 月中旬，全球 18 个国家部署了 23 个 TD-LTE 商用网络，其中包括 11 个 LTE FDD/TD-LTE 双模网络，基站数超过 10 万个。2013 年，全球用户超过 500 万，日本软银和沙特 Mobily 用户突破 200 万。除亚非拉以外，TD-LTE 也已进入日本、美国、澳大利亚等发达国家市场。而且日本软银、美国 Sprint 将成为 TD-LTE 国际上主要的大规模运营商。截至 2013 年 9 月，全球已发布 274 款 TD-LTE 终端，比一年前增加 159 款，其类型分布如图 19 所示。智能手机达到 43 款（其中多款已支持 5 模 11 频），但相比 LTE FDD，TD-LTE 智能手机比例较低，只有 16%，说明 TD-LTE 网络仍更多地停留在宽带数据接入网络的定位，还未完成向移动互联网管道的转化。

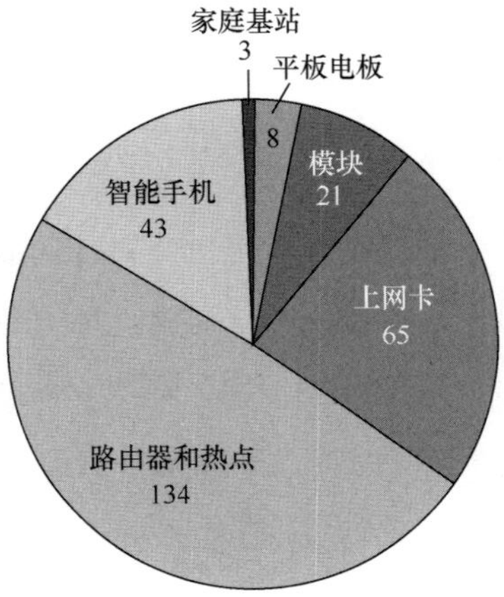

图 19 TD-LTE 终端类型分布

2013 年 12 月 4 日，我国为中国移动、中国电信、中国联通三家运营商正式发放了 TD-LTE 牌照，并分配了 210MHz 频谱资源。距 2010 年国际上第一批大规模 LTE 网络部署，中国只滞后 3 年左右时间，相比 3G 时代部署时间差距已大大缩短。

我国根据国情和 TD-LTE 技术、产业发展规律，遵循科学合理和加速推进产业两个原则，采用了和国际上不同的商用策略。与部分国家“从局部城市开始小规模商业部署，然后随着技术和产业链成熟，逐步扩大商用规模”的方式不同，我国首先采用分阶段试验的方式推动 TD-LTE 研发和产业化，待技术成熟后再启动大规模商用部署。

从 2012 年 7 月至 2013 年，中国移动已经在我国 15 个城市开展了 TD-LTE 扩大规模试验，建设规模超过 2 万个基站，采购了 20 余万部终端，发放给友好用户。在牌照发放以后，中国移动将采用“一步到位”的方式建设 LTE。

2013 年第三季度，中国移动公布“2013 年 4G 网络工程无线主设备招标”结果（即“中国移动

4G网络一期工程”)，全国共20.7万个基站，约55万载频，预计2014年上半年完成，覆盖全国344个城市。2014年计划再建设20～30万个基站，实现全国性覆盖。中国电信和中国联通也将在2014年进行大规模TD-LTE网络建设，这样我国TD-LTE网络将很快建成全球规模最大的4G网络。

我国大规模部署TD-LTE，将极大地推动TD-LTE制造产业和运营产业的发展，并大幅拉近于国际上TD-LTE与LTE FDD的差距。

3. LTE将对通信产业发展产生深远影响

从目前的发展趋势来看，LTE技术对移动互联网和物联网业务的支撑、促进作用将明显超过3G。

3G虽然开启了移动互联网/物联网时代，但随着业务需求的不断发展，已无法适应其未来发展需求。首先，移动互联网应用的用户和流量持续呈爆发性增长，占用了运营商越来越大的带宽，3G网络容量已经无法长期支撑；其次，随着移动互联网的快速普及，用户在希望更多的手机应用的同时，付出的通信成本也不断升高，但3G上网资费偏贵，限制了移动互联网业务的进一步发展。最后，现有3G网络由于当初设计的局限性，承载大量传感网、多媒体实时通信软件等长期在线、小量传输的物联网、移动互联网业务时，容易造成运营商传输管道拥塞。

因此，向带宽更大、容量更高、每比特成本更低的LTE网络演进，扩宽数据管道，是运营商“立竿见影”的解决方案。升级为LTE后，运营商就可以放心地开展移动互联网、物联网业务，获得新的市场机会。国际上已经部署LTE的运营商利用LTE网络更强的传输能力，纷纷开展了新型视频类衍生业务、社交网络、云计算、位置和增强现实等各种新兴移动互联网业务，以及医疗、家居、工程、物流等各种新型物联网应用。

LTE对移动互联网业务发展有着较大的促进作用。以韩国为例，韩国在部署LTE网络后的2年半时间内，移动网络数据流量增长了80倍。

LTE也将对运营商的运营模式产生深远的影响。由于具有较强的宽带数据传输能力，LTE已经成为运营商完成“管道化”转型的最佳技术，帮助越来越多的运营商找到并接受了自己在服务产业链中的正确定位。运营商在部署了LTE后，利用LTE更低的每比特成本，有能力推出“不限量通话”、“免费短信”、“多终端共享一份套餐”等“管道化”数据套餐。韩国SKT为LTE用户提供了套餐内的免费短信和无限语音通话服务，并推出了LTE共享数据计划，用户支付9000韩元即可增加一款数据终端，免费使用同一套餐，而且允许新签约的所有用户使用移动VoIP服务。同样地，美国Verizon也推出了包含不限量语音通信和短信的LTE智能手机套餐和多终端分享套餐。

2013年第一季度，韩国SKT用户的ARPU值终于改变了3G时代连年下降的趋势，同比增长了4.4%，其中其LTE智能手机的ARPU值比所有智能机的平均ARPU值高出22%。事实证明，在LTE时代，“管道化”运营商也可以达到“盈亏平衡”，甚至可以获得再次发展的新机遇。LTE使运营商向“移动互联网管道”转型的时机已经到来。

4. LTE 发展趋势

2014 年，LTE 的发展将呈现如下新的趋势。

首先，全球将积极研发 VoLTE，LTE 话音时代将加速到来。虽然双待机、CSFB 等过渡性话音解决方案成功地支撑了 LTE 初期的发展，但全球 LTE 产业加速研发 VoLTE，为向 4G 的完全演进做准备。韩、美等 LTE 领先国家已经先行商用 VoLTE。中国移动发布《VoLTE 白皮书》，提出详细的技术指标，指导产业加速研发。相对而言，双待机运营商更积极向 VoLTE 跨越，希望有办法尽快替代 3G 话音（Verizon 已经考虑推出纯 VoLTE 手机）。各运营商部署 VoLTE 的时间见表 1。

表 1　　各运营商部署 VoLTE 的时间表

运营商	VoLTE 部署时间
MetroPCs	2012 年 8 月商用
SKT	2012 年 8 月商用
LG U+	2012 年 8 月商用
KT	2013 年 10 月商用
AT&T	2013 年年底商用
Verizon	计划于 2014 年商用
中国移动	计划于 2014 年年底商用

部分运营商已经成功运营了 VoLTE 业务，2013 年 5 月，韩国 SKT VoLTE 活跃用户数已达 450 万户。相关咨询机构看好 VoLTE 发展前景，据 ARCchart 预测，到 2016 年全球 VoLTE 服务收入将达到 20 亿美元。据 Infonetics 预测，全球 OTT 移动 VoIP 和 VoLTE 服务在 2017 年将成为一个价值 160 亿美元的市场。但 VoLTE 和 OTT 未来的关系仍不明朗，是相互竞争还是相互补充，还有待进一步观察。

2014 年 LTE 发展的另一个趋势是 LTE-Advanced 的产业化起步。虽然全球范围内 LTE 的商用部署还不均衡，欧洲的 LTE 发展还未形成规模，但先期部署 LTE 的运营商已经全力投入 LTE 技术的第一轮演进和增强。

载波聚合、MU-MIMO、异构网干扰消除等技术的网络侧研发将于 2014 年成熟。其中载波聚合作为运营商应对“峰值速率竞争”的有力武器，已经成为运营商第一个商用的 LTE-Advanced 技术。韩国 3 家运营商已经于 2013 年开始载波聚合商用部署，以强化其“技术领跑”优势。国际上另有 3 家运营商正在部署载波聚合网络，21 家已有计划或正在试验。2013 年 8 月，日本软银在 3.5GHz 频段进行了 5 个 20MHz 载波的 TD-LTE CA 演示，峰值速率达到 700Mbit/s 以上。我国也已开展载波聚合、高阶 MIMO 等 LTE-Advanced 技术试验。

产业界对 LTE 终端侧增强技术的研发重点仍集中在高等级终端、VoLTE 等近期热点方向，对 LTE-Advanced 的支持尚需一段时间。其中，Cat4 终端已成为 LTE 终端的发展趋势。目前 20 个国家的 LTE 运营商的网络已经支持 Cat4 终端，以实现下行 150Mbit/s 的峰值速率。在现有 1240 款 LTE 终端中，已有 87 款支持 Cat4，预计 Cat4 将很快成为未来 LTE 终端的必备特性。另外，现有 LTE 终端中已有 2 款支持 Cat6（下行峰值速率达 300Mbit/s），预计 2014 年将有运营商提供服务。

面向更远的未来，LTE 产业对 Small Cell、Relay、CoMP 等其他 R12 前 LTE-Advanced 特性也已开始样机预研，将根据全球 LTE 市场需求逐步投入商用产品研发。

5. LTE 发展面临的挑战

LTE 在今后几年的发展中也将面临一些挑战，具体如下。

挑战一：可供 LTE 使用的频谱分布分散，不利于全球漫游和产业规模化发展。

虽然大多数国家和运营商倾向使用几个 LTE 主流频谱，但相比 2G/3G，LTE 频谱仍空前分散。在 LTE FDD 的全球部署中，1.8GHz、2.6GHz 和 700 ～ 800MHz 频段已经成为主流，43% 的 LTE FDD 网络采用 1.8GHz 频谱；全球 TD-LTE 的部署目前主要使用 2.6GHz 和 2.3GHz 频段，少数运营商开始使用 3.5GHz 频谱。全球 LTE FDD 和 TD-LTE 网络使用频谱的分布情况如图 20 和图 21 所示。

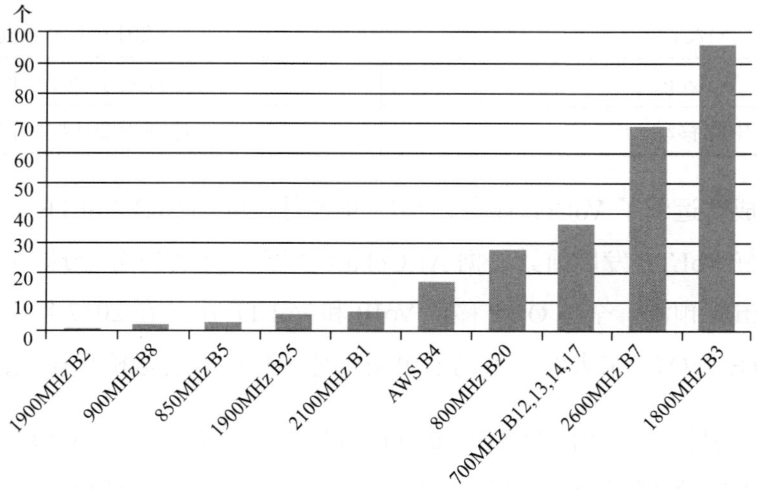

图 20　全球 LTE FDD 网络使用频谱的分布（数据来源：GSA）

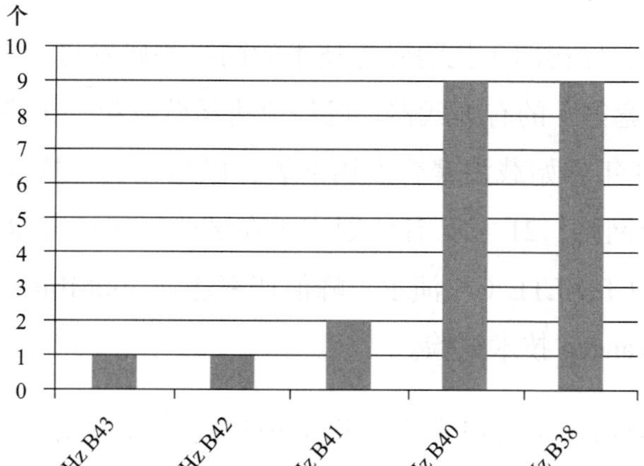

图 21　全球 TD-LTE 网络使用频谱的分布（数据来源：GSA）

部分运营商要求“五模十几频”的漫游要求，因而增大了芯片、终端产业的研发难度，不利于LTE 产业降低成本和规模化发展。

挑战二：TD-LTE/LTE FDD 融合组网策略不明，TD-LTE 未来发展存变数。

目前一半的 TD-LTE 运营商同时运营 LTE FDD，他们大部分仍将 TD-LTE 视作 LTE FDD 和 3G 的“补充数据管道”。美国 Sprint/ClearWire、日本 KDDI/UQ 对 TD-LTE 的使用预计仍将延续对 WiMAX 的定位，即将 TD-LTE 作为 LTE FDD/3G 的“纯数据补充网”。日本软银 /WCP 虽然目前实现了 TD-LTE/WCDMA 的 CSFB，但未来将只在 LTE FDD 上实现 VoLTE，TD-LTE 也将退居到“纯数据管道”的定位。还有一些运营商甚至不准备发展 TD-LTE 手机，只部署 TD-LTE 数据终端。TD-LTE/LTE FDD 双模组网运营商的混合组网策略如图 22 所示。

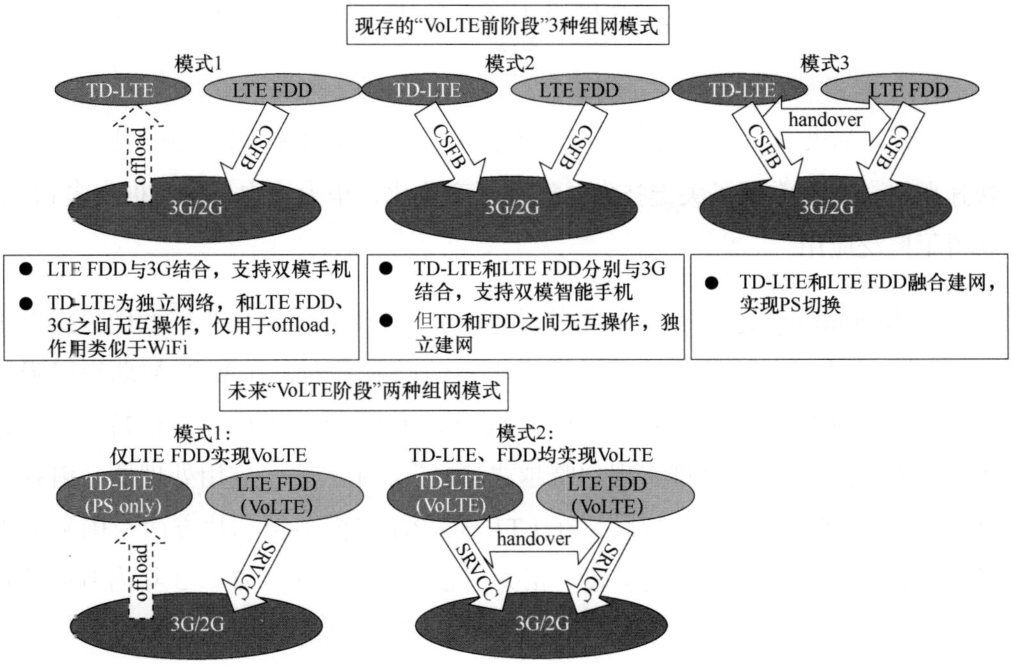

图 22　TD-LTE/LTE FDD 双模组网运营商的混合组网策略

TD-LTE 定位为“补充数据管道”，将可能为 TD-LTE 的长远发展带来两个负面影响：一是 TD-LTE 网络的规模远小于 LTE FDD，可能被限制为规模很有限的“热点网络”，导致 TD-LTE 产业的规模效应难以形成；二是长期居于“补充”的地位，使 TD-LTE 的可替代性明显强于 LTE FDD。回顾 WiMAX 的发展历史，在其刚推出的几年内也曾获得了很好的发展势头，但随后则逐渐衰落，这和它被作为运营商的“补充网络”，可以低代价地替换有一定的关系。

因此，国内外运营商的 TD-LTE/LTE FDD 双模混合组网策略影响 TD-LTE 的长期发展前景。目前国际上部分运营商已经开始推动“单独下行”非对称频谱载波聚合方案。如果这项技术投入使用，TDD 技术将不再是非对称频谱的必选技术，FDD 运营商不采用 TD-LTE 也可以利用其非对称频谱资源，TD-LTE 将面临被边缘化的风险。

当然，从长远来看，VoLTE 和 OTT 之争结果难判，话音业务的比重及作为独立业务的地位受到挑战，“网络成纯数据管道”和“终端成纯数据平台”也可能成为 LTE 运营商发展的“大势所趋”。从这个角度来说，TD-LTE 目前即被定位为纯数据网络，其利弊还需要进一步深入分析。

挑战三：LTE 加剧领先企业“代差”优势，我国产业还需逆境追赶。

4G 时代，我国移动通信制造业在国际市场上的总体实力不断增强。以华为、中兴等为代表的我国企业已经跻身世界上最具竞争力的网络设备制造商，在核心知识产权、产品研发、产业化等方面均取得了长足的进步，市场占有率持续扩大。2013 年我国企业在国际 LTE 系统设备市场占据了 20% 以上的份额，其中 TD-LTE 市场份额超过 60%。在 2013 年中国移动 TD-LTE 第一期招标中，我国企业也获得了 60% 以上的份额。从这些数字可以看出，不仅在国内 4G 网络的发展中，我国产业占据了明显的优势，而且在国际 4G 网络市场竞争中，中国企业也正在扮演着越来越重要的角色。

在 4G 终端方面，苹果、三星等国外厂商起步较早，目前在国际 4G 市场占据了较大份额，但我国终端企业快速跟进，已经掌握了关键技术并实现了产业化，华为、中兴等已推出多款 4G 手机，在国际市场上获得了广泛应用。

LTE 终端从单模 45nm 快速过渡到多模多频 28nm，为技术领先企业扩大优势提供了契机。高通凭借先进的工艺、强大的处理能力、稳定性和丰富的产品系列，在 LTE 初期得以强化其领先地位，已占据 LTE FDD 86% 的市场。国内企业在 TD-SCDMA 和 TD-LTE 阶段持续努力，在某些细分市场具备了一定的竞争力，但仍难实现“跨越式追赶”，在工艺、应用处理器、射频等方面与高通仍存在“代差”。在 LTE 技术升级阶段，在 LTE/3G/2G 多模多频芯片方面与国际最先进水平还存在一定的差距，但部分核心企业已经突破了相关核心技术，在未来 2 ～ 3 年内有望获得更大的市场份额。

（二）移动互联网

移动互联网持续创新，不断更新产业格局。

1. 移动互联网处于产业扩张期，呈九大趋势型机遇

移动互联网正处于产业扩张期，因而其带来的机遇仍然来自于行业的持续发展。这种趋势型机遇存在于规模与形态不断扩张的终端版图中，存在于更侧重云端模式与能力的轻应用发展中，也存在于面向未来体系的 OS、芯片、交互技术的发展中，如图 23 所示。

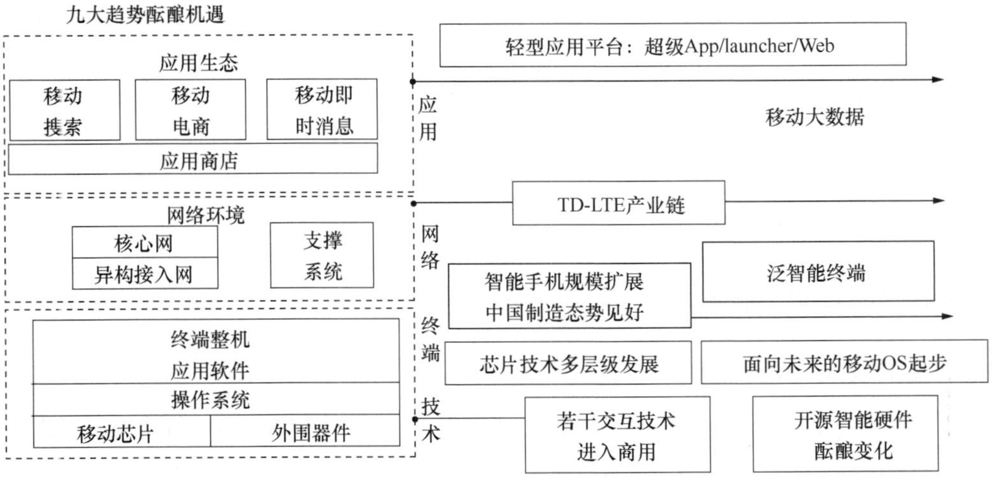

图 23　移动互联网发展趋势酝酿机遇

2. 移动 OTT 业务与网络及终端协同发展，技术优化与商业模式创新不断

在商业模式上，移动 OTT（Over the Top）业务厂商与运营商从竞争走向合作。2013 年 8 月中国电信携手网易推出“易信”应用，这是全球首次电信运营商与互联网公司成立合资公司并合作打造移动即时通信社交产品，标志着电信运营商和互联网公司进入移动即时通信产品联合开发运营和资本合作的新阶段；2013 年 8 月中国联通和腾讯微信联合推出套餐服务——微信沃卡，是国内首例电信运营商与微信这样的 OTT 服务商合作推出定制服务，这也是运营商与互联网巨头在 OTT 业务双赢道路的一次探索，移动 OTT 业务能给运营商带来大量新用户，而运营商能够提供相对廉价或免费的流量，使更多人使用 OTT 企业的服务。

在技术优化上，产业界积极应对移动 OTT 业务对网络冲击的问题，从业务层、网络层和终端层进行协同优化。运营商方面，在网络层研究 OTT 业务对网络冲击的问题，中国移动选择热点地区进行试验，适时对网络进行扩容或采取优化措施；在业务层，中国移动建立统一的第三方 Push 推送服务平台，为用户提供推送服务，并减少应用心跳发送数量。业务提供商方面，在业务层，腾讯配合中国移动在 QQ、微信等应用上进行业务逻辑优化；个推、极光等公司建立第三方 Push 推送服务平台，为用户提供推送服务。终端厂商方面，在业务层，小米、苹果等终端公司自建 Push 推送服务中心，提高用户体验，降低心跳发送总量；在终端层终端设计方面，在解决终端耗电问题时，考虑优化心跳发送机制。

3. 移动互联网持续扩张，不断突破手机边界

智能手机产品进入调整期，微创新成为主力，不断变革的终端形态及能力可为应用创新提供无限可能。

2013 年，智能手机发展已从高速成长期步入结构调整期，主要表现为市场增速放缓、利润率下降、产品创新和技术更迭几个方面。

市场增速放缓：2013 年第三季度全球智能机同比增速跌至 38%，我国智能机出货量占比达 90%。

利润率下降：苹果和三星的销量和净利润下滑，市值大幅缩水。

产品创新：移动智能终端的突破式创新阶段已经过去，已逐步从以性能和功能为竞争主导的阶段转向以品质和品牌为竞争主导的阶段。

技术更迭：在移动智能终端领域中，行业领先者和落后者之间的技术差距正逐步缩小。

移动智能终端的发展以微创新为主力，产品主要是在现有架构下的个性化外观和功能上的创新；同时产业也在努力寻求功能和形态的扩张，以突破现有产品结构，为应用创新提供无限可能。其中，可穿戴设备为重要的突破方向，它可通过新型人机交互技术，改善手机操作体验，扩充移动互联网应用场景，通过添加传感模块，释放了医疗等垂直领域借势移动互联网的发展诉求，如图 24 所示。

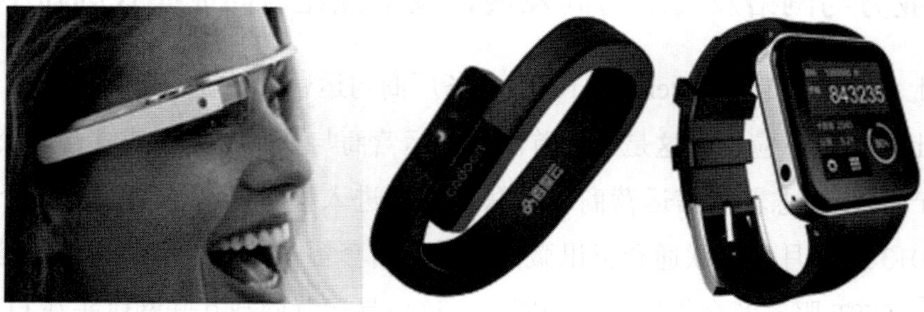

图 24　2013 年的主要可穿戴设备形态（从左至右依次为谷歌眼镜、咕咚手环和果壳手表）

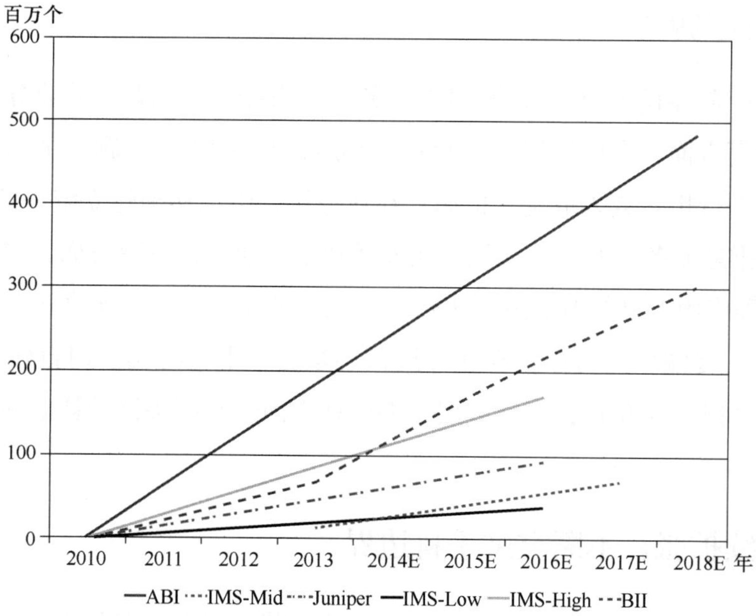

图 25　可穿戴设备发展预测汇总（数据来源：国外咨询机构 Business Intelligence）

从图 25 可以看出，国际主流咨询研究机构对可穿戴智能设备普遍看好。而可穿戴智能设备又可以分为两类：传感应用类和新型交互类。前者已趋成熟，产品形态稳定落实，而后者刚刚起步，处于一个概念的萌芽期，在 2013 年中有概念炒作的意味，成熟产品较少，不确定性较大。

4. 开源智能硬件推动泛移动终端生产模式变革

鉴于移动互联网产业具有长尾化的特点，客户需求差异性大，但是对单一产品的需求量不高。以此为前提，C2B 的生产模式伴随开源智能硬件的起步正逐步兴起，因而开源智能硬件正推动泛移动终端生产模式变革，其流程如图 26 所示。

整个开源智能硬件体系涉及芯片、开发板、嵌入式产品和应用软件，配合软件开源化将贯穿本次产业革命始终。其中开发板为整个开源硬件生态的核心，向上承载芯片处理能力，向下扩展开源硬件应用接口。同时，开发板需要综合考虑能耗、拓展性和简洁性。在整个开源硬件生态中，利益沉降在金字塔的底部，所以需要产业的利润转移，方能激励生态发展。

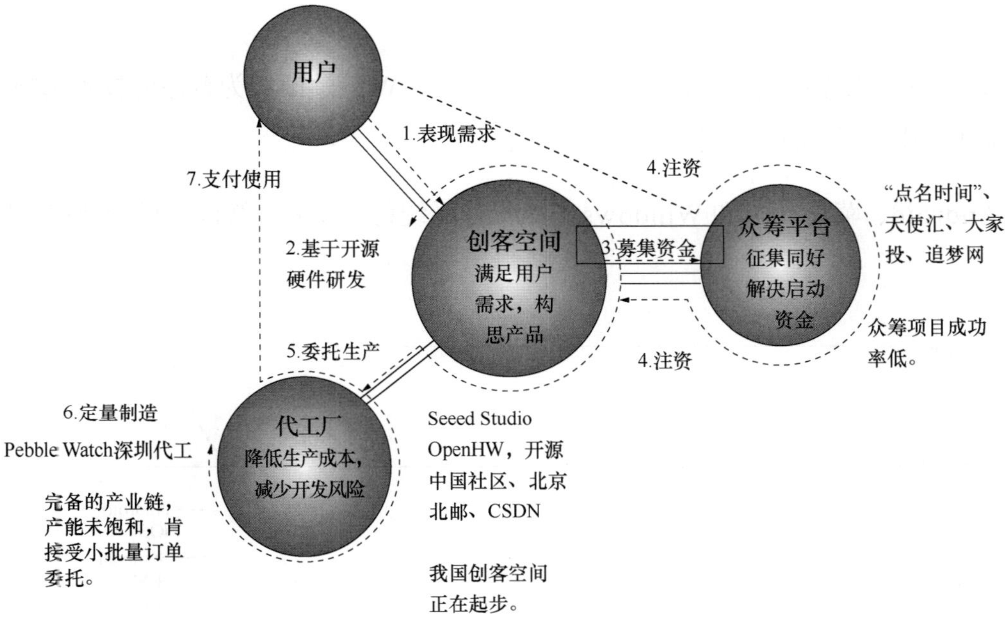

图 26 C2B 生产模式流程

C2B 的生产模式主要分为以下 7 步。

（1）由于移动互联网时代发展迅速，巨头厂商对用户的部分切实应用需求有所滞后，此时便给以创客为中心的开源硬件生态带来机会。

（2）设计师于创客空间中利用开源智能硬件研发出相应的原型产品。可穿戴智能设备便属于此类产品，例如 Pebble Watch。

（3）当开发人员在产品研发上具有一定的基础后，便可以在众筹平台上发布产品方案，以募集资金。

（4）众筹平台作为开发人员与潜在客户的接口，可为有意图购买产品的用户提供注资的窗口，同时也为开发人员解决了启动资金的困难，有效降低了开发团队的风险。国内比较著名的有"点名时间"和"追梦网"等；国际上最著名的当属"Kickstarter"。

（5）获得初步资金后，创客空间的开发人员便可以去寻找代工厂以求合作。

（6）代工厂接单后，根据付款人数，可确定实际需求，此举有效地降低了生产成本，避免浪费，从而减少了产品开发风险。

（7）制造完毕后便可交付使用。

这种定量的、按需的生产模式，大大降低了设计者的生产风险和资金投入，也能更好地满足市场的需求，为泛移动终端的产业变革提供了有力支撑。

5. 操作系统竞争空间空前拓展，Web 成为普遍技术选择，泛终端发展或可开启发展新周期

2013 年，在移动操作系统领域，竞争空间空前拓展，Web 逐渐成为普遍的技术选择，泛终端的发展或可开启移动操作系统的新周期。

目前，Android、苹果 iOS 和 Windows 三大操作系统稳定发展。智能手机全球销售情况如图 27 所示。

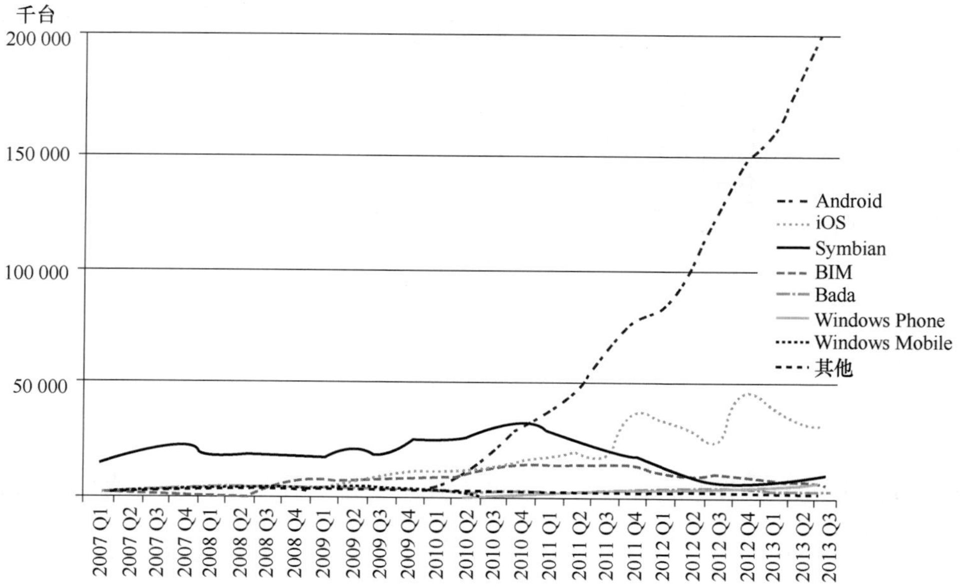

图 27　智能手机全球销售情况（数据来源：维基百科）

2013 年，Android 已形成长达两年的事实垄断，其在智能手机市场的份额约是 iOS 的 4 倍，起步后发展的速度更是 iOS 的 6 倍，在中国的市场份额达到了 94%。

苹果 iOS 操作系统的市场量稳居第二，其中 iPhone 5s/5c 有效拉动了终端放量出货。前三季度，iOS 的市场占比为 12.9%。

WP 市场比例正逐渐增大，其收购诺基亚后，市场份额突破了 4%，3 年后有望形成 10% 的市场占有率。

以往的 OS 以重构或二次开发模式为主，较关注系统内核与应用框架，而现在则是多层次 OS 的角逐。主要体现在：Web 技术在此领域普遍应用不断深化；浅层 OS 级应用系统初现端倪；OS 与芯片等硬件同步整合（如 iOS7 与 64 位芯片）的趋势愈发明显；终端的反作用力初现，基于多类终端的 OS 重构竞争逐渐明显。

目前，在电视和平板等领域 Android 的迁移比较成熟，因而依靠其带动自主操作系统的可能性不大，但泛终端或可成为开启操作系统新周期的关键。如应用于眼镜和车载系统的 Meego 系统，其针对不同终端适配不同容器，但核心相同；而手表的操作系统则多基于 Android 二次剪裁或自主开发。

6. 应用处理器与通信芯片齐头并进，构成移动芯片的发展关键

继通信芯片之后，移动智能终端催生应用处理芯片的大发展，两者齐头并进，构成移动芯片的发展关键。

从全球角度来看，多模多频成为热点，LTE 发展已步入快轨期。鉴于 LTE 的成熟商用，多模多频成为发展的基本要求，高通更于 2012 年就已推出包含全部移动通信模式的六模基带芯片。

2013 年，应用处理芯片快速兴起，四核应用芯片已成主流，八核与 64 位两种方案正主导高端市场，但厂家之间的技术选择存在分歧。同时，GPU 在应用处理芯片体系下的作用逐渐凸显。

同时，多功能集成单芯片及 turnkey 一体化解决方案也是重要方向。全球集成单芯片出货量占比已超过 50%。

全球移动芯片的制造设计发展迅速，制程工艺升级节奏（量产）加快，与桌面 CPU 的差距越来越小，已从原来的 3 年缩短到现在的一年。

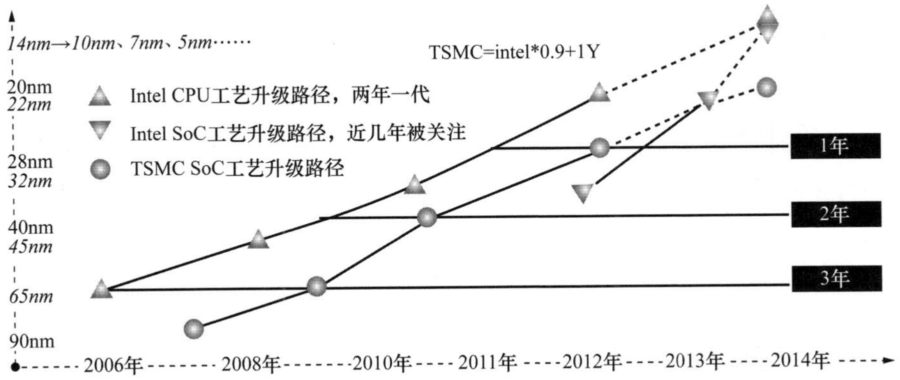

图 28　移动处理芯片工艺水平与桌面处理芯片（数据来源：工业和信息化部电信研究院）

从国内的角度来看，我国历经十年时间终于扭转缺芯局面，芯片设计水平全面提升。我国通信基带芯片和应用处理芯片的出货量正快速提升：2013 年 1 ～ 9 月，国内移动芯片出货 3 亿余片，已超过 2012 年全年总量的 2.5 亿片。而且我国移动芯片设计在多核、全模、高工艺等方面均有所突破：海思

研发 5 模芯片成功，并获得 ARM 64 位授权；展讯、联芯、海思、瑞芯微等掌握 28nm 工艺。如今我国芯片企业已进入全球第二梯队，且国产化比率快速提升。

但是，全球移动芯片制造升级速度小于两年一代，而我国落后世界领先水平已约 2 代（3～5 年）。随着工艺升级的持续加速，我国赶超难度不降反升：我国主流水平仍停留在 65nm，而 40nm 技术虽快速突破，但问题仍颇多。

7. 移动芯片产业高速发展，AP（应用处理器）与 BB（基带处理器）演进方向明晰

在 2013 年的移动芯片中，AP（应用处理器）和 BB（基带处理器）仍为创新关键：前者承载移动 OS、支撑应用服务，并实现整个硬件平台的核心控制；后者则结合 RF 随移动通信技术的进步而进步，共同实现通信功能。

目前业内在 AP 性能升级方面存在分水岭，即 64 位与 8 核。64 位处理器主攻大核心战略，其强化单线程，弱化并行计算，为 AP 升级提供了新路径。苹果 A7 为首枚基于 64 位的 ARMv8 指令集的处理器芯片，能直接带来处理能力的大幅提升。

而八核处理器则主攻多核心战略，强化并行计算，弱化单线程，但是真八核的并行设计难度较大。2013 年，八核处理芯片有三星的“大四＋小四”、MTK 的“八小四”两种架构形式的芯片出现。

总而言之，市场竞争是目前驱动多核升级的重要因素，但相较于此，企业更倾向于 64 位升级路线。

就 LTE 芯片而言，目前全模全频是其最大的挑战，全模更多的是对 BB 的挑战。多一模或少一模的技术难度差别往往十分巨大：目前，含 cdma2000 在内的六模唯有高通能做；Marvell 已实现五模，英飞凌和 MTK 预计 2014 年可以实现五模；国内市场上，海思暂时领先，联芯和展讯跟进，预计 2014 年可实现五模商用。在设计工艺方面，国内企业已有产品多集中在 40nm，2014 年应该可以进入 28nm。国内完成进网检测 LTE 手机 12 款，集中在高通和 Marvell 平台。全频带来的是对 RF（射频技术）的挑战，包括射频芯片和射频前端等。目前 4G 领域内，RF 三强鼎立，即高通、收购了富士通半导体的英特尔和收购了瑞萨的博通。其他的芯片企业，包括三星、MTK 及国内芯片企业均与此存在一定的差距。

（三）第五代移动通信（5G）

第五代移动通信的研究工作全面启动，已取得阶段性研究进展。

1. 5G 研究已在全球开始启动

移动通信技术演进趋势如图 29 所示。

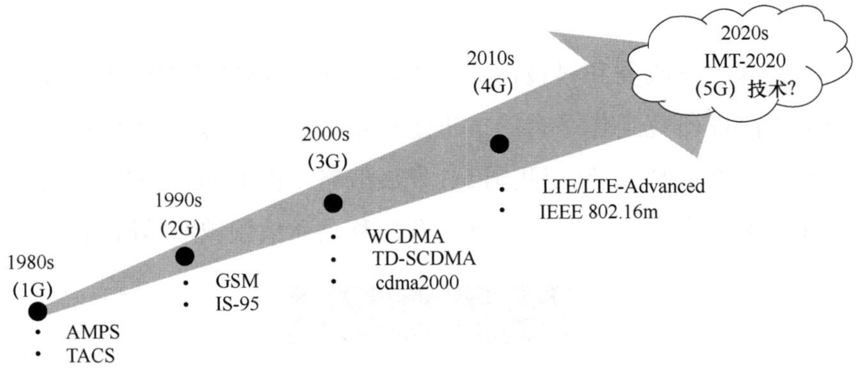

图 29　移动通信技术演进趋势图

移动通信一直保持着每十年出现新一代技术的发展规律。2010 年左右，4G/LTE 技术出现，目前已在全球进入规模部署阶段。根据移动通信技术的发展规律，全球业界已将研究重点逐步投向面向 2020 年及未来的第五代移动通信（5G）技术。国际电信联盟（ITU）已启动 5G 标准化前期研究，凝聚全球共识。主要国家均已成立 5G 推进组织或启动 5G 科研项目。主流公司纷纷启动 5G 研究，部分公司已发布 5G 白皮书或开展潜在关键技术试验。

2. ITU 启动 5G 标准化前期研究

ITU 作为通信领域最权威的国际标准化组织，已经启动一系列 5G 标准化前期研究，包括：面向 2020 年及未来的 IMT 需求愿景、未来技术趋势、面向 WRC-15 的频谱需求及候选频段等。

（1）需求愿景研究

2012 年 7 月，ITU 启动了新一轮的 IMT.Vision（需求愿景）研究工作，旨在研究面向 2020 年及未来的 IMT 市场、用户、业务应用趋势，并将结合技术和频谱情况趋势，提出未来 IMT 系统总体框架、目标、能力，以及后续研究方向和工作建议。ITU 计划于 2015 年 7 月完成此项工作。

（2）未来技术趋势研究

2012 年 7 月，ITU 启动了 IMT.Future Technology Trends（未来技术趋势）研究工作，旨在研究移动通信的频谱效率提升、更大和更灵活带宽使用、多样化业务支持、用户体验改善、能效提升、网络、终端、运营部署、安全等方面技术的未来发展趋势。ITU 计划于 2014 年 10 月完成此项工作。

（3）面向 WRC-15 的频谱需求及候选频段研究

下一届世界无线电大会（WRC-15）将于 2015 年 11 月召开，将为移动通信分配新的工作频段。ITU 启动了 IMT 频谱需求预测、候选频段、信道测量和建模等一系列研究工作，以支撑 WRC-15 移动通信频谱相关工作的顺利开展。以上工作将于 WRC-15 会议之前完成。

3. 各国积极推进 5G 技术研究

2013 年 2 月，工信部、发改委和科技部三部委联合成立 IMT-2020（5G）推进组，其组织架构如图 30 所示。作为国内 5G 研究工作平台，推进组将组织国内力量，全面推进 5G 需求、技术、频谱、标准、知识产权等方面的研究，制定我国 5G 发展战略，推动 5G 领域的国际交流与合作。目前，IMT-2020（5G）推进组成员单位接近 50 家，涵盖我国移动通信领域产学研用的主要单位。

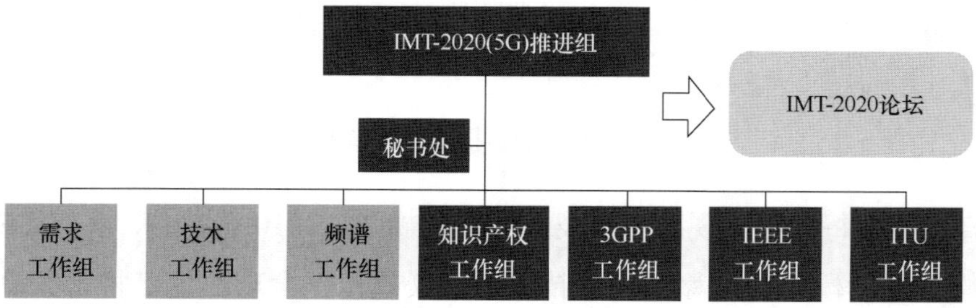

图 30　IMT-2020（5G）推进组组织架构

2012 年 11 月，欧盟第 7 期框架计划启动了名为 METIS 的 5G 科研项目。该项目共投资 2700 万欧元，持续时间 2 年半，计划研究 5G 应用场景、技术需求、关键技术、系统设计和性能评估，将开发测试样机进行验证。METIS 项目组由 29 家电信制造商、运营商、科研机构和高校组成，爱立信是项目牵头单位。华为作为成员单位之一，负责无线传输技术方面的研究。

2013 年 5 月，韩国成立 5G 论坛，旨在提出韩国 5G 国家战略和中长期规划，研究 5G 概念及需求，培育新型工业基础，推动国内外移动服务生态系统建设。目前，5G 论坛已有十多家成员单位，包括韩国主要电信设备制造商、运营商、高校和研究机构。

此外，日本和英国也分别成立“2020 and Beyond Ad Hoc 工作组”和“5G 创新中心”（5GIC），积极推动 5G 技术发展。

4. 主流公司纷纷启动 5G 研究

爱立信已于 2013 年 6 月发布 5G 白皮书，指出未来移动数据流量将会增长千倍以上，联网设备将增长至 500 亿，甚至 5000 亿；5G 的传输速率、时延、可靠性、能耗、成本等方面将会大幅改善，能够提供 Gbit/s 量级的可靠通信，普通用户速率可达 100Mbit/s；在技术方面，重点关注大规模天线阵列、密集网络、D2D、M2M 增强、多跳通信、低时延、高可靠通信等技术。

诺西公司发布了 B4G 白皮书和多个 5G 研究报告，认为 2010—2030 年移动数据流量将增长 3000～30000 倍，5G 将在传输速率、时延、终端数量、传输速率、多样化应用等方面面临挑战，系统设计需综合考虑多种因素的影响，并重点关注增强多天线技术、异构网络、超密集组网、高频段通信、新型 RAN 架构等技术。

三星积极推进 5G 研究工作，指出 5G 峰值速率将达 50Gbit/s，可在任意地点实现 1Gbit/s 的用户速率，传输时延可小于 1ms。在技术方面，重点关注高频段通信、大规模天线阵列、增强 Small Cell、异构融合、新型编码调制等技术。目前三星已开发出 28GHz 高频段通信试验系统，实测峰值速率可达 1Gbit/s。

NTT DoCoMo 认为，面向 2020 年及未来的移动业务流量将增长 1000 倍，5G 传输速率将增长 10～100 倍，时延将低于 1ms，连接设备数将增长 100 倍，网络将更加智能化、低成本和更稳健，并认为“提高频谱利用率”、“增加频谱”、“更密集组网”和“通过 Wi-Fi 及 D2D 等技术分流”是 5G 的主要发展方向。

5. 5G 研究已取得阶段性进展

（1）5G 发展驱动力和主要挑战

基于 ICT 技术和产业总体发展趋势不难发现，移动互联网和物联网将成为面向 2020 年及未来移动通信发展的主要驱动力。面对快速发展的移动互联网和物联网业务需求，5G 需要在低成本、低能耗、安全可靠的前提下，解决多种关键技术挑战，包括：传输速率提升 10～100 倍；时延降至毫秒量级；支持的连接设备密度提升 10～100 倍；支持的流量密度提升 1000 倍；支持 500km/h 以上的移动速度，实现高铁环境下的良好用户体验。5G 面临的关键技术挑战如图 31 所示。

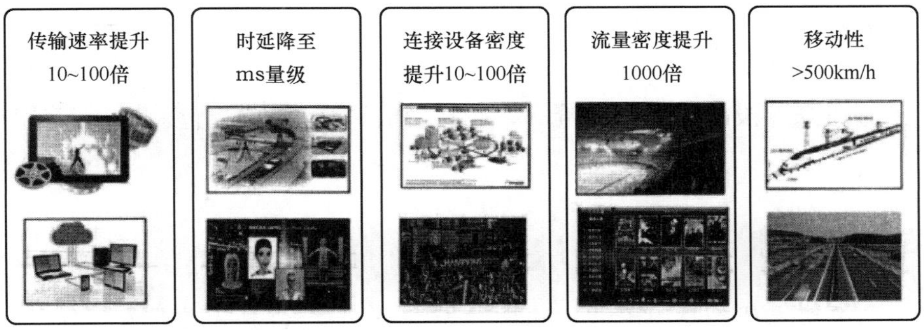

图 31　5G 面临的关键技术挑战

（2）5G 可能的技术演进路线

5G 存在 3 条可能的技术演进路线，如图 32 所示。首先，LTE/LTE-Advanced 是事实上的全球统一 4G 标准，将会在 5G 阶段继续演进。其次，WLAN 具有良好的产业和用户基础，目前已成为蜂窝网的重要分流手段，下一代 WLAN 将提升运营商的业务支撑能力，是一种重要的演进方向。此外，由于传统的移动通信技术演进都是以革命性技术为标志，如：2G 采用 TDMA/FDMA 技术、3G 采用 CDMA 技术、4G 采用 OFDM 技术，因此需要研究可能出现的革命性 5G 技术。

（3）5G 的主要技术问题

面对 2020 年及未来的业务需求，5G 将会在进一步提升频谱效率的基础上，解决如下关键技术问题。

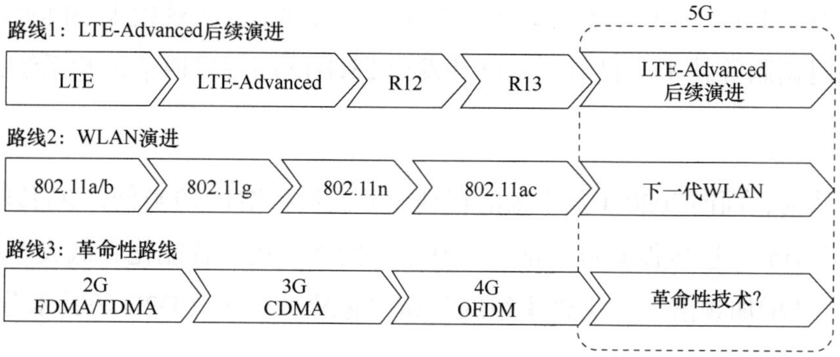

图 32　5G 可能的技术演进路线

超密集组网：通过低功率节点的超密集部署，大幅度提升 5G 系统容量，应对未来的千倍流量压力。

异构网络融合：未来的移动通信网络将是各代移动通信、WLAN 等多种制式网络和宏蜂窝、微蜂窝、Small Cell 等多层次小区构成的异构融合网络。

物联网业务增强：物联网多样化业务需求对未来移动通信网络的连接设备数、成本、时延和可靠性都提出了新的要求。

终端直通（D2D）：D2D 通信方式可以有效改善覆盖，更加高效地利用频谱资源，实现业务分流，推动新的移动应用发展。

高频段通信：利用高频段丰富的频谱资源，缓解当前移动通信频谱资源紧张的现状，满足 5G 高速率、大容量的需求。

（4）5G 潜在的关键技术

传统的移动通信升级换代都是以无线传输技术为主线，而 5G 技术将会在无线传输和无线网络两个层面产生深刻变革。根据当前的研究进展，大规模天线阵列、全双工、非正交多址、增强多载波、新型编码调制等技术将有可能成为潜在的 5G 无线传输关键技术；C-RAN、软件定义网络（SDN）、网络功能虚拟化（NFV）和移动内容分发网络（CDN）等将有可能成为潜在的无线网络关键技术。此外，随着 5G 技术研究的逐步深入，将来可能会有更多的新技术被提出。

三、无线与移动领域发展展望

（一）2014 年全球移动用户将超过 70 亿，LTE 用户将接近 4 亿

根据全球移动用户历史发展规律，以及移动普及率发展规模，可以预测，2014 年全球移动用户数将超过 70 亿，普及率达到 98%；GSM 用户的下降趋势更为明显，全年将减少 1 亿多用户；受 LTE 影响，WCDMA 用户的增加速度放缓。预计 2018 年全球移动用户将超过 80 亿，普及率将接近 110%，如图 33 所示。

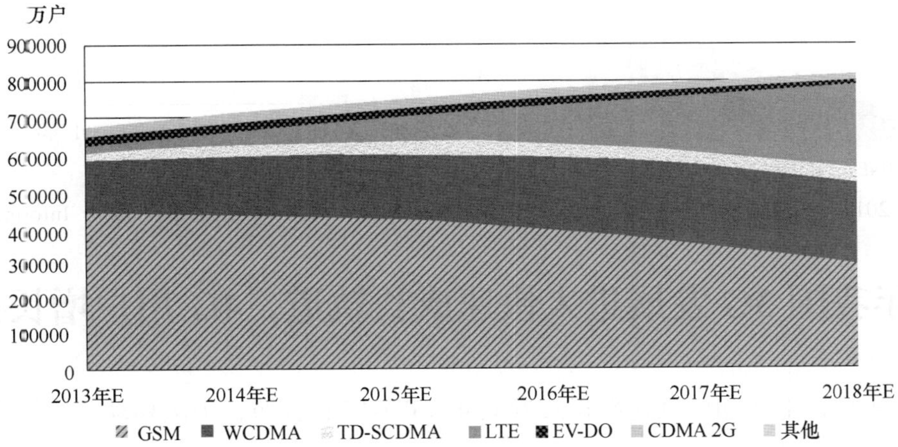

图 33　2013—2018 年全球各技术移动用户预测（数据来源：工业和信息化部电信研究院）

全球 LTE 用户进入快速发展期，预计 2014 年全球 LTE 用户将接近 4 亿。预计 2018 年全球 LTE 用户将超过 23 亿户，有望超过 WCDMA 用户，如图 34 所示。

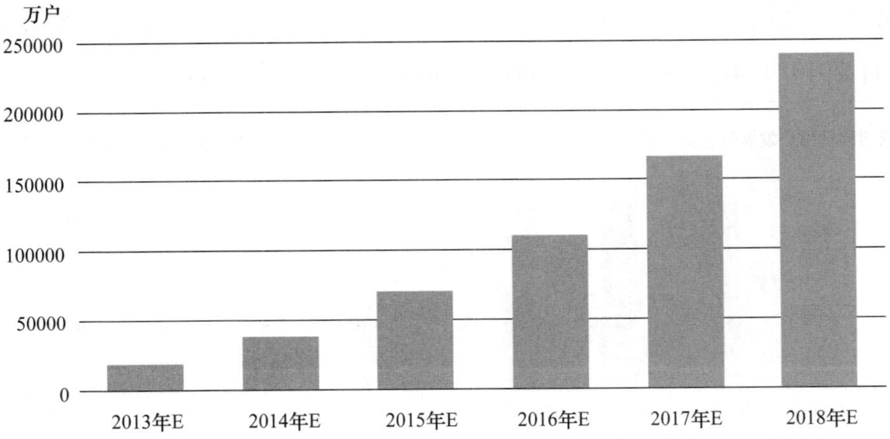

图 34　2013—2018 年全球 LTE 用户预测（数据来源：工业和信息化部电信研究院）

（二）全球移动数据流量的增速仍将是收入增速的 10 倍

全球数据流量将继续保持快速增长的势头，预计 2014 年将达到 3EB/ 月，超过 2013 的增速 75%。2018 年，全球移动数据流量将超过 2013 年的 7 倍。

全球数据业务收入平稳增长，2014 年将达到 4400 亿美元，比 2013 年增长 14%。2018 年，全球移动数据业务收入将比 2013 年增长 0.7 倍，如图 35 所示。

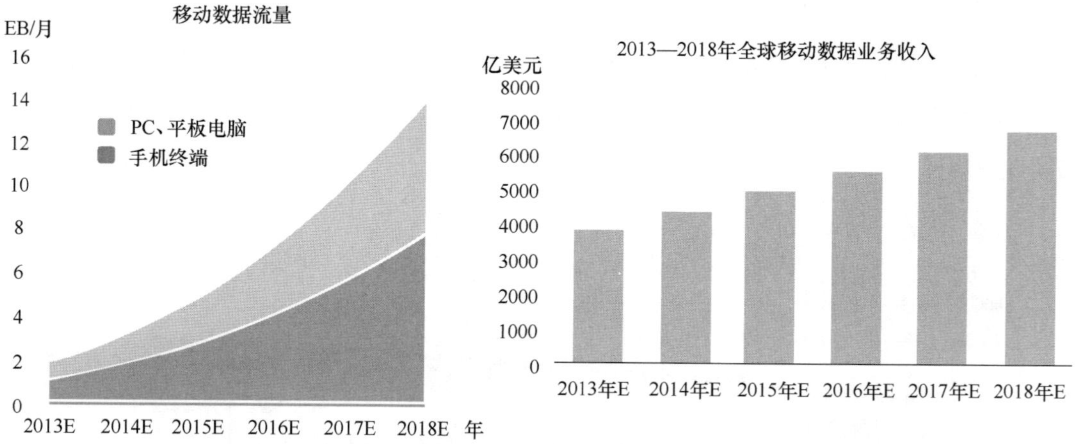

图 35　2013—2018 年全球移动数据流量和移动数据业务收入预测（数据来源：思科、Informa）

（三）2014 年我国 3G 发展进入快速成长轨道，4G 用户增长初显

2013 年 12 月 4 日，工业和信息化部正式发放 4G/TD-LTE 牌照，中国移动、中国联通和中国电信分别获得一张 TD-LTE 牌照。

3G 业务快速增长、4G 网络规模商用与移动通信刚性需求等因素推动我国移动用户继续稳定增长，2014 年，预计我国移动总用户增长 1.1 ～ 1.7 亿户，用户规模将达 13.4 ～ 14.0 亿户。其中，预计 3G 用户增长 1.5 ～ 2.0 亿户，用户规模达 5.5 ～ 6.0 亿户，3G 用户渗透率超过 40%。

考虑到 2014 年三家运营企业在 4G 网络建设、终端产业链成熟度、业务资费设计等多个方面存在不确定性，预计 2014 年 4G 用户将达到 3000 ～ 6000 万户，如图 36 所示。

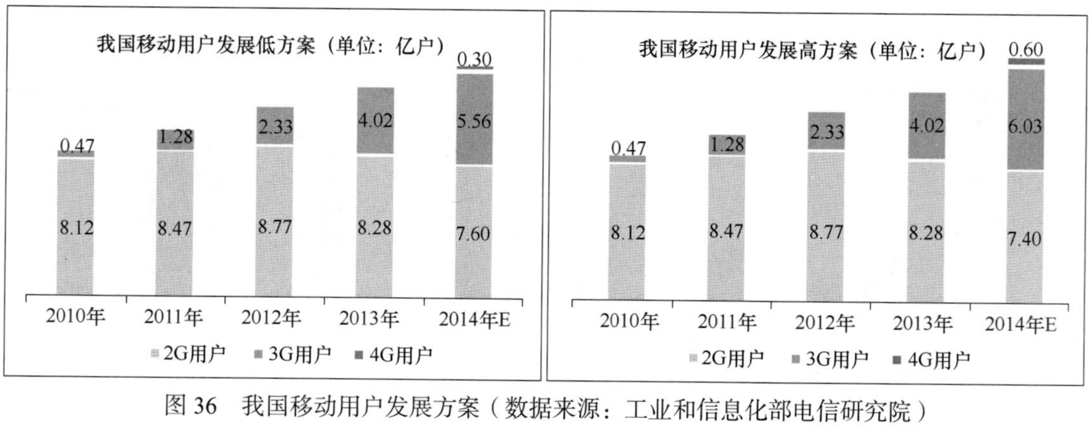

图 36　我国移动用户发展方案（数据来源：工业和信息化部电信研究院）

（四）2014 年，全球 TD-LTE 用户市场份额有望提升到 11.6%

目前，TD-LTE 逐渐被美、日、韩三大主流市场所接受。

日本：日本软银是全球 TD-LTE 商用市场的领先运营商，未来仍将大力发展 TD-LTE，计划到 2013 年年底 TD-LTE 基站超过 3.4 万个，网络覆盖日本 97% 的地区和人口，用户将达到 300 万。2014 年建成 5 万个基站。

美国：Sprint 已经开始部署 TD-LTE 网络，预计 2013 年年底将部署 5000 个基站，计划利用 2.5GHz 频谱在全国部署 3.8 万个 TD-LTE 宏蜂窝基站。

韩国：韩国政府正在考虑通过 2.5GHz 频段的 TD-LTE 许可证。位于 2.3GHz 频段的移动 WiMAX 服务也将在未来有步骤地为 LTE-TDD 所替代。

随着中国移动大力推广 TD-LTE，将显著提升 TD-LTE 的国际影响力。预计 2014 年全球 TD-LTE 用户将接近 4500 万户，在 LTE 用户中的占比将上升到 11.6%。2018 年，全球 TD-LTE 用户将接近 6 亿户，如图 37 所示。

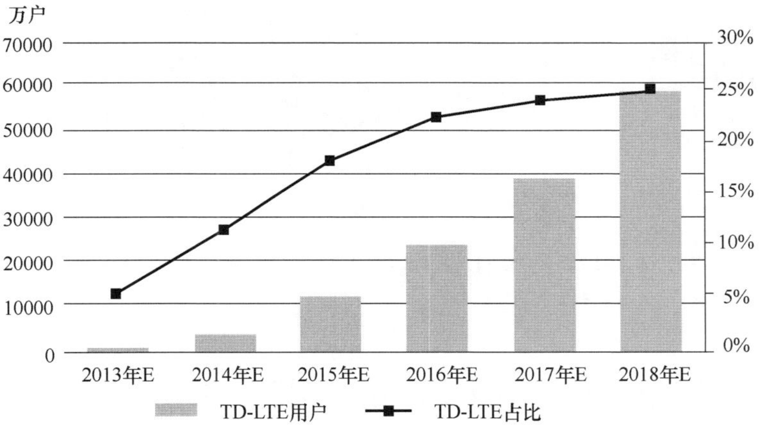

图 37　2013—2018 年全球 TD-LTE 用户预测（数据来源：工业和信息化电信研究院）

（五）LTE 牌照发放，将促进行业发展

一方面，LTE 高带宽、高实时性的特性促进移动互联网业务类型不断创新和丰富，如：视频类（如视频会议、视频通话、视频监控等）、大流量交互类（如大文件上传及下载等）、移动电子商务类（如电子支付、移动购物等）、实时路况、在线医疗等。

另一方面，LTE 将推动运营商全面转型，流量经营成为运营商发展战略的关键基础。随着 4G 网络大规模商用，移动流量将从 2G/3G 网络向 4G 网络快速迁移，为通信行业转型带来新的机遇和挑战。

另外，4G 投资将进一步拉动信息消费，预计 2014 年我国 4G 投资将达到 1000 亿元，我国信息消费规模将超过 2.6 万亿元；同时，TD-LTE 系统和终端将达到全面商用水平，物联网应用领域不断扩大。

（六）管理模式和技术创新应对频谱紧缺

针对美国频谱的使用现状，为了弥补现行政策的不足，有效解决频谱短缺的问题，美国总统科技顾问委员会（PCAST，President's Council of Advisors on Science and Technology）提出频谱高速公路计划，该计划通过改善频谱管理手段，实施新的频谱结构和无线电系统架构，从而提高频谱容量。频谱高速公路计划选用 2700 ～ 3700MHz 共 1000MHz 的联邦频谱建立共享的频谱高速公路，以 3550 ～ 3650MHz 作为验证频段。

为满足欧洲地区用户未来对移动宽带的需求增长，欧洲推动 2.3GHz 频段授权共享访问（LSA），通过频谱协调使用缓解频谱紧缺问题，提高频谱使用效率，如图 38 所示。

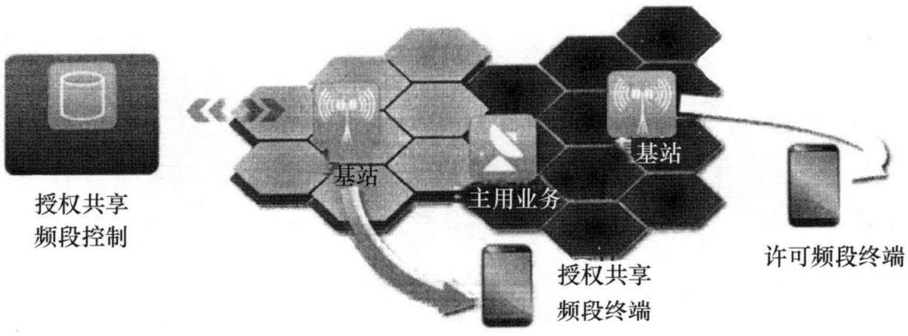

图 38　2.3GHz 频段授权共享访问方案示意图

（七）700MHz 频段逐渐成为 LTE 部署的主要频段之一

截止到 2013 年 6 月，已经有 25 个国家和地区发放了数字红利频段，包括美国、日本、韩国、英国、法国、德国等大多数发达国家和部分发展中国家。

美国 2008 年完成 700MHz 频段拍卖，并于 2010 年开始在该频段商用 LTE。

欧洲已完成 800MHz 频段拍卖，2013 年 1 月启动移动宽带 700MHz 相关研究，计划在 2018 年将 700MHz 用于 IMT 业务。

亚太地区积极推进 700MHz 频段用于 IMT 业务，日本已于 2012 年成功拍卖 700MHz 频段并商用于 LTE；澳大利亚和新西兰均已开始启动 700MHz 频段拍卖；韩国、印度等国家计划启动 700MHz 拍卖。

欧洲、非洲的 700MHz 频段划分方案力争与亚太区域兼容，形成规模效应，如图 39 所示。

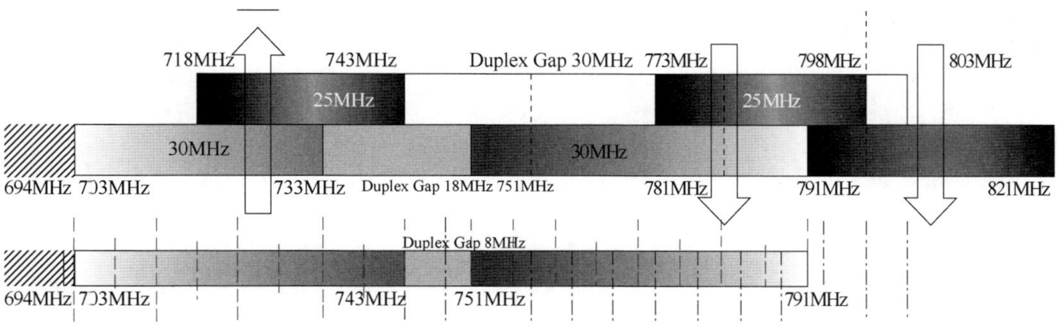

图 39　欧洲和非洲 700MHz 可能规划方案（数据来源：ITU-R WP5D）

宽带与泛在网络篇

导　读

宽带与泛在网络领域一直是业界研究的热点，工业和信息化部电信研究院宽带与泛在网络领域一直紧密跟踪研究网络的业务和技术发展趋势，同时还关注领域的热点问题。

第一部分总结了2013年宽带与泛在网络领域的总体发展状况。宽带战略遍及全球，欧、美宽带战略取得阶段性成果，发达国家把普及高速宽带作为发展目标，我国政府大力推动，宽带用户保持增长势头，传输网、数据网、智能管道等通信技术有了新的突破，互联网电视、智慧城市、物联网行业应用得到了进一步发展。

第二部分总结了2013年宽带与泛在网络领域的三个热点："宽带战略实施"、"智慧城市"、"软件定义网络（SDN）"。"宽带战略实施"重点介绍了2013年政府主管部门和全行业共同努力，通过各种措施改善上网体验以及宽带战略实施后的效果；"智慧城市"介绍了2013年城市发展新的特点和取得的成果，并分析了存在的一些问题及其原因；"SDN"介绍了2013年SDN产品、产业、标准化方面的动态，并分析了这些新的动态背后产业界各自的驱动力。

第三部分首先对宽带与泛在网络领域网络的宏观技术总体发展进行了判断，重点对智能路由器、宽带接入、传送网、承载网、SDN、互联网电视、物联网、智慧城市等技术和应用的发展进行了展望。

本篇作者：

续合元　王爱华　杨然　张海懿　马军锋　陈才　陆洋　李海花　高艳丽　李少晖　陈佩　罗松

一、2013 年宽带与泛在网络领域发展综述

网络继续向着宽带化、泛在化、融合化、绿色化方向不断演进和发展，2013 年宽带与泛在网络的技术、业务和应用在沿袭原有的趋势下，也呈现了新的发展特征。

（一）全球宽带战略取得阶段性成果，高速宽带加速推进

目前全球已经有 146 个国家实施了宽带战略或行动计划。在宽带战略的引导、激励和示范下，全球宽带发展突飞猛进，特别是以光纤接入和 LTE 为代表的新一代高速宽带技术发展尤为迅速，光纤接入已成为固定宽带市场中最大的增长点，LTE 也成为有史以来发展最快的无线技术。部分宽带计划执行良好的发达国家和地区，其宽带建设阶段性发展目标已经提前实现，如瑞典 2015 年 40% 的家庭和企业至少接入到 100Mbit/s 的目标已经提前实现；美国已经有 1.01 亿个家庭具有了下行 50Mbit/s 的接入能力，提前两年完成宽带计划中 2015 年的部分中期目标；英国已经开始调高宽带阶段性发展目标；依靠宽带卫星提供的广覆盖，欧洲已经提前一个月完成了 2013 年基础宽带 100% 覆盖的目标。

发达国家已经把高速宽带作为发展重点，1GMbit/s 业务开始逐步商用，少数的 OECD 国家已经开通 1GMbit/s 服务。FTTx 全球用户数同比增长 32.5%，成为固定宽带增长最快的部分。

（二）我国政府大力推动宽带发展，宽带用户保持增长势头

随着宽带网络在社会生产和生活中扮演着越来越重要的角色，我国政府高度重视宽带网络的发展。2013 年 8 月，国务院正式印发《“宽带中国”战略及实施方案》，明确提出宽带网络是国家战略性公共基础设施；由工信部牵头，宽带中国 2013 专项行动也在有条不紊地推进之中；工信部和住建部共同出台的新建住宅光纤到户建设及验收两项国家标准也于 2013 年 4 月 1 日起正式实施。在各级政府及相关政策的引领和推动下，我国宽带用户保持增长势头，自 2009 年起每年净增宽带用户数均超过 2000 万户，截至 2013 年底，我国宽带用户数达到 1.89 亿。同时，FTTH 覆盖快速增长，2013 年第 3 季度比 2012 年同期增长近 90%，FTTH 用户增长速度超过网络覆盖增长速度，渗透率已超过 20%，并由此带动我国宽带用户不断向更高速率迁移。

（三）传输网 100Gbit/s 规模商用，下一代 400Gbit/s 成为研究热点

骨干传输网 100Gbit/s 设备及组网均已成熟，在我国已开始规模商用。设备制造方面，2013 年，

包括华为、中兴、烽火、上海贝尔、诺西（Coriant）在内的各厂商均推出了核心网 100Gbit/s OTN（光传送网）的成熟解决方案，相关的设备制造产业链也已成熟。截至 2013 年年底，目前推出的骨干传输设备的 OTN 最大交叉容量已可达到 25.6Tbit/s。商用部署方面，2013 年，100Gbit/s 光传送网已在我国开始规模商用部署，中国电信、中国移动、中国联通三大运营商均开始部署 100Gbit/s 相关传输设备，其中，中国移动的步伐最为快速，在 2012 年采购 1500 多块 100Gbit/s 设备板卡基础上，2013 年加快了商用部署，开展了两轮设备招标集采，100Gbit/s 设备板卡采购规模接近 10000 块，并在全网逐步部署 100G OTN；中国电信和中国联通也开展了 100Gbit/s 设备的招标集采，并在部分链路采用 100Gbit/s 传输设备。

400Gbit/s 成为下一代超高速传输速率研究热点。在 100Gbit/s 逐步规模商用的同时，我国与世界同步，紧密开展了下一代超高速光传输技术的研究。根据光传输技术的演进趋势，不断追求更高的传输速率和更大的传输容量是光传输技术的演进目标，在多种演进速率（包括 200Gbit/s、400Gbit/s、1Tbit/s 等速率）的选择中，目前 400Gbit/s 光传输技术成为了下一代超高速传输速率的热点。借鉴由 10Gbit/s 传输速率过渡到 40Gbit/s 传输速率的光传输技术演进历史，下一代从 100Gbit/s 速率过渡到 400Gbit/s 速率也成为一个较自然的选择；同时，在光传输网的客户侧，IEEE 已将 400GE 技术列为标准项目，客观上也要求下一代高速传输速率选择 400Gbit/s 更为合适；从技术实现角度看，较目前商用的 100Gbit/s 技术而言，1Tbit/s 的传输技术从速率上看跨越太大，技术实现上具有一定的难度，而 400Gbit/s 传输技术相对更容易率先实现，所有这些方面因素均使得 400Gbit/s 技术成为目前下一代超高速传输速率的研究热点。2013 年，阿尔卡特 - 朗讯已在全球率先推出了 400Gbit/s 传输设备产品，法国电信运营商 ORANGE 采用阿朗的产品，2013 年也在巴黎—里昂之间搭建了全球首个 400Gbit/s 光纤链路的实验网。

（四）数据网 100Gbit/s 接口规模商用，单点交换容量超 100Tbit/s

伴随着移动互联网业务的迅猛发展，数据流量快速增长，对数据网络设备的处理能力，特别是设备端口的速率提出了更高要求。2013 年，数据产品 100Gbit/s 接口组网技术成熟，已经开始规模商用部署，三大基础运营商逐步采用技术成熟的 100Gbit/s 路由平台升级数据骨干网络，包括电信 163 网、联通 169 网和移动 CMNET 骨干网。同时单线卡的数据处理能力进一步提升，2013 年业界已经推出 1Tbit/s 容量的路由线卡。

随着数据流量的快速增长，骨干核心交换节点的数据处理压力骤增，采用大容量，高密度端口的集群设备组网已成为发展趋势。目前业界已开始规模商用部署“2+8”形态的集群设备，如果采用 1Tbit/s 的路由线卡，则单点的交换容量超 100Tbit/s，达到 128Tbit/s。

（五）智能管道的建设推进运营商后向流量经营

面对网络逐渐被“哑管道”带来的挑战，国外主流运营商、国内三大运营商制定并加速实施网络智能管道化的发展战略，将网络智能管道化作为网络能力增强和提升的重要方向，利用智能管道提供高于现有传统单一数据连接价值之上的附加价值。

2013 年面对移动互联网的“爆发式”发展，国内运营商加速开展智能管道的建设，采取“自顶而下，试点先行，逐步扩大”的方式进行推进。其中，中国电信在 5 省试点移动网流量管控（PDSN+DPI）相关技术，并启动 19 省市固定宽带自助提速，部署实施新一代 CDN，开展标准化和网络协同等工作；中国移动推进四网（2G、TD-SCDMA、TD-LTE、WLAN）分流；中国联通开展宽带自助提速，并在 4 省进行商用。在加速部署智能管道的同时，国内外运营企业开始探索将智能管道理念与 SDN 融合，提供更灵活和智能的手段。SDN 不仅能够实现对分组转发的灵活控制，而且能够使更多的网络控制和策略方便地加载在 IP 传送网络之上，使网络具有更高的智能和灵活性。

随着智能管道的建设以及 OTT 业务的快速发展，运营商开始推进流量的后向经营。对于 OTT 的语音、文本业务，运营商利用智能管道完全可以提供相应的服务。目前国内运营商和 OTT 企业已经开始实现初步合作，流量的后向经营逐渐起步。

（六）IPTV 业务增速放缓，互联网电视发展迅猛

Informa 数据显示，2013 年 1 季度全球 IPTV 用户达 7736 万户，环比增长 5.1%。工信部数据显示，2013 年 3 季度我国 IPTV 用户近 2700 万，环比增长 5.6%，增速为近年最低。目前全球 IPTV 业务发展趋稳，IPTV 业务定位主要是拉动宽带接入业务发展的过渡性业务，增速逐年下滑。

当前全球融合业务正围绕互联网理念及商业模式得以广泛开展。在欧美地区，依托互联网业务模式和新型智能终端的普及，互联网行业突破原有产业边界向上下游环节进行延伸，持续引领融合业务创新和发展。网络视频服务商 Netflix 的全球付费用户约为 3800 万，已成为美国最大在线付费视频网站；谷歌推出“ChromeCast”电视棒，可接入 Wi-Fi 并通过电视 HDMI 接口播放 Netflix、YouTube 等网站的网络视频。

全球互联网电视同样显出惊人的增长速度。Stategy Analystics 数据显示，全球智能电视出货量 2013 年增长了 55%，达到了 7600 万台。这些智能电视的出货总量占到了平板电视出货量的 33%。

同时我国互联网电视市场竞争激烈，互联网企业推出低价产品快速占据市场，把控家庭娱乐入口；电视制造企业则通过推广互联网电视产品带动传统电视终端行业升级换代；电信运营商也积极开展互联网电视业务的试点工作。

（七）物联网应用向多个领域加速渗透

物联网作为经济社会绿色、智能、可持续发展的关键基础和重要引擎，其潜力和成长性正逐步凸显，应用层次不断提升，应用规模不断扩大。在产业领域，物联网与传统产业有机融合，推动新一轮产业革命。如德国提出“工业 4.0”概念，把不同的设备通过数据交互连接到一起，实现生产一体化，西门子、大众、奔驰等企业已经引入相关技术并发挥效用。美国推出“工业互联网”，典型的有 GE 公司的“PREDIX”平台，通过收集工业生产过程中的各种设备讯息，进行分析处理或向第三方开放，生成多种应用程序，以提升对生产过程的管理并加强设备的主动维护和远程控制。在国内，三一重工等大型装备机械制造企业，依托物联网技术实现设备的远程管理和维护服务，推动制造业向服务业延展。磷、煤、铝等化工原材料加工行业也纷纷利用物联网技术实现生产过程控制，推动行业内部的精细化管理。

在城市领域，物联网助力智慧城市建设，在生态环保、节能减排、城市管理和公共服务方面发挥重要作用，涌现出许多亮点。随着全球汽车保有量激增，车联网市场飞速发展，基于互联网连接的车载智能信息系统逐步成为汽车的标配。江苏省物联网电动车智能防盗方案，已被引入福建、上海、湖北、江西等地，破获盗窃案 149 起，具有广阔市场前景。此外，建筑节能、水质监测、生态灾害预警、物品溯源监测、智能停车等物联网应用创新务实前行，由点向面逐步拓展、商业模式积极探索，应用逐步走向成熟。

（八）智慧城市试点密集推出，亟待凝聚共识、统筹推进

2013 年，中央各部委分头开展了多项智慧城市试点工作部署，国家层面形成统一指导、凝聚发展思路成为共识。部委层面，工业和信息化部在中欧城镇化伙伴关系论坛上正式启动中欧智慧城市合作；住建部分两批共开展 193 个地区、171 个城市试点；科技部在 20 个城市中启动“智慧城市”技术和标准试点示范；国家旅游局启动第二批 18 个“国家智慧旅游试点城市”，国土资源部开展时空信息云平台试点等。为在中央部委间形成合力，更好统筹智慧城市发展，目前发改委和工信部联合牵头，会同科技部等八部委正在研究起草《关于促进智慧城市健康发展的指导意见》，进一步统一思想，加强对各地智慧城市建设实践的引导。

地方层面，智慧城市数量节节攀升，成为各地推进新型城镇化的重要抓手和承载信息消费的巨大消费市场。截止到 2013 年年底，我国所有 4 个副省级以上城市、89% 的地级及以上城市，47% 的县级及以上城市，总计 311 个城市提出或在建智慧城市，涵盖大中小城市规模和东中西部区域，“十二五”期间总投资或将超过 1.6 万亿元。其中，2013 年政府工作报告或地方“十二五”规划中提出重点建设智慧城市的地级以上城市 52 个。

二、2013 年宽带与泛在网络领域热点剖析

梳理 2013 年宽带与泛在网络领域的热点，可以归纳成宽带战略实施、智慧城市、软件定义网络（SDN）三大热点。

（一）宽带战略实施

宽带是可持续发展的有效工具，中国宽带战略应运出台。国际社会普遍认为宽带是促成可持续发展目标的最强大和最有效的工具之一。从解决贫困到医疗保健，到教育，到性别平等，再到低碳经济，宽带已经在把我们向一个更公平、包容和洁净的世界推进。2013 年 11 月 25 日宽带数字发展委员会委员、行业及民间团体领导人和联合国系统其他知名人士签署宽带宣言：宽带的重要作用必须成为所有 2015 年后可持续发展框架的核心共识，以确保所有国家有权参与全球数字经济。在联合国千年目标（MDG）接近到期之际，国际社会提出 2015—2020 年持续发展目标（SDG）年最紧迫的十项目标（可以概括为三个方面）：终结极端贫困和饥饿；让全社会分享到经济发展的好处；保护地球和环境。基于对宽带重要性的认识，我国也印发了“宽带中国”战略及实施方案，标志着中国宽带战略正式上升到国家层面。

上网体验是关注热点，多管齐下进行网络提速。对于最终的宽带用户而言，更关心的是使用宽带服务时的业务体验，这也一直是舆论关注的焦点。2013 年，政府主管部门和全行业共同努力，通过各种措施，力图进一步改善用户的上网体验。在宽带中国 2013 专项行动的指导意见中，明确提出运营商要进一步提速，使得使用 4Mbit/s 以上网速的用户比例达到 70%；加大骨干网网间互联带宽扩容力度，优化网间互联架构；鼓励互联网企业优化网站设计、部署 CDN、增加网站接入带宽。为了加强网间互联互通的性能，在原先的北京、上海和广州之外，又增加了沈阳、西安、郑州、南京、成都、重庆和武汉 7 个互联互通直连点。2013 年，工信部还启动了宽带网络优化示范工程，重点开展内容分发网络建设升级，支持运营商利用自建内容分发网络提升用户体验，探索老旧小区共建共享宽带提速改造的实施方案。

FTTH 用户保持快速增长，带动宽带接入普遍提速。截至 2013 年第 3 季度，全国 FTTH 用户总数达到 3519 万户，并且保持着每月约 150 万用户的增长速度。在 FTTH 发展的带动下，宽带用户的速率普遍提升，使用 4Mbit/s 及以上速率的用户比例已经超过 75%，比上一年增长超过 10 个百分点，近 20% 的用户使用的宽带接入速率达到 8Mbit/s 以上。全国宽带用户平均签约速率达到 4.68Mbit/s，比去年同期的 3.96Mbit/s 增长 18%。同时，运营商也在持续进行用户宽带接入速率的免费升级，将低速率的用户免费升级到更高速率，有些地区已将宽带接入的最低速率提高至 4Mbit/s。

宽带发展联盟权威发布《中国宽带速率状况报告》。关于我国宽带速率的实际状况，一直是众说

纷纭，多个机构都在发布自己的监测数据，数据之间有时存在较大差异。对此，电信运营商、主要互联网企业、通信设备制造企业以及相关科研单位和组织共同发起组建宽带发展联盟，并依托国内 8 家主要互联网企业的宽带网速监测系统收集基础数据，覆盖全国 31 个省、直辖市、自治区，总样本量超过百亿条，能够准确反映中国宽带网速真实现状。宽带发展联盟于 2013 年 8 月发布了第一期《中国宽带速率状况报告》，报告中使用了对网民更有参考价值的“上网体验”概念，通过文件下载速率、首屏呈现时间和视频下载速率三个指标全面地反映真实网速情况。根据报告发布的数据，2013 年上半年，我国固定宽带互联网网络平均下载速率达到 2.93Mbit/s，用户进行网页浏览的平均首屏呈现时间为 2.55 秒，在线视频平均下载速率为 1.03Mbit/s。

（二）智慧城市

智慧城市向省级城市、区域群落以及县级延伸。智慧城市已成为区域发展、不同等级规模城市（镇）探索新型城镇化的选择和途径，并在更大范围、更深层次寻求突破。一方面，智慧城市从大中型城市向中小城市甚至乡镇延伸发展，全国县级市提出建设智慧城市达到 51 个，其中，福建、广东、山东等东部沿海省份的县级市数量最多，分别达到为 9 个、6 个和 5 个。住建部公布的首批 90 个国家智慧城市试点中县、镇占 6 个；第二批 103 个智慧城市试点中，县、镇所占数量进一步扩大到 20 个。另一方面，智慧城市的研究范围和实践向省级城市群延伸。如江苏、山东、福建、广东等省已经提出智慧城市群的设想，从全省统筹的角度开展智慧城市的整体设计和布局。浙江省选择省内 13 个地市依特点分别开展特色应用试点示范。

新城新区以智慧城市理念和模式引领和带动城市发展。新城、新区建设智慧城市既具有优势，也是其增强竞争软实力的必然选择。由于新建城区与老旧城区相比，信息共享、业务协同难度降低，并且智慧城市建设与新城市政设施规划、土地规划以及基础设施建设可以同步开展、同步实施，这对于一个运作复杂的城市而言是一个突破口，因此智慧新区成为全国智慧城市建设实践的新热点，2012 年基于新城区提出智慧城市建设的城市数量超过 47 个。住建部公布的两批国家智慧城市试点中，新建城区试点达 15 个。同时城市通过发展产城融合（产业发展和城市发展的融合）为特征的智慧园区，汇聚资源、集约发展。住建部的两批智慧城市试点中，共有 12 个工业区、商务区和高科技园区成为当地智慧城市的发展重点。国家级新区（6 个）中 5 个已开展智慧城市建设，提升其综合竞争力和配套软实力，如天津滨海新区提出智慧城市的三个统筹，统筹建一张网，即全区电子政务专网；统筹建一个中心，即政务云中心；统筹建一个平台，即基础信息公共共享平台。

标准的重要性日益凸显，共建共享是重中之重。英国、美国、欧盟等主要国家和地区，以及相关标准化组织相继开展智慧城市标准制定工作。2013 年 4 月，美国标准化协会组织联合论坛讨论标准和认证在智慧城市国际和国家发展中作用。2013 年 5 月，德国标准化协会与德国电子与信息技术标准化委员会制订了《德国智慧城市标准化路线图》。英国标准化协会于 2013 年 6 月发布了《标准在智慧城市中的角色》。2013 年 4 月 CEN 和 CENLEC 联合成立 SSCC-CG，旨在促进欧盟智慧城市标准化工作。2013 年 6 月，IEC 成立智慧城市系统评估组（SEG）。我国智慧城市标准制定也在稳步推进。2013 年 8 月，国家标准化管理委员会下达 5 项智慧城市国家标准立项，标志着过去由通信标准化协会等行业协会主导的智慧城市标准将上升为国家标准。当前我国智慧城市建设标准中的基础设施共建共享标准的缺失，导致大量重复建设和投资浪费，如城市中星罗密布、各自为战的摄像头等，这将成为智慧城市标准制定中关注的重点。

智慧城市发展要注重资源整合、模式开放和评估考核。在过去的几年中，许多城市在智慧城市喧嚣中反思、探索，务实推动智慧城市发展，取得了一定成效。比如扬州结合城市经济、社会、人文特色，建设现代化国际旅游城市特色、古代文化与现代文明交相辉映的智慧名城；广州注重服务效能，将 571 项事项实现全流程网上办理，减少市民上门次数 2151 万次，节约 6453 万小时，推动智慧化应用取得实效。此外很多城市开始注重开展科学顶层设计，南京市在建设智慧南京一段时间后，再制定顶层设计总体方案，重新系统梳理，统筹推进智慧城市建设。

注重领域整合、加强资源和模式开放、实施评估考核或将成为下一阶段智慧城市的建设重点。在整合方面，亟待加强信息资源整合、服务渠道整合、业务系统集约化建设；在开放方面，需要进一步推动信息资源开放、鼓励社会化开发利用和公众广泛参与互动；在评估考核方面，对智慧城市发展状况要有的放矢地开展整体评估，对政府主导的项目和领域，实施绩效考核，对市场主导的领域，通过评估引导下一步发展。

（三）软件定义网络（SDN）

传统设备制造企业态度转变，资本推进厂商 SDN 战略布局。2013 年，Cisco、Juniper 等传统网络设备制造企业对 SDN 的态度发生了重大转变，在资本市场上纷纷通过并购或注资的方式进行 SDN 战略布局。过去一年，大约 20 家不同规模的 SDN 初创公司被收购，总金额近百亿美元。2013 年，思科继开放式网络环境（ONE，Open Network Environment）战略之后又推出应用为中心基础设施战略（ACI，Application Centric Infrastructure），并接连收购 Insieme、Cariden、Broadhop、Meraki、Intucell 五家 SDN 相关企业，全面布局 SDN。与此同时，推出 T 级别核心路由器 NCS（Network Convergence System）系列产品，包括 NCS2000、NCS4000、NCS6000，支持可编程性和虚拟化功能。Juniper 发布其 SDN“641”战略，即基于 SDN 原理的 6 项原则，实现 SDN 落地的 4 个步骤，以及通过一个软件授权模式落实到真正的软件平台之上。另外，阿朗、F5、Intel、VMware 等主流厂商也通过资产并购的方式完成 SDN 的战略布局。

2013 年产业界发力 SDN，SDN 产品和解决方案逐步落地。经过多年的概念推广和技术研发，产业界各方包括传统设备制造商、IT 服务提供商、芯片制造商以及初创企业都在产品实现中融入 SDN 技术理念，推出支持 SDN 的产品和解决方案，为 SDN 技术的商用化部署奠定了基础。在传统设备制造商方面，思科先后推出 ONE 和 ACI 战略，发布支持 SDN 的交换机和控制器产品，涉及 Catalyst、Nexus 系列交换机，并且最新发布的下一代核心路由器 NCS 系列也宣称支持 SDN；华为公司发布名为“SoftCOM”的 SDN 战略，推出支持 SDN 的 S12700 敏捷系列交换机产品。在 IT 服务提供商方面，惠普发布了多款支持 OpenFlow 的交换机产品（包括 8200 zl 系列、5400 zl 系列、3800 系列和 2920 系列）和虚拟应用网络 SDN 控制器，并全力打造一种“应用程序商店”模式来吸引开发者和合作伙伴交付 SDN 产品；VMware 在 2013 年第 4 季度发布了全新的网络虚拟化平台 NSX（与提供计算能力的虚拟机一样，NSX 虚拟网络是一种封装在软件容器中的功能齐全的网络，其调配与底层硬件无关）。在芯片制造商方面，英特尔发布了开放网络三项参考架构，分别是开放网络平台交换器设计架构、开放网络平台服务器设计架构、数据层开发套件（Intel DPDK，Intel Data Plane Development Kit），这些架构有助于提升 IT 与电信产业对于软件定义网络（SDN）与网络功能虚拟化（NFV）的软硬件产品开发速度。在初创企业方面，BigSwitch 发布开源网络控制软件 Switch Light，方便用户自行在标准硬件上构建和管理网络；盛科网络陆续发布 V330 和 V350 系列交换机，并启动业界首个硬件交换机的开源项目“Lantern”，推动 SDN 产业化。

新的标准组织不断进入，SDN 概念进一步扩大。当前 SDN 技术已成为 ICT 领域热点技术之一，各标准组织积极拓展在该领域的标准研究，包括 ONF、Opendaylight、ETSI NFV、IETF 和 ITU-T 等。其中 ONF 是最先启动 SDN 标准化的组织，成立于 2011 年，由互联网公司和创新企业主导，致力于推动“南向”接口的标准化工作，开发新的 OpenFlow 协议。Opendaylight 成立于 2013 年，由传统设备制造商主导，致力于推动“北向 API”标准化，弱化南向接口开放。ETSI NFV 是在欧洲标准化局下的一个研究组，由电信运营企业主导，推动电信网络“IT”化，目标是实现电信软件运行在通用的硬件平台上。IETF 主要由技术专家驱动，目前在 I2RS、NVO3、Forces 等多个工作组全面展开研究，但没有形成具有影响力的整体架构。此外，ITU-T 在其多个研究组也开展相关研究，推动 SDN 技术在 ASON 网络、城域网业务及未来网络方面的应用。

多元的 SDN 出于产业界自身发展，SDN 孕育新的发展方向。SDN 核心理念是控制与转发分离、网络向应用开放和集中控制，终极目标是希望通过软件来控制通用的硬件设备，构建网络基础设施，向上层应用开放网络功能，方便业务的灵活部署和网络的自主管理。产业链的不同主体从各自的利益出发对 SDN 发展需求各不相同，传统设备制造商不希望打破现有的产业格局，仍然强调硬件为中心的 SDN 战略，积极推进“北向 API”接口的标准化，在“南向”接口方面强调多样性，甚至允许厂商自定义私有协议。互联网公司希望通过引入 SDN 技术打破厂商锁定，优化 IDC 内部网络，提高网络的带宽利用率，从而构建廉价、高效的网络基础设施。电信运营企业同样也希望通过引入 SDN 技术打破厂商锁定和路径依赖，大幅降低网络建网成本和运维成本，推动业务创新和灵活部署，提高网络的智能性和管控能力。初创企业则希望打破现有的产业格局，通过引入 SDN 技术细分市场，寻找新的市场机会，同时推动技术创新。SDN 技术既是对数据通信产业的一次技术革命，同时也为产业重新洗牌创造了一次机会，势必会驱动技术不断创新。

三、宽带与泛在网络领域的未来发展趋势

（一）宽带与泛在网络领域的发展趋势

随着宽带业务应用、移动互联网业务应用、物联网 / 智慧城市等业务应用的发展和创新，网络承载的业务应用不断丰富，终端形态和终端能力不断创新。各种业务应用对网络资源占用和使用方式存在很大差异，对网络管控能力的智能化、弹性化需求不断增强，传统的专用网络设备难以满足日益快速变化的业务应用需求，同时网络建设成本和网络收入之间“巨大的剪刀差”也推动着运营商寻求低成本网络部署模式。云计算和软件定义网络在数据中心层面的成功商用，使产业界看到了网络变革的新趋势，带动了这些新技术向网络各层面的渗透。

1. 终端泛在化

业务应用发展带动终端创新不断。移动终端融合物联能力成为新的发展方向，如移动智能终端通过内置血压计、计步器等传感装置为用户提供个人健康管理、运动统计等新型感知应用。终端深度融合感知技术、应用服务不断催生新型终端形态，谷歌眼镜、iWatch 智能手表、耐克智能手环等可穿戴设备通过集成增强现实、语音识别、骨传导等新技术带来全新用户体验和应用服务。此外国内新型终端创新也非常活跃，如百度推出百度 Eye 智能眼镜、盛大果壳推出智能手表 Bamboo Smart Watch 等。行业电子设备和通信能力捆绑，行业信息终端不断发展，如智能车载平台、智能公交电子车牌等。

以智能终端为中心，通过融合物联和人机交互能力，实现对周边设备（包括可穿戴、体域、家居、车域等）的读取与控制成为新的发展趋势和亮点。如将安卓手机作为遥控器控制照明灯、洗碗机、落地灯等家用电器；以智能终端为控制点对用户周边气压计、血糖仪、计步器等设备进行读取和控制，并将数据传送到网络侧“个人健康云”，配合专用医疗设施进行分析和处理等。

2. 网络硬件通用化

软件定义网络的主要目标之一是将网络控制从网络交换中剥离出来，使网络硬件产品不断标准化、通用化。传统网络部署需要大量使用不同功能的网络设备，在成本、管理、维护及业务部署方面都存在诸多不便，通过引入 SDN 技术，使网络设备的软件和硬件解耦，有利于摆脱硬件对网络架构的限制，降低建网成本，使网络变得更加开放、智能、灵活。SDN 的应用场景正在从数据中心向家庭网络、接入网、移动回传网络、移动核心网甚至城域网延伸。以思科、Juniper 为代表的传统设备制造商对 SDN 的态度也逐步发生变化，纷纷加快对 SDN 公司并购，布局 SDN 产品和战略，如思科接连收购 Insieme、Cariden、Broadhop、Meraki、Intucell 五家 SDN 相关企业。

SDN 控制器负责对整个 SDN 网络设备的集中化控制，但控制能力的集中化也带来性能瓶颈和安全隐患，而且单一控制器也无法应对跨多个地域的 SDN 网络问题。需要考虑网络设备集群化组织和管理，通过将不同数据交换设备组成群组，也有利于在控制层面提供更好的开放性，实现不同控制器之间的兼容，更好地支持 SDN 规模部署，但目前 SDN 控制器之间东西向接口标准还有待研究制定。

3. 网络功能虚拟化

网络功能虚拟化（NFV）将网络功能从专用硬件设备中剥离出来，使得电信软件能够运行在通用的硬件平台上，便于业务的创新和快速部署。与 SDN 以高校和 IT 企业为主要推进力量不同，NFV 以电信运营商作为主要的推动力量。2012 年 11 月，以 AT&T、英国电信、德国电信、KDDI、Orange 等 13 家顶级运营商牵头，与其他运营商、电信设备商、IT 厂家和技术供应商共同成立了 ETSI 网络功能虚拟化行业规范组（NFV-ISG），推进 NFV 标准制定。针对 NFV 的原型产品开发和测试工作也在同步展开，沃达丰和德国电信联合进行 NFV 测试，并制定初步测试规范，中国移动 2009 年已进行核心网虚拟化的测试和研究，思科、华为等设备商已研发产品，部分产品基于原有的 ATCA 平台，部分则将网元运行于通用服务器。NFV 可以不依赖于 SDN 部署，但 NFV 与 SDN 的结合可以带来更大的组网灵活性。

（二）智能路由器

互联网力量携智能路由器正在加速争夺家域环境互联网入口，极路由、360、百度、小米、盛大等互联网企业在 2013 年纷纷推出自己的智能路由器产品，用户通过智能路由器可以灵活地进行上网设置，通过屏蔽广告等实现视频提速等功能。虽然不同企业推出的智能路由器功能存在比较大的差异，但都具有独立操作系统，用户可根据自己的需要安装各种 APP，并通常集成各种短距离通信技术，可以和家庭环境中的其他联网设备协同。

通过智能路由器与家庭娱乐产品结合，互联网企业纷纷布局家庭娱乐应用，如百度推出的小度路由器支持远程遥控离线下载，路由器中保存的大片通过小度 TV 可以直接投射到电视上，小米推出的小米路由器具有 1T BYTE 的容量存储空间，并已经与迅雷合作支持互联网视频下载，小米 TV 可以直接从路由器存储硬盘读取内容。

从智能路由器产品（极路由一代“极壹”）一经推出就获得互联网公司纷纷跟进来看，智能路由器带来的影响不容忽视。通过智能路由器，互联网视频正在绕开互联网电视牌照、版权等限制进入家庭；随着家居智能化，除了手机和电视，越来越多的家庭智能终端可以通过智能路由器连接互联网，未来智能路由器可能发展成为家庭设备联网中枢进而发展成为家庭综合控制中心；通过智能路由器可以搜集用户上网数据，成为智能路由器企业获取用户上网行为的综合感知中心；通过智能路由器可以向用户推荐网站或产品，甚至绕开其他智能终端直接提供应用商店下载服务，成为家庭环境下应用服务广告等综合推送中心。随着智能路由器产品的不断发展和推陈出新，家庭环境应用形态和产业生态正在重塑。

（三）高速宽带以 FTTH 技术为主，老旧小区将借助新的技术

为实现高速宽带接入，国际上对基于各种介质网络的接入技术仍在持续研究之中。铜线接入方面，作为 VDSL2 的升级技术，Vectoring 技术逐渐成熟，并开始部署应用，而更高速率的 G.fast 技术正在标准研制阶段。在同轴电缆接入方面，DOCSIS3.1 标准正式发布，可提供 10G/1Gbit/s 的接入速率。国外在宽带提速过程中，更多的是借用原有的网络基础设施，例如德国电信等欧洲部分运营商已经开始部署 FTTC+Vectoring 网络，北美 Cable 运营商也将继续沿用 Cable 接入技术。在我国，FTTH 的发展规模、增长速度和建设力度远远超过欧美等宽带成熟市场，政府各项政策的导向都将 FTTH 作为我国未来宽带发展的主要模式，光纤到户国家标准更是要求所有新建住宅均使用 FTTH。但在部分老旧小区进行光进铜退改造时，采用 FTTH 涉及穿墙打孔、室内明线等问题，用户接受度不高，还需要借助已有入户线路，这种情况下，FTTB+VDSL2 或 Vectoring 模式也将有用武之地。基于 Cable 的接入在我国发展相对滞后，有待政策的进一步推动。

（四）孕育 400Gbit/s 超高速网络，LTE 回传网络将快速发展

下一代 400Gbit/s 超高速网络正在孕育，但商用时间表尚未清晰。光传输技术的演进经历了由 2.5Gbit/s 向 10Gbit/s，由 10Gbit/s 向 40Gbit/s，由 40Gbit/s 向 100Gbit/s 演进的历程。目前，在 100Gbit/s 时代到来的时候，对于超 100Gbit/s 光传输网络，400Gbit/s 超高速光传输技术成为研究热点，基于 400Gbit/s 技术的下一代超高速网络的应用也正在孕育。对于 400Gbit/s 超高速网络，设备传输速率接口会根据速率提升进行升级，OTN 的组网方式目前看不会发生大的改变。根据目前技术成熟度和商用部署需求，400Gbit/s 超高速传输设备的商用时间表还尚未清晰，预计在 2016 年左右，传输网客户侧 400GE 接口技术可能率先商用部署，参照 2013 年 100Gbit/s 设备在中国刚开始规模商用部署的情况，预计下一代超高速光传输网络在 2020 年前后在我国实现规模商用。

LTE 回传网络将快速发展。2013 年年底，我国已颁发了 4G 牌照。2014 年将会成为我国的“4G 元年”，各运营商对于 4G 网络的建设和应用将呈现快速发展的趋势。与此同时，基于 LTE 网络的移动回传也将会快速发展，目前各运营商均已确定了 4G 时代各自的 LTE 回传技术方案，并将开始规模建设。其中中国移动已按照 TD-LTE 的需求，采用 3G 升级演进时代就已采用的 PTN 移动回传技术方案，正采用 L2 层 PTN 融合 L3 层 PTN 承载 TD-LTE 移动网络回传的设备进行组网，并将根据应用不断驱动网络创新，实现网管集中式路由计算和端到端业务配置，部署 PTN 流量监测分析系统来支撑

流量经营，并将在下一步探讨 SuperPTN 的技术方案；中国电信和中国联通将继续采用 IP RAN 的技术方案，并进行技术升级，利用 L2 VPN+L3 VPN 或端到端 L3 VPN 的技术和设备实现移动网络回传，为了简化运维管理，推进多厂家网络实施统一网管，提出接入设备的虚拟化管理需求，同时下一步将继续探索研究 SDN 化的 IP RAN，以实现技术的持续演进升级。

（五）承载网络架构扁平化是网络架构演进的重要方向

随着互联网应用的普及，网络数据流量呈爆炸式增长，承载网面临不断扩容的巨大压力，同时由于网络流量模型发生变化，南北向和东西向流量都快速增长，沿用多级分层的网络架构会不可避免造成流量绕转从而增加转发时延，以致降低用户体验，因此需要优化网络层次，提高网络的承载效率。从目前国内三大运营商的建网思路来看，扁平化已经成为一个必然的趋势，逐步实现省网核心和国干接入的合并，以及城域网核心直接接入骨干的扁平化网络架构，大容量高密度接口的路由集群系统也为网络架构的扁平化提供了必要的设备支撑。此外，随着云计算业务的大规模部署，数据中心内部的网络架构也从传统的三层分级网络向大二层扁平化网络发展，以适应虚拟机迁移和低时延应用的需求。

（六）SDN 从数据中心走出，向网络的其他部分延伸

SDN 技术最初主要是用于解决大二层网络控制层协议面临的诸多问题，但随着 SDN 技术的发展和试验性网络部署，其转发与控制分离、开放（可编程）和集中控制的核心理念在业界得到了更大范围的认可，从数据中心网络走出向家庭网络、接入网、移动回传网络、移动核心网，甚至是城域网延伸，将逐步融合发展成为端到端的解决方案。在家庭网络、接入网、移动回传网络中，端设备的业务控制和管理功能将迁移到局端“云”上，只保留基本的数据转发功能，通过局端的集中控制来实现业务的灵活部署及管控，从而降低建网和运维成本。在移动核心网络中，结合 NFV 技术实现软件与硬件的解耦，在通用的硬件平台上加载不同的软件来实现不同的网元功能，从而降低建网和运维成本，并且促进业务创新和灵活部署。在城域网中，网络架构相对复杂，控制与转发设备之间的交互性能面临挑战，而且需要开放和标准化控制器之间的“东西”向接口来实现大规模组网的需求。

（七）互联网电视将推动融合业务深化发展

未来互联网电视将保持高速增长态势，市场渗透率逐步提升。Display Research 预测，2014 年北美市场互联网电视渗透率将达到 69%，西欧市场达到 85%，日本达到 100%。

互联网企业通过 OTT 模式运营互联网电视等融合视频业务，开启家庭信息消费空间。互联网电

视的深化发展，将有效拉动我国信息消费规模，有助于我国电视制造业摆脱传统电视机技术含量低、附加值低的困境，完成向“服务型制造企业”的转型。

随着互联网电视等智能视频播放终端的接入方式、功能、显示技术等因素趋于多元化，融合业务对产业链上下游环节的影响将日益加深。产业融合程度的不断加深将促进开展融合业务的相关行业不断走向“互联网化”和“融合化”，进而推动融合业务市场在“内容 + 终端 + 平台”的垂直发展思路下不断向纵深方向发展。

（八）物联网应用市场蓄势爆发，服务平台化推进应用规模化

多年的概念铺垫和技术产品积累，以及需求的不断升温，物联网应用市场蓄势爆发，而服务平台化是促进应用规模化的重要推手。

服务平台化渐成趋势。美国虚拟运营商 Jasper 通过建立通用的 M2M 平台，为全球客户提供资产的远程管理和控制服务。GE 宣称 2014 年将其“PREDIX”平台开放给第三方和开发者，使其成为行业开放服务平台。以 Xively 为代表的物联网应用服务公共云平台悄然兴起，其“开源硬件 + 开放平台 +APP”的应用推广模式，能够满足市场长尾化需求，且由于门槛低，吸纳更多的企业投入到物联网应用程序开发生态圈，与移动互联网加速融合。种种迹象表明，物联网将走服务平台化的道路，以开放平台凝聚产业各方力量并吸引用户，一起做大做强，实现互利共赢。

应用走向规模化。M2M 市场年复合增长率达到 35%，未来移动运营商 40% 以上的新增连接将来自于 M2M。在车联网方面，预计 2015 年超过 20% 的新售汽车将装备嵌入式网络连接模块。在工业物联网领域，未来将撬动多个万亿美元规模的市场，工业生产过程控制、节能减排、安全生产、远程设备管理与服务等领域均具备规模化发展的潜力。物联网应用在城市设施管理、交通物流、建筑节能、生态环保、旅游、公共安全、智能社区家居领域也具备巨大的发展潜力。

感知设施共享化提上议程。智慧城市的主要特征体现在“自动感知、快速反应、科学决策”，而实现这一目标要求数百万计的感知终端的部署，有序分布在城市各处。目前城市中感知设施（如视频监控设备、传感器）存在设备重复建设，空间布局混乱，安全性、景观性均较差等问题，未来智慧城市中物联网感知设施将实现集约化部署，实现设备统一部署，统一管理，数据统一采集，设备和数据面向城市中相关部门和领域提供开放和共享。

（九）智慧城市在国家层面统筹试点，建设发展更为理性务实

2014 年，在前期各部委试点工作的基础上，从国家层面建立推进智慧城市建设的跨部门联席会议制度，统筹安排和启动国家智慧城市试点，形成以中央部委作方向指导、地方政府为建设主导的有

序、协调推进模式。在建设标准方面，根据工信部工作部署，将于2014年完成制订智慧城市建设标准的编制。在建设内容方面，智慧城市的建设将更加理性、务实，以城市经济社会发展的战略需求为导向，强调因地制宜、以人为本，切实推动解决城市经济社会突出矛盾和重点问题。在建设机制方面，政府、市场、社会的关系将更为明确，智慧城市建设、管理和运行机制不断创新，通过发行政府债、企业债、服务外包、特许经营、投资补助等多种形式，不断创新投融资和建设运营模式，进一步激发市场活力。

网络与信息安全篇

导　读

网络与信息安全领域年度报告共分为“2013 年网络与信息安全总体形势”、“2013 年网络与信息安全热点分析”和“2014 年网络与信息安全展望”三个部分。

第一部分“2013 年网络与信息安全总体形势”，综述了 2013 年的国际和国内安全形势：国际上，美国在全球网络空间仍处于领先地位，“棱镜门”事件引发全球高度关注和关联反应，信息安全相关技术的研发和应用步伐加快。我国网络与信息安全面临的形势严峻而复杂，网络安全外部威胁更趋显性和深化，针对关键信息基础设施的网络攻击增多，网络犯罪和新技术新业务的安全威胁持续加大。

第二部分“2013 年网络与信息安全热点分析”，对 2013 年的网络和信息安全热点进行了聚焦和深入分析：关键基础设施安全面临严峻威胁，保护体系亟待建立；用户个人信息保护问题加剧，保障体系亟待加强；“棱镜门”事件曝光美国监控体系，网络空间对抗失衡态势凸显；伪基站问题泛滥，打击伪基站工作任重道远。

第三部分“2014 年网络与信息安全展望”，以行业视角，从“国际社会将就网络与信息安全展开对话与合作”、“我国网络与信息安全顶层设计将得到加强”、“我国安全产业增速加快，移动安全等将是我国安全产业的主要增长点”、“新技术新业务安全风险呈现新趋势”、“部分关键领域用户个人信息保护将得到加强”五个方面，对 2014 年及未来几年的网络和信息安全形势进行了展望。

本篇作者：

魏亮　马志刚　程学东　陈吉学　何庆立　谢玮　郭丰　落红卫　陈其云　魏翔　彭志艺　王亦澎　孟楠　封莎　杜伟　罗成　邓东丰　郭骁然

一、2013年网络与信息安全总体形势

（一）国际形势

从国际上来看，美国在全球网络空间处于领先地位，全球网络空间战略部署加快。“棱镜门”事件的曝光使得国际社会围绕网络空间的争夺更趋显性化，频频曝光的信息泄密事件加速了安全新技术的研发和应用。

1. 美国领先，各国追赶

美国在全球网络空间继续保持领先地位，继2012年发布《网络空间安全战略》后，2013年又发布了《减少商业窃密行政战略》。各国在网络空间处于追赶态势，2013年，全球网络空间战略部署加快，各主要国家和地区继续完善网络与信息安全战略和顶层设计，纷纷发布综合计划性质的战略，欧盟发布《网络安全战略》、日本发布《网络安全战略》（草案）、印度发布《国家网络安全策略》等。

2. 国际间网络空间争夺显性化

2013年6月，“棱镜门”事件引发各方高度关注和关联反应，国际社会普遍谴责美国网络监控行为，围绕网络空间的争夺显性化。随后，德国、欧洲议会等欧洲发达国家和组织纷纷提出抗议，巴西等发展中国家也反应强烈。同时，互联网治理论坛（IGF）、ICANN联合国际互联网协会（ISOC）、互联网工程任务组（IETF）等国际组织纷纷发表声明声讨。12月18日，联合国大会更是通过了由德国和巴西发起的“数字时代隐私权”决议，反对大规模网络监控，呼吁保障隐私权。

3. 安全相关技术研发和应用增速

“棱镜门”事件和频频出现的信息泄露事件推动了认证、加解密、生物特征、量子通信等安全相关技术的研发和应用。

（1）指纹识别

苹果公司在其2013年9月最新的手机终端iPhone 5s中搭载了名为“Touch ID”的指纹识别技术。通过扫描、识别和加密保存，“Touch ID”可以实现对用户身份的认证。

（2）消费信息加密

美国Epic One公司宣布将在2014年推出使用指纹加密的信用卡。用户刷卡时生成一次性代码，

刷卡信息被分别传回信用卡公司和 Epic One 公司，通过代码验证交易的有效性。这样即使发生信用卡信息被盗事件，盗用者因无法生成有效的代码而无法使用信用卡。

（3）通信信息加密

普渡大学的研究人员开发出了一种利用相位调制器对光通信进行加解密的方法，该技术通过对光波进行相位调整实现干涉效应，从而将通信信号隐藏起来。虽然目前这一技术还不成熟，只能实现在很短时间内隐藏通信信号，但对通信信息加密的需求必将加速该类技术在未来的发展。

（4）匿名网络

匿名网络一直存在于国际互联网中，之前主要被用于向黑客和病毒制作者提供安全、匿名的信息传输，被称为“地下互联网”。SecureDrop 是美国某出版自由基金会推出的一款旨在提供匿名信息渠道的开源软件，该软件基于 Tor 匿名网络软件实现对消息提供者身份的隐藏，以保护记者和线人之间的交流安全。目前，出版自由基金会正在全美新闻机构中大力推广该系统。

（5）量子保密通信

2013 年 6 月，中国科学技术大学成功向在轨运行的卫星发射了单光子，并监测到同样的反射信号。这证明了卫星可以实现反射光子的功能，是量子通信研究的一个重要突破。

（二）国内形势

从国内来看，党的十八届三中全会提出将设立国家安全委员会，预示着我国网络空间管理工作将得到国家层面的统一领导，具有里程碑式的意义。2013 年我国网络与信息安全形势严峻而复杂。一方面，互联网公共环境治理初见成效，网络整体安全防护水平明显提高，信息安全管理模式初步成型，国家应急保障能力大幅提升。另一方面，“棱镜门”事件暴露出了我国信息基础设施的安全可控问题和隐患，亟待从根本上提高安全保障能力和水平。

1. 互联网公共治理初见成效，针对网站的入侵和仿冒行为激增

2013 年，我国互联网公共治理取得了一定成效，感染病毒主机、挂马网站数量有所减少；但针对网站的入侵和仿冒行为数量激增。2012—2013 年互联网公共环境主要威胁类型对比如图 1 所示。

通过与 2012 年的数据对比，木马和僵尸、飞客和蠕虫、放马域名、信息系统安全漏洞 4 项指标在 2013 年均有所下降。其中放马域名下降幅度最大，达到 58%。而被篡改网站、植入后门的网站以及被仿冒的网站则出现大幅度增长，其中被篡改网站更是大幅度增加 252%。

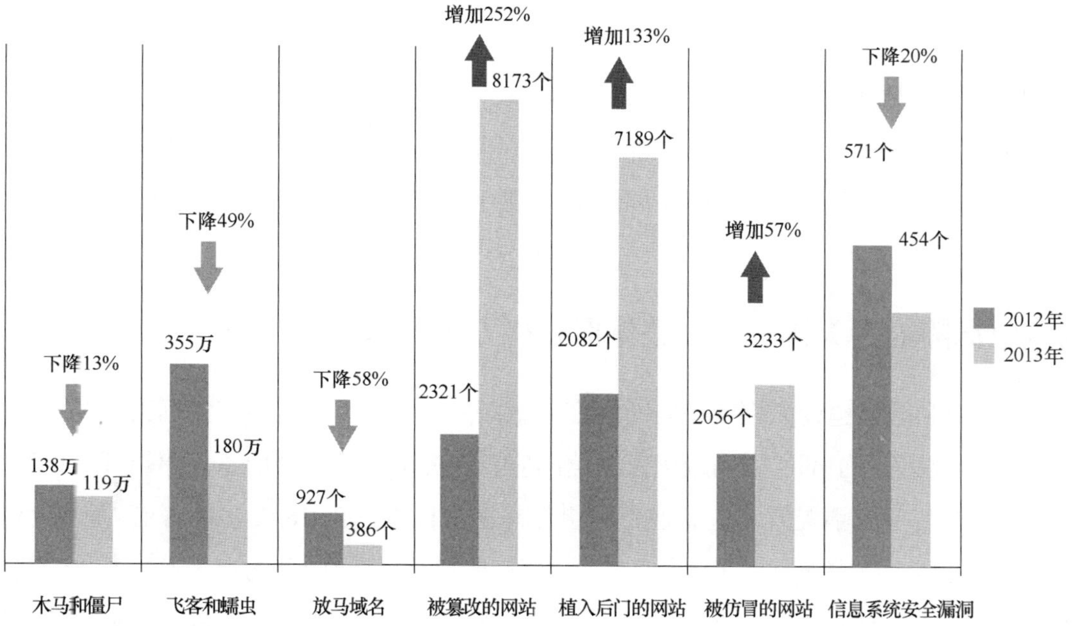

图 1　2012—2013 年互联网公共环境主要威胁类型对比（数据来源：国家互联网数据中心）

2. 网络安全防护水平明显提高，企业安全管理仍存问题

各电信运营企业重视网络安全防护手段建设，整体安全防护水平显著提高。从技术检测对比结果看，安全隐患总数和平均数都有明显的下降，网络单元尤其是互联网上的网络单元防入侵、防攻击能力有了明显提升。

但网络安全管理总体形势不容乐观，企业安全管理仍存在诸多问题。一是用户信息泄露风险大，某企业多个省份的业务运营支撑网系统存在多种高危安全漏洞。部分业务运营支撑系统对用户敏感信息采用简单的加密算法，极易被破解，有的甚至直接明文存储。二是第三方安全服务水平参差不齐，网络安全防护检查中发现个别做过安全服务的网络单元设备，用简单的工具和手段就可以发现大量安全隐患。存在第三方安全服务企业利用安全服务之便在关键设备上遗留后门的情况。

3. 信息安全管理模式初步成型，管理精度仍待深化

互联网接入服务信息安全管理开始起步，技术要求、管理制度逐步建立。一是接入服务技术手段建设方面，互联网接入企业需建设信息安全管理系统、接入备案系统和资源管理系统。基础电信运营企业需在三年内完成信息安全管理系统建设，到 2013 年年底前覆盖 30% 的链路，增值企业需在 2013 年年底前实现链路全覆盖。二是日志留存方面，《互联网访问日志留存技术要求》系列标准已试用，涵盖有线、无线和数据中心日志留存系统。中国电信、中国移动、中国联通等三大基础运营企业已按标准建立移动上网日志留存系统，覆盖 2G、3G 和 WLAN 上网方式。三是管理制度方面，企业需建立违法网站和违法信息巡查处置、用户信息安全管理、信息安全评估等管理制度。企业还需设立专职信息安全管理部门，并明确 2 名应急联系人。此外，具有互联网接入服务资质的企业，每接入 1 万个

网站至少配备 2 名专职网络和信息安全工作人员。

尽管信息安全管理模式已初步成型，但针对业务及应用的信息安全管理仍需探索，重点应用及业务形态管理要求仍未明确。一方面，具有即时消息、媒体发布功能的平台仍缺乏明确的监管措施；另一方面，CDN（内容分发网络）、SDN（软件定义网络）等新技术的引入也给信息安全监管带来了新的挑战。

4. 国家应急保障能力大幅提升，整体保障能力仍需向纵深延伸

应急保障能力和队伍建设大幅度提升，国家应急保障应急指挥调度系统的框架已基本形成。一是完成平台建设。建设完成了部、省两级国家通信网应急指挥平台，国家应急保障指挥调度系统框架基本形成。二是人员装备大幅提升。应急通信一级保障队伍已经达到 18 支，装备能力大幅度提升。三是应急水平显著提高。芦山地震后半个月，少数损毁严重的通信设施外的灾区通信基本恢复到震前水平，较汶川和玉树地震时的通信恢复时间大大缩短；东三省特大汛灾期间，部、省应急指挥联动，随时掌握各地信息，受损通信设施和通信能力 1 个月基本得到恢复。

基础通信网络安全仍面临自然灾害的巨大挑战，整体保障能力仍需向纵深延伸。2013 年自然灾害频发，四川省芦山、甘肃岷县、吉林松原多次发生强烈地震，四川、重庆、贵州等地强降雨、泥石流，东北地区长时间持续特大洪水，对通信设施损毁严重，通信抢险保障和灾后重建任务剧增，通信保障压力不断增大。目前国家在应急保障方面重点解决的是省会一级装备能力建设问题，地市一级还很薄弱。在自然灾害多发和偏远地区的一些大省，亟需加快应急保障能力向地市级及以下城市、地区延伸，强化应急通信指挥和救援的纵深布局。

二、2013 年网络与信息安全热点分析

（一）关键基础设施安全面临严峻威胁，保护体系亟待建立

随着信息化的推进和发展，关键基础设施从工业控制系统、重要信息系统到基础信息网络等均面临严峻的网络安全威胁。

1. 近年来发生的典型关键基础设施安全事件

近年来，基础设施安全事件频发。震网、火焰敲响工业自动控制系统安全警钟。2010 年“震网病毒”和 2012 年“火焰病毒”入侵伊朗布什尔核电站、石油部门等工业控制系统，病毒通过 USB 存储器及网络复制传播，并能接受来自世界各地的服务器指令。无线路由器后门，折射移动互联网安全隐患。2013 年，Linksys、D-Link 及 TP-Link 的多款无线路由器被爆内置后门。其中，公网上可访问的 D-Link 设备有 62941 个，一共有 14608 台设备存在安全隐患。“8 • 25”事件凸显关键域名系统安全风险。2013 年 8 月 25 日，国家域名监测系统遭受大规模分布式拒绝服务攻击，国家域名解析异常，国内节点网络链路拥塞，服务器性能下降。“棱镜门”事件爆出我国关键基础设施安全形势严峻，美国已侵入我国短信系统，大量敏感信息被获取。我国教育网和电信网核心路由器有可能已被美控制。

2. 关键基础设施安全问题频发的原因

关键基础设施开放式发展、攻击行为隐蔽复杂、我国相应的基础设施保护体系尚未建立、自身存在大量隐患等都是安全威胁问题频发的原因。基础通信网、工业控制系统直接或间接与互联网相连，来自互联网的威胁日益突出。随着工业化与信息化进程的不断交叉融合，基础信息网络已广泛应用于金融、能源、通信、水利、化工、医药、食品制造、交通运输、航空航天等领域，超过 80% 的涉及国计民生的关键基础设施依靠其来实现自动化。由于广泛采用通用软硬件和网络设施，重要信息系统与工业控制系统在物理环境上的相对封闭性以及软硬件的专用性将会被逐渐打破，甚至能够连接到互联网等公共网络中，这使得它们必将面临病毒、木马、黑客入侵、拒绝服务等网络安全威胁。同时，网络攻击出现了一些新形势和新特点，从短时间、突发性攻击向高级别、持续性 APT 攻击转变，攻击对象多数有明确的地域性和针对性。我国针对安全漏洞隐患发现和消除能力、网络攻击威胁发现和处置能力、针对高级别复杂性攻击的防御能力不足。由于重要信息系统与工业控制系统多应用于国家重要领域，其安全事故将会造成重大的社会影响和经济损失。出于政治、军事、经济等诸多目的，敌对的国家、势力以及恐怖犯罪分子都可能将其作为攻击目标。关键基础设施重大安全事件一旦发生，势必影响到国家安全、经济秩序正常运行和社会稳定。

3. 发达国家关键基础设施保护工作经验

以美国为代表的发达国家高度重视关键基础设施保护。一是将关键基础设施保护提升到国家战略高度，制定政策、法律、战略和保护计划。1998 年 5 月，美国出台第 62 号和第 63 号总统令，要求政府内部建立相应机构，开展关键基础设施的保护。2002 年 1 月，美国政府颁布《国土安全法》，对重要基础设施安全涉及的情报、安全评估等问题作了比较详细的规定。2003 年 2 月，白宫发布《关键基础设施和重要资产物理保护的国家战略》，提出了一个全新的国家协作模式。2006 年 6 月 30 日，布什政府正式发布《国家基础设施保护计划》并于 2009 年更新，定义了关键领域和部门机构，为保护国家重要基础设施提供了具体的实施框架。二是设立顶层领导机构，建立健全关键基础设施安全保护体制。自 20 世纪 80 年代末以来，经过多次机构调整和重组，美国政府相继设立关键基础设施工作组、总统关键基础设施保护委员会、国土安全委员会等多个专门机构，履行国家关键基础设施的安全保护职能。2002 年美国成立国土安全部，承担鉴别和认定关键基础设施、分析关键基础设施威胁和脆弱性、协调关键基础设施遭受破坏后的跨部门紧急行动等统筹协调职责。三是明确关键基础设施定义、范围。2013 年 2 月 12 日发布的第 21 号总统令《关键基础设施安全性及恢复力》明确了各方在关键基础设施保护中的角色和责任，确认了 16 个关键基础设施领域。四是强化关键基础设施保护技术支撑等，加强对本国关键基础设施的保护。美国在国土安全部设立了国家基础设施保护中心、国家基础设施协调中心、基础设施信息收集部门、基础设施分析和战略部门等机构。建设了关键基础设施建模仿真和分析系统、预警信息网络等设施。加强标准研制，建立关键基础设施网络安全框架，在各关键基础设施部门建立信息共享和分析中心，与国土安全部进行信息交换，强化信息共享。

4. 加大我国关键信息基础设施安全保障的措施建议

一是明确范畴。应尽快在国家政策法规层面，明确国家关键基础设施范畴。参考国际通用概念并结合我国实际，定义国家关键基础设施为关系国家安全、经济秩序正常运行和社会稳定的网络、系统和资产。国家关键基础设施范畴应涵盖政府机关、金融、能源、通信、交通等多个关键领域。制定完善的关键基础设施判定标准，形成国家关键基础设施清单，指导各行各业开展国家关键基础设施保护。

二是建立机制。将关键基础设施保护上升为国家意志，制定相关政策实施国家关键基础设施保护，建立国家关键基础设施保护体系。明确工业和信息化部为国家关键基础设施保护牵头部门，明确各部委、地方政府、关键基础设施的所有者及运营者的职责和角色定位，统筹实施国家关键基础设施保护的开展，形成协调、统一的国家关键基础设施保护机制。

三是技术创新。促进研究和创新，提升关键基础设施保护技术能力。从国家层面开展关键基础设施研究，包括判定标准、风险评估方法、应对策略和处置方式、实施保护的步骤和措施等。设立国家基础设施保护技术支撑机构，建设关键基础设施建模仿真和分析系统、预警信息网络等设施。

（二）用户个人信息保护问题加剧，保障体系亟待加强

2013 年，我国电信网与互联网的用户呈现快速增长，且随着互联网新技术、新业务的应用，用户个人信息泄露事件频繁发生。

1. 用户个人信息泄露事件频发，信息保护形势迫切严峻

据相关媒体报道，中国人寿的合作网站“众宜风险管理”、社交网络 Facebook 一款名为“下载你的信息”、圆通速递、“查开房”和“开房”网站、QQ 账号登录搜狗浏览器等先后发生了国内外用户个人信息泄露的事件，显示用户个人信息保护问题突出。

2. 倒卖个人信息地下产业链猖獗，个人隐私信息面临巨大威胁

出于商业或者个人目的，一条看不见、摸不着的用户信息地下产业链已悄然形成且发展猖獗，总规模超百亿元人民币。黑色地下产业链的繁荣进一步加剧了用户个人信息泄露事件发生。

3. 2013 年用户个人信息泄露事件加剧的原因分析

主要原因包括直接动机、法律法规、技术原因和监管原因等。

（1）直接动机原因

个人或企业机构对用户个人信息的兴趣是用户个人信息泄露事件加剧的直接动机。一方面，个人通过获取他人信息能够达到窥探他人隐私的目的，通过窃取银行卡等信息达到占有他人财产的目的，或者将获取到的个人信息用于造谣、诽谤等各种非法用途。另一方面，企业机构获取个人信息往往是为了了解并掌握个人的需求，从而向其推销潜在需要的商品，以实现企业的商业利益。

（2）法律法规不完善

当前针对用户个人信息保护的法律法规尚不完善，对于用户个人信息的泄露或者偷盗用户个人信息等违法行为的惩罚力度相对较轻，因而造成泄露用户个人信息的随意性。

（3）技术原因

虽然互联网时代为用户提供了便捷的通信方式，但由于接入互联网的开放性与便利性，不法人员利用木马、病毒等技术手段侵害用户个人信息的各种行为具有非常大的隐蔽性和便利性，也使得用户个人信息泄露事件频繁发生。同时，用户个人信息保护相关的标准还不够完善，技术手段不够全面，缺乏对用户个人信息保护进行评估评测的检测手段。

（4）监管原因

针对电信网与互联网的用户个人信息保护的管控技术不够完善，对电信运营企业实施个人信息保

护的责任考核尚未开展，存在监管漏洞，并且各企业对用户个人信息保护缺乏自律。

4. 加强用户个人信息保护的意见和建议

针对日趋加剧的用户个人信息泄露事件，需要建立完善的用户个人信息保护体系架构。

（1）推动用户个人信息保护相关法律法规、标准的完善

在《全国人大常委会关于加强网络信息保护的决定》的基础上，进一步完善用户个人信息保护相关的法律法规，增加侵害个人信息的违法成本，细化个人信息保护违法层面的界定，为用户个人信息保护提供法律法规保障；结合《电话用户真实身份信息登记规定》（工信部 25 号令）和《电信和互联网用户个人信息保护规定》（工信部 24 号令）相关部令，进一步推动制定用户个人信息保护相关的标准。

（2）增强完善个人信息保护相关的技术手段

进一步增强完善个人信息保护相关的技术手段。一是研究可用于用户个人信息保护的技术手段，如漏洞扫描、入侵检测、安全审计、评测评估等安全防护技术手段研究工作；二是加强用户个人信息保护技术手段的建设，如禁止网络中批量查询用户个人信息，仅支持模糊查询；加强对网络登录账号、权限的统一管理和审计；信息加密存储且密钥分散留存；加强网络安全防护设备系统安全可控等。

（3）加强对用户个人信息保护工作的行业监管

为进一步督促电信运营企业意识到用户个人信息保护工作的重要性，应将用户个人信息保护工作纳入到年度责任考核中来，督促相关企业履行责任，加强企业自律；适时开展电信网及互联网用户个人信息保护的专项检查行动，落实实名制下的个人信息保护检查工作。

（三）“棱镜门”事件曝光美监控体系，网络空间对抗失衡态势凸显

2013 年 6 月初，“棱镜门”事件曝光美国政府打着反恐旗号授权情报系统侵入他国公民邮件、通过技术手段全面监控互联网的行为引发国际社会的广泛关注。

1. “棱镜门”事件曝光美国信息监控体系的实施框架

庞大的技术实践机构是美国信息监控体系的组织实施主体。其中，美国外国情报监视法庭（FISC）是美国国家信息监控体系的授权审查机关，美国白宫中央情报局（CIA）、国防部国家安全局（NSA）、司法部联邦调查局（FBI）、国土安全部美国经济情报局（USSS）等情报机关是美国国家信息监控体系的组织实施机关。据“棱镜门”事件披露的信息显示，Cisco 等信息技术设备制造企业，微软、雅虎、谷歌、Facebook、PalTalk、Youtube、Skype、AOL、Apple 等众多互联网

企业，以及 AT&T、Verizon、Sprint 等电信运营企业，都是美国国家信息监控体系的技术配合执行主体。

精密的技术操作规程构成美国信息监控体系的组织实施环境。“棱镜门”项目的监听工作流程大致可划分为目标选择、数据获取和数据分析三个过程。一是目标选择。国家安全局分析员形成备选监听目标，经上级负责人复核备选监听目标、确认其为非本国公民且监听依据合理，从中确定监听目标并提交至“统一定位工具系统”。二是数据获取。由站点选择分发系统将监听目标的数字标识信息分发到联邦调查局（FBI）信息数据拦截设备，信息数据拦截设备从谷歌、雅虎等技术配合执行主体数据库中直接检索和采集相关数据，并回传到国家安全局“无界爆料”情报收集系统。从“棱镜门”项目的主营业务类型来看，涵盖了电子邮件、搜索引擎、社交网站、即时通信、网络电话等各类互联网业务应用；从“棱镜门”项目采集分析的数据类型来看，包括文本文件、身份识别信息、图像、语音、视频、云存储数据等各种数据信息类型。三是数据分析。国家安全局情报分析系统利用剪刀、协议分析等工具，对所采集的数据进行识别和分类，将不含数字通信内容的元数据分发到“码头”和“主干道”系统予以存储、分析和处理，将含有数字通信内容的语音通信、视频类数据分发到“核子”和“灯芯绒”系统进行分析和处理。

2. “棱镜门”事件折射美国信息监控体系的深层次问题

“棱镜门”事件折射出美国网络反恐促监控扩权、依法监管流于形式、国内网络管理肆意向国际延伸等三大问题。

（1）国家网络反恐诉求促使美国监管机构扩权

“9·11”事件后，美国国会通过《爱国者法案》赋予了美国监管机构更大的信息监控权力，主要体现在三个方面：一是显著扩大了信息监控范畴，《爱国者法案》增设了“恐怖主义犯罪”、“计算机欺诈与滥用”、“化学武器犯罪”等启动监听的事由，并将“语音、电子邮件”纳入监听范围；二是调整了信息监控对象，《爱国者法案》将“对特定线路的监听”改为“对特定人的机动性监听”；三是增加相关机构权力，《爱国者法案》将监听程序由“执法机构必须事先拿到法庭令状”变更为“紧急状态下由通信运营商直接向执法机构提供”等。

（2）外国情报监控法庭审查过于宽松

据媒体报道的外国情报监控法庭年度活动简报数据显示，从 1979 年到 2004 年，该法庭批准了 18761 次监控授权，只拒绝了 5 次。同时，在“棱镜门”监控项目中，外国情报监控法庭采取一次性授权模式以方便国家安全局监控行动。这些迹象表明美国司法机构对监控项目的监管逐步失效。

（3）国内网络管理向国际肆意延伸

美国出于国内反恐便利需要而罔顾他国利益，将适用国内侦听的法律向国际延伸，并将他国信息安全基础设施置于美国的有效监控状态下，违背了联合国的《世界人权宣言》、《公民权利和政治权利国际公约》以及《布达佩斯公约》中的“未经授权不得进入他国计算机系统”等条款。

3. “棱镜门”事件对国际网络环境的影响

“棱镜门”事件的持续发酵对国际网络环境产生了深远影响，引发了各国与美国在国家外交关系、网络空间国际规则的激烈交锋，并给美国网络空间对外战略有效实施带来了明显的不确定性。

（1）引发各国与美关系的复杂博弈

一是“棱镜门”事件披露了美国对欧洲盟国领导人的监听行动，对美欧国家间互信产生了破坏性影响。在正值美欧经贸合作谈判之际，直接影响了美欧在经济贸易领域的合作深度。同时，“棱镜门”事件的欧盟参与国与非参与国之间也陷入相互猜疑，引发了欧盟国家内部矛盾。二是诱发美国与俄罗斯等新兴国家的激烈较量。在“棱镜门”事件中，以巴西为代表的拉美国家对美国信息监听行为表示强烈不满，并着手从国内网络管理出发实施反制。而俄罗斯则在收留斯诺登等问题上，与美国进行直接博弈。

（2）加剧各国对国际网络空间规则的争夺

“棱镜门”事件进一步引发各国对美国网络渗透的恐惧和担忧，导致各国信息产品和服务的市场规则调整，而且各国对维护国家安全与保护民众隐私自由等争论也持续升温。出于约束其他国家的行为、维护自身的安全与利益目的，各国对制定网络与信息安全国际规则的需求更显紧迫。

（3）影响美国网络空间对外策略的有效实施

“棱镜门”事件折射出了美国在网络领域的双重标准，影响美国对外政策的实施。此外，暴露了美国在网络反恐方面的部分策略，未来国家安全战略的实施难度势必增大，这将对美国对外安全战略产生冲击。

4. “棱镜门”事件对我国网络信息安全的启示和建议

“棱镜门”事件反映出我国安全形势日趋严峻，应立足现实国情，准确把握问题和趋势，充分借鉴美国的有效经验，通过完善法律法规优化制度环境，深化体制机制建设，加强组织保障，加强关键基础设施和重要信息系统及数据保护，提升安全防护水平，构筑形成多方参与、多管齐下的国家网络信息安全保障体系。

（1）政府层面，一是有序推进安全法制化进程。加强新技术新业务下的网络信息安全保护立法；制定关键基础设施保护等法律，明确网络服务提供者在网络信息安全中的权利和义务，为网络与信息安全管理提供法律依据。**二是着重加强关键基础设施保护。**针对基础信息网络实行关键基础设施分类管理和清单制度，建成适用基础信息网络安全保护的基本实践框架和制度体系。**三是着实开展数据安**

全保护工作。试点开展数据保护的行政管理机制，并强化国际合作，参与国际数据保护规则的制定。

（2）**产业层面，着力夯实技术保障能力**。加强防泄密、窃密技术（如漏洞挖掘技术）的研究，组建以第三方评估为基础的数据安全流动认证体系，增强企业对数据资源管理的软硬实力，提升信息自主权。

（3）**用户层面，大力提升用户安全保护意识**。加强网络信息安全知识宣贯，强化用户信息的自我保护能力，建立健全用户信息资源保护救助机制。

（四）伪基站成为新的安全威胁，伪基站治理任重道远

2013 年，我国多地陆续出现多起不法分子利用“伪基站”发送诈骗、广告推销等垃圾短信的行为，对国家通信秩序、人民群众生命财产安全和社会稳定造成了严重威胁。

1. “伪基站”技术实现

“伪基站”通过模拟 2G 无线移动通信基站和部分核心网的功能，伪装成真实移动基站的邻区，通过发射大功率无线信号，迫使其周边一定范围内的用户终端脱离通信网络，接入“伪基站”信号。“伪基站”正是利用 2G 网络对用户的“单向鉴权”漏洞，在用户的位置更新过程中获取用户 IMSI（国际移动用户识别码）。“伪基站”可冒用任何电话号码，不经过电信运营商的网络，将垃圾短信推送到已获取 IMSI 的用户终端。目前市场上的“伪基站”主要是 GSM 制式，CDMA 制式的“伪基站”由于市场需求较少且生产成本较高，较为少见。

2. “伪基站”威胁分析

“伪基站”通过发送广告和诈骗短信等垃圾短信方式对公众生命财产安全、国家通信秩序和社会稳定造成了严重威胁，主要体现在以下几个方面。

（1）干扰用户正常通信，损害用户合法权益

严重干扰用户正常通信。“伪基站”信号强度大，可强迫用户终端短时“脱网”，导致无法接打电话和收发短信等，有时甚至需要重启终端设备方能“入网”，因而损害了用户合法权益。推销广告等垃圾短信干扰了广大用户的正常生活，诈骗短信更是扰乱社会治安，造成用户个人财产损失。

（2）挤占公共频谱资源，扰乱正常公共通信秩序

“伪基站”的使用造成大量用户脱网和网络拥塞，严重影响了无线通信网络的正常运行；挤占了公共频谱资源，对公共频谱资源造成的损失难以计算；干扰了正常通信秩序，对电信运营企业的通信服务质量、品牌形象等造成极大的负面影响。

（3）影响社会稳定，危害国家安全

“伪基站”可冒用国家权威部门、银行等特殊服务行业号码向用户发送足以“信以为真”的虚假信息，造成人民群众生命财产损失的同时，影响了社会稳定和政府公信力。一旦被一些别有用心的组织或个人利用，大量发送反动言论甚至政治谣言，将会危及国家安全，后果不堪设想。

3. “伪基站”泛滥原因分析

巨大的经济利益、网络技术漏洞、技术门槛不高、查处难度大、违法成本低等是“伪基站”泛滥的主要原因。

（1）经济利益驱使

“伪基站”存在的根本原因在于暴利驱使。一套“伪基站”设备在短时内即可随意发送几万条广告信息，按每条几分钱计算，日毛利可达几百元至数千元，利润可观。如果发送诈骗短信并诈骗成功，获利更是无法估量。

（2）技术防范难以实现

“单向鉴权”的2G通信协议标准已在全球广泛采用，通过修改协议解决该问题不具有可行性，直接利用技术手段根除伪基站问题短期内难以实现。

（3）技术门槛不高

“伪基站”设备获取便捷，使用简单，只要有一定的技术基础，连接普通的笔记本电脑、PC主机以及信号收发设备就能完成垃圾短信的群发，技术门槛不高。

（4）查处难度大

“伪基站”大多隐蔽安装在人员较为密集区域的移动交通工具上，操作时间短、流动性强，违法行为的发现、定位和查处难度较大。

（5）违法成本较低

违法成本较低也是“伪基站”泛滥的一个重要原因。《无线电管理条例》、《刑法》第288条和《中华人民共和国治安处罚法》相关条文的处罚力度与“伪基站”的非法获益相差甚远，难以起到预防违法、遏制非法的效果。

4. “伪基站”问题的对策及建议

“伪基站”是当前反映比较强烈的社会问题，有关部门应加大查处和处罚力度，形成综合治理长效机制，尽快从根本上将“伪基站”带来的社会影响降到最低。

（1）电信运营企业应尽到企业和社会责任

电信运营企业应通过网络升级压缩“伪基站”生存空间，积极探索快速发现、识别和定位“伪基站”的技术手段，通过营业厅告示、警示短信等方式对用户尽到提醒义务。

（2）加大处罚力度，提高违法成本

充分利用现有法律法规，加快有关法律法规的修订步伐，加大打击处罚力度，提高“伪基站”违法行为的法律成本。

（3）加强联合执法，加大源头治理

打击“伪基站”需要联合行动，各相关部门加强沟通协调，协同配合，形成治理合力。加大源头治理力度，对生产、宣传推广及销售“伪基站”设备的行为进行严厉查处。

（4）加强宣传，增强公众的法律和安全意识

充分利用各种媒体，将“伪基站”的设置、使用所带来的危害进行广泛宣传。提醒广大手机用户提高自我防范意识，特别是手机信号突然消失之际而至的垃圾短信要格外留意。积极引导社会各界群众及时举报不良信息及垃圾短信。不断营造人人维护电波秩序、个个遵守法律法规的良好社会氛围。

三、2014 年网络与信息安全展望

（一）国际社会将在网络监听、国际规则制定等方面开展务实对话

“棱镜门”事件引起国际社会强烈谴责和关联反应，德国、巴西等世界主要国家及欧盟、金砖国家等组织纷纷谴责美国监听行为，要求美国做出解释并停止监控，而美国态度并没有明显软化。2014 年 1 月 17 日，美国总统奥巴马宣布，拟对美国网络监控作一定程度的调整，但坚称不会从根本上改变美国情报监控现状，并就网络监听参与更多国际合作，力争制定新的国际公约约束各国政府监听行为。截至目前，美国与其他国家之间并未在网络监听、国际规则制定上达成共识，而这些又是互联网发展和国际合作的核心问题。

安全议题将成为网络空间规则制定的重点，国际规则进程也将加速。2014 年各国将利用 WSIS+10、巴西互联网峰会、ICANN 高官会等一系列重要会议继续就网络监听、国际规则制定等网络与信息安全问题开展务实对话，预计议题将包括网络空间国际规则、打击网络犯罪、互联网资源合理分配、隐私保护等。

（二）我国网络与信息安全顶层设计将得到加强

2013 年 11 月 12 日，党的十八届三中全会通过的《中共中央关于全面深化改革若干重大问题的决定》提出，“坚持积极利用、科学发展、依法管理、确保安全的方针，加大依法管理网络力度，加快完善互联网管理领导体制，确保国家网络和信息安全”。同时提出，将“设立国家安全委员会，完善国家安全体制和国家安全战略，确保国家安全”。随后，习近平总书记在《关于＜中共中央关于全面深化改革若干重大问题的决定＞的说明》中指出，“全会决定提出加大依法管理网络力度，完善互联网管理领导体制，目的是整合相关机构职能，形成从技术到内容、从日常安全到打击犯罪的互联网管理合力，确保网络正确运用和安全。”

由此可以看出，我国网络与信息安全管理工作将得到国家层面的统一领导，管理体制将进一步理顺，管理机构的运行将更加高效。国家高层对网络与信息安全将越来越重视，将会从战略部署、组织机构、法律法规、关键基础设施安全、技术产业发展、攻防能力建设、国际交流、人才培养等方面加强顶层设计，形成从技术到内容、从日常安全到打击犯罪的管理合力。

（三）我国安全产业增速加快，移动安全等将是主要增长点

我国安全产业市场蕴含着巨大的发展空间，增速加快。根据 IDC 和 Gartner 的数据，2013 年，全球信息安全市场规模为 670 亿美元；2017 年，全球信息安全市场规模将达到 935 亿美元，年均复合增

长率为 8.5%。2013 年中国 IT 安全市场规模达 18.25 亿美元，同比增长 13.1%；2017 年中国 IT 安全市场规模将接近 30 亿美元，2013—2017 年的年均复合增长率为 12.2%。未来五年中，中国安全市场的发展速度将达到全球平均增长速度的 143%。如图 2 和图 3 所示。

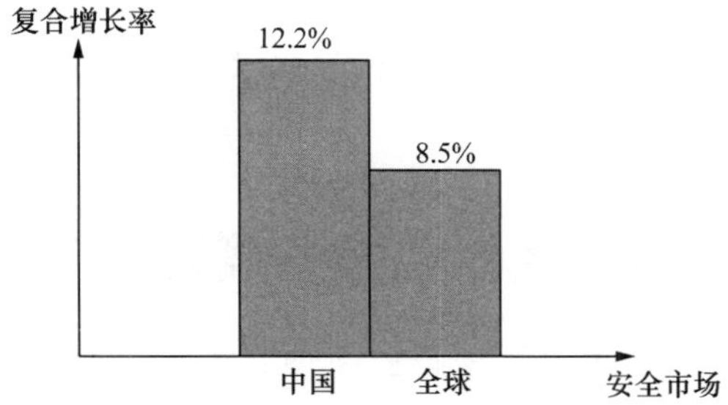

图 2　2013—2017 年安全市场年均复合增长率（数据来源：IDC）

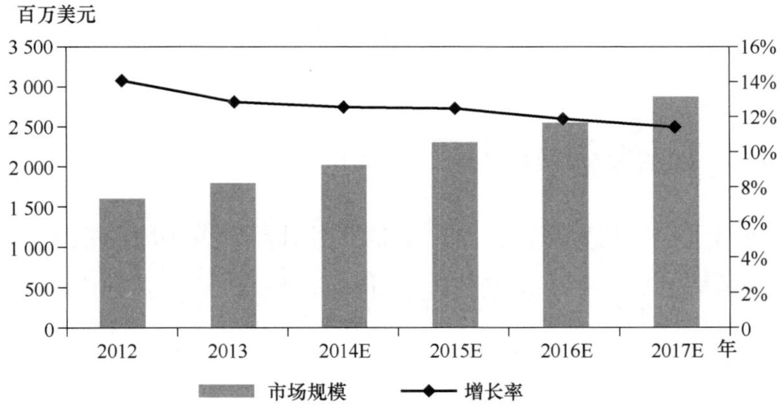

图 3　2012—2017 年中国安全产业市场规模及增长率（数据来源：IDC）

同时，未来将会有更多的互联网巨头企业推出安全产品，借以展开针对用户、入口和流量的争夺，这也将是促进我国安全产业市场发展的一大动力。在市场方面，随着云服务的逐渐落地以及云理念与现有服务类型的不断融合，未来云计算相关安全市场将有十分显著的增长。移动化趋势推动 BYOD 设备在企业中的普及，也将推动移动安全市场的发展。在技术方面，大数据以及相关技术的发展将带来安全技术的革命，从而彻底改变现有产业格局。

（四）新技术新业务安全风险呈现新趋势

新技术新业务不断发展演进，网络与信息安全新问题也随之不断出现。未来，新技术新业务快速发展所带来的安全风险将呈现以下四大发展趋势。

1. 新兴领域将成为黑客重点攻击的目标

随着技术和业务的不断演变，黑客攻击目标也不断变化。未来，云端数据、重点行业的物联网系统、可穿戴设备、SDN（Software Defined Network）设备等将成为黑客重点攻击的对象。比如，未来 SDN 将面临的主要安全问题有：（1）OpenFlow 协议的广泛应用可能会引入新的网络协议，影响目前基于 IP 协议的信息安全管理技术手段的使用效果；（2）SDN 集中式的网络控制方式将导致网络控制器成为整个网络安全的薄弱环节；（3）SDN 灵活可编程的路由配置方式增加了整个网络被恶意控制的风险。

2. 安全问题数量将呈急剧增长态势

云计算、物联网、大数据的大规模应用，用户量的迅猛增长，都将使得安全问题集中爆发，影响范围将扩大到社会生活的各个领域。物联网、云计算走向相对成熟阶段，问题也将逐渐增多。大数据、SDN 存在的安全风险还处在发掘阶段。安全问题首先体现在技术层面，其次是在监管政策层面，管理类的安全问题尚未凸显出来。

3. 新技术新业务带来的海量数据给未来安全保障提出了难题

数据量呈指数级增长的趋势十分明显，这将导致现有安全设备难以满足海量数据处理要求，新技术新业务的安全保障与发展迫切需要解决这一问题。同时，海量数据导致安全设备难以应对，海量数据清洗、过滤及海量身份认证和接入管理均可能带来安全隐患，大大增加了从中抽取和分析想要的有效数据的难度。

4. 新业务不断开放，安全监管将面临较大挑战

未来几年，国内将出现众多自贸区。自贸区电信业务开放政策中明确强调了保障网络信息安全的前提条件，并在负面清单之外确定了七类增值电信业务向外资开放，其中应用商店、电子商务数据资源与用户信息保护等领域的安全监管将是未来的主要挑战。如果没有一个清晰的访问控制规则，在访问数据资产时，不可避免地会违反相关的数据隐私政策。大量数据被收集和分析容易泄露个人隐私，包括身份信息、健康信息、财务状况、个人偏好、行为轨迹等；大数据提供大量信息，云计算可被用来发起对外攻击，物联网融入工控系统成为恐怖袭击目标，因此网络恐怖主义威胁同样存在监管风险。此外，未来几年，外资会以多种模式进入我国云服务市场，这将给我国的外资安全监管带来新的挑战。

（五）部分关键领域用户个人信息保护问题将更加突出

2014 年，互联网金融领域用户个人信息安全将成为社会各界讨论的焦点。互联网金融包含一切依托互联网开展的金融活动，包括网络银行（无网点银行）、网络证券投资平台、网络支付、网络保险、网络投融资、网络金融资讯及其他外延服务等，主要表现形式为网络银行、金融理财产品网络销售、第三方电子支付、网络保险销售，以及网络小额信贷等。互联网金融近年来发展势头迅猛，随着互联网金融服务的迅速发展，互联网金融产品种类越来越丰富，用户数量越来越大。网络金融平台存在网络安全隐患，个人信息保护力度不够，对用户资金安全造成严重威胁。

同时，用户实名登记制度的深入开展，将使大量用户个人真实身份信息存储于虚拟运营商的网络系统中，用户个人信息安全问题将更加突出。2013 年 12 月 26 日，工业和信息化部正式将首批移动通信转售业务运营试点牌照颁发给阿里巴巴、京东、乐语、迪信通等 11 家中资民营企业。移动通信转售业务是指从拥有移动网络的基础电信业务经营者购买移动通信服务，重新包装成自有品牌并销售给最终用户的移动通信服务。实名制时代的到来和移动转售业务的开展将加剧用户个人信息泄露风险。